2017年
第 2 期
（总第 6 期）

MIDDLE EAST STUDIES

2017 No.2 (Vol.6)

教育部国别和区域研究中心（备案）
西北大学中东研究所

社会科学文献出版社
SOCIAL SCIENCES ACADEMIC PRESS (CHINA)

本刊得到"教育部长江学者奖励计划"基金、
西北大学"双一流"建设项目、
陕西高校人文社科基地项目
资助

《中东研究》编委会

主办单位 西北大学中东研究所
学术顾问 （以姓氏笔画为序）
　　　　　王铁铮　朱威烈　刘鸿武　李绍先　杨　光
　　　　　肖　宪　张倩红　彭树智　潘　光
编　　委 （以姓氏笔画为序）
　　　　　丁　俊　丁士仁　马丽蓉　马明良　马明贤
　　　　　马晓霖　马福德　王新刚　王　泰　王林聪
　　　　　王锁劳　车效梅　叶　青　毕健康　刘中民
　　　　　安春英　孙德刚　李伟健　李荣建　吴　磊
　　　　　何志龙　张　宏　陈天社　金忠杰　哈全安
　　　　　姚大学　姚继德　唐志超　黄民兴　韩志斌
　　　　　薛庆国　冀开运　戴晓琦

主　　编 黄民兴
执行主编 韩志斌
执行编辑 闫　伟
编 辑 组 （以姓氏笔画为序）
　　　　　申玉辉　闫　伟　李　玮　李福泉　赵广成
　　　　　蒋　真　刘金虎

目录 Contents

名家随笔

缘结天方一甲子 …………………………………………… 仲跻昆 / 3

当代中东政治

沙特与伊朗在也门内战中的对抗与策略互动
　　——基于博弈论的视角 …………………………… 曾向红　陈明霞 / 21
沙特站在十字路口
　　——当前沙特主要困境及政策调整 …………………… 田文林 / 52
埃及在与以色列和解进程中的观念重构 ………………… 高尚涛 / 71
巴勒斯坦地区水资源管理探析 …………………………… 曹　华 / 83
"伊斯兰国"对以色列的威胁评估
　　——意识形态、组织活动与社会基础层面的分析 ……… 王　晋 / 103

中东社会史

中东的部落主义与国家 …… 〔英〕欧内斯特·盖尔纳 著　姜欣宇 译 / 129
论利比亚部落社会的结构及其特征 …………………… 王金岩 / 149
当代阿尔及利亚女性社会地位研究 ………… 王亚庆　孙德刚 / 172

埃及史研究

希伯来文明与埃及文明的异质性及其原因 …………… 赵克仁 / 195
卡尔纳克神庙的起源和阿蒙神崇拜的开端
　………………〔法〕吕克·贾宝德 著　高　伟　郭子林 译 / 215

会议综述

"中东格局变迁背景下的土耳其历史和国家治理"
　会议综述 ……………………………………………… 马青华 / 241

Abstract ……………………………………………………… / 250
西北大学中东研究所学术简讯（2017 年 7~12 月） ………… / 258
更名说明 …………………………………………………… / 260
《中东研究》约稿启事 …………………………………… / 261

CONTENTS

Academic Interview

- My Studies on Arab Literature for Past Sixty Years   *Zhong Jikun* / 3

Contemporary Middle East Politics

- The Confrontation and Strategic Interactions between
    Saudi Arabia and Iran in the Yemen Civil War
    —A Study Based on the Game Theory   *Zeng Xianghong*, *Chen Mingxia* / 21
- Saudi Arabia in the Crossroads
    —The Contemporary Dilemmas and Adjustments for Saudi Arabia

    Tian Wenlin / 52
- The Israel Power and the Re-shaping of Egyptian
    Ideas of Countering Israel   *Gao Shangtao* / 71
- On the Water Resources Management in Palestinian Area   *Cao Hua* / 83
- IS and Its Threats to Israel
    —Ideology, Organization and Mass Support   *Wang Jin* / 103

History of Middle East Society

· Tribalism and the State in the Middle East

Ernest Gellner, translated by Jiang Xinyu / 129

· On Libyan Tribal Society's Structure and Characteristics　　*Wang Jinyan* / 149

· On the Social Status of Women in Contemporary Algeria

Wang Yaqing, Sun Degang / 172

History of Egypt

· The Heterogeneity of the Hebrew Civilization and the Civilization of Egypt and Its Causes　　*Zhao Keren* / 195

· The Origins of Karnak and the Genesis of Amun's Cult

Luc Gabolde, translated by Gao Wei, Guo Zilin / 215

Academic Activities

· A Review on the International Conference on the History and Governance of Turkey in the Context of the Changing Middle East　　*Ma Qinghua* / 241

名家随笔

缘结天方一甲子

仲跻昆

编者按 仲跻昆先生，1938年生，辽宁大连人，北京大学东语系教授、资深翻译家，曾任中国外国文学学会阿拉伯文学研究会会长、中国翻译协会文学艺术委员会副主任，现为阿拉伯文学研究会名誉会长。仲跻昆先生撰写的《阿拉伯现代文学史》（昆仑出版社，2004）、《阿拉伯文学通史》（两卷，译林出版社，2010）、《阿拉伯古代文学史》（昆仑出版社，2015）等著作，填补了我国在阿拉伯文学史领域的空白，上述研究成果荣获中国高校人文社会科学研究优秀成果奖一、二等奖。仲跻昆先生还翻译了黎巴嫩、埃及、沙特等国的大量阿拉伯文学名著。2009年，仲跻昆先生获得中国翻译协会颁发的"资深翻译家"荣誉证书。仲先生曾获得北京大学、中国阿拉伯友好协会、埃及高教部等多次表彰。2011年，获"阿联酋谢赫·扎耶德图书奖之第五届年度文化人物奖（2010—2011）"与"沙特两圣寺之仆人阿卜杜拉·本·阿卜杜勒·阿齐兹（国王）国际翻译奖之荣誉奖"。本刊邀请仲跻昆先生撰文介绍自己治学与学科建设的经验，以便为我国的中东研究提供有益借鉴。

论说起来，我算是孔子的弟子仲由（子路）的后代。我们仲姓"跻"字辈的是仲由之后第72代。我于1938年生于大连，祖籍是山东黄县（现属龙口市）。我们家不能算是书香门第，也谈不上有家学渊源。祖父从山东"闯关东"到大连，在旅顺龙王塘黄泥川当护林员。父亲先后在杂货铺、鞋铺、眼镜店当过学徒，学过手艺，后与人合伙开眼镜店，算是手工业主。父亲在家乡置下房产，由两位伯父经营，他们三兄弟没有分过家，算是中农。父亲念过私塾，没有正儿八经上过学。但他勤奋好学，记得他会背诵一些古诗文，特别喜欢读《聊斋》。家里藏书不多，不过《红楼梦》《三国演义》《西游记》《水浒传》《列国演义》等一些古典名著还是有的。在现代文学作品中，父亲似乎特别喜欢老舍的作品。记得小时候他让我们读朱自清的《背影》，我印象颇深，常会想起父亲的背影。母亲个性很强，幼时不肯缠足，硬要读书，结果读了师范学校，在当时大连的"沙公""秋月"等小学当过多年教师。父母特别重视对孩子的教育，记得老家故居的大门镌刻的门联是"忠厚传家久，诗书继世长"，他们大概就是以此为家训来培养后代的吧。我们兄弟姊妹多，家庭不算富裕，应属小康。但父母尽力供我们上学，兄弟姊妹多受过高等教育，只是后面几个弟妹赶上了"文化大革命"，没念成大学。兄弟姐妹中有七个是在大学或中学当教师的，加上母亲，若说我们是"教育世家"，大概也是当之无愧的。

在1945年抗日胜利前，我的家乡大连在日寇统治下称"关东州"，地位相当于当时的朝鲜和台湾，受奴役的殖民地色彩比所谓的"满洲国"还浓厚。抗日胜利后，大连是苏联红军帮助维护红色政权，没有国民党插手。因此，除了幼年受过几天日本的奴化教育外，我基本上是在红旗下受党的教育成长起来的。那时的学校不像现在这样的应试教育，学生要成天拼命忙于应付考试、升学。当时我功课可以应付，喜好文学，很喜欢读课外书，爱去书店、图书馆。上中学时，除了学校的借书证外，我还有中苏友好俱乐部和旅大图书馆的借书证。当时看的多是苏俄小说和译制影片。这影响了我的世界观、人生观、价值观，也为我以后的中文水平打下了比较厚实的基础。我在初中的时候，旅大文工团（后称大连话剧团）排演苏联著名话剧《曙光照耀莫斯科》，团里缺少戏中需要的儿童演员，便调我去演了剧中的沃夫卡一角，连排带演有半年多，使我一度迷上了戏剧。所以中学时的理想是当作家或演员。中学时还有一点特长，就是喜欢朗诵。除了学校外，当时中苏友好俱乐部每周有文学讲座，差不多每次都让我朗诵一段，如高尔基的《海燕》、马雅可夫斯基的诗歌等。这对我后来译诗时掌握节奏感颇有帮助。

1956年，我毕业于大连一高中（后改为大连第二十中），考入北京大学东语系。如前所述，我本来的理想是当文学家或演员，为什么会学起东语了呢？北京大学东语系多是些小语种，不像西语系和俄语系那样为人熟知，是热门专业好招生。但又由于一些外事等方面需要，国家要保质、保量地培养一批能掌握东方语言的干部。为此，就在高考前，在一些重点中学经审查、协商，推荐一些应届毕业生，再通过高考，招入北京大学东语系，实际上带有一定的保送性质。高中的班主任希望我报考，我便答应了。

北京大学东语系是1946年由留德十年归国的季羡林先生领衔创办的。全系有大大小小十多个专业，所以我一到东语系就面临选专业的问题。日语当时是个热门，大家都去报。但是从我个人的好恶来讲，就觉得别的可以学，但日语坚决不学。因为我幼年在日寇的铁蹄下尝过亡国奴的滋味，对日语有一种过度的反感。现在看来，这种想法当然也不对。我先是想学"印度语"，那时候还不知道是叫印地语。当时尼赫鲁搞"不结盟运动"，他算是领头人，中印关系也好，所以我第一志愿报的是印地语，第二志愿才是阿拉伯语。当时1956年的形势是埃及总统纳赛尔把苏伊士运河收归国有，随之抗击"三国侵略"，气势还挺大。整个中东地区阿拉伯民族解放运动热火朝天，学阿拉伯语自然也是个热门。再说小时候读《天方夜谭》，对那片地方也颇有兴趣。当时每个人要填三个志愿，我不想学太小的语种，于是就使了一个招儿，就是把日语放在第三志愿，第一、二志愿分别是印地语和阿拉伯语，因为日语很热门，所以肯定不会把我选录为日语专业，而只能把我录为前两个专业之一。就这样，我被选上学了阿拉伯语。中国有句俗话叫"男怕选错行，女怕嫁错郎"，我的行当选的没错，我至今都不曾后悔。现在是精力不够，如果可以从头再来，我还是愿意干这行。

我国的阿拉伯语教学最早是在清真寺经堂里，学员多是回民、穆斯林。直到1946年阿拉伯语教学才分别在南北两边进入高校课堂：北边是季羡林先生邀请马坚先生到北京大学东语系创办了阿拉伯语专业；南边则是刘麟瑞、王世清等先生在南京东方语专创设了阿拉伯语专业。新中国成立后，20世纪50年代初院系调整时又把南京的东方语专并入了北京大学。最早教阿拉伯语的老先生都是20世纪30年代在开罗爱兹哈尔大学学的阿拉伯语。他们都是穆斯林，当年不是公派，而是靠一些民间资助去留学的。当时正是国内抗日战争时期，他们回不来，在那里学的时间比较长。这拨人的优势是发音、语法不错，所以我们国家阿拉伯语后辈的基本功就比较扎实，发音、语法都比较好。那些老先生们虽然没有在国内接受过正规的高等教育，但都勤奋好学，在学问上各有特点。

刚进大学的时候，我就听说阿拉伯语比较难学，这一点现在也是公认的。为什么说难学？过去我看过一个材料，说原来东欧国家的外交官，如果懂一门外语，工资可以加10%，但是如果懂汉语或阿拉伯语的话，工资就加20%，从这点来看，阿拉伯语和汉语就算是世界上最难的语言了。那时候我们去拜访马坚先生，马先生就说，"你要说它难，也难；说它不难，也不难。要说它难，俄语有六个格，阿拉伯语只有三个格，这样一比，阿拉伯语也不过如此"。马坚先生还说，"难能可贵"，只有难，学出来才算有本事。所以我那时候的想法就有点"明知山有虎、偏向虎山行"的劲头，觉得还是应当把阿拉伯语学好的。而且20世纪五六十年代，恰逢阿拉伯国家、中东地区民族解放运动风起云涌、如火如荼。在形势的鼓舞下，我们的学习劲头还是蛮大的。

不过从学习条件来讲，那时无法同现在相比。不像现在这样有着丰富的图书资料、现代化的传媒器材、电化教学设备。还有一点，就是我们当时在校学习的氛围也与今日大不相同。众所周知，当年政治运动一个接着一个，强调的是"政治挂帅"，要走"红专道路"。所以在求学的道路上，我不敢过于"钻"，过于"专"，怕被认为是"只专不红"，走"白专道路"。为此，我在学生时代，为纪念五四运动40周年曾编写剧本《火烧赵家楼》，后又配合当时政治形势，编写木偶戏《白宫丑史》，用活人演木偶，我演美国总统。因为其形式有些像时事活报剧，要不断更新，所以在学生时代，我一直是一集一集不断地又编又演，直到毕业才交给下一任。这个剧颇有些影响，曾在人民大会堂参加过会演，获奖后又被摄集于文艺纪录片《我们在毛主席身边歌唱》中。我说这些是想说明，若从专业角度看，我当年似乎有些不务正业。不过，尽管如此，我的专业成绩在班上还是名列前茅的。这是因为，我觉得学习阿拉伯语当然是为了国家的需要，但是培养自己对学习阿拉伯语的兴趣也非常重要，我就是对阿拉伯语越学越有兴趣，欲罢不能。除此之外，我觉得还要有好的学习方法：认真做好课前的预习，遇到不懂的在课上请教老师或者课下自己查阅资料；多朗读、多背诵；多看书，由浅入深进行阅读，并通过大量的阅读记忆单词，提高自己的阿拉伯语水平。

我在大学读了五年阿拉伯语专业。我认为无论搞专业研究或是翻译，都必须有较好的中外文功底。否则，资料看不懂，原文理解得不深不透，下笔表达不清楚，文笔不流畅，那是无论如何不能成为一个名副其实好的科研工作者或翻译家的。而中外文功底的练就，我认为基础在课堂，深造靠读书。俗话说"师傅领进门，修行在个人"，入门基础是靠课堂上老师指点，但进一步深入、修行就靠自己了。自己靠什么？靠读书。我觉得在我一生求学的过程中，让我获益最多、最好的老师大概就是书籍。莎士比亚说："书籍是全世界的营养品。生活里没有书籍，就好像没有阳光；智慧里没有书籍，就好像鸟儿没有翅膀。"高尔基说："书籍是人类进步的阶梯。"中国古人则说："不登高山，不知天之高也；不临深溪，不知地之厚也。"据我所知，古今中外有不少人没有上过大学，却成了著名作家、大学教授，如高尔基、沈从文、启功等。但若说有人没读过书，却成了作家、教授，打死我我都不信。在我看来，书籍就是世人最好的老师。读什么书可以由你选；读书的场所、时间也不受限制，悉听尊便：你可以半夜醒来读上一会儿书，也可以坐在马桶上读一卷书。若是上课听讲，当然不能这么随便。如前所述，我的中文功底主要是靠中小学读课外书打下的基础，而较厚实的阿拉伯文功底则是大学五年打下的基础。

1961年，我毕业留校任教。人们常开玩笑地说自己是"三门"干部，即家门、校门、单位门，我则只有两门——家门与校门。在国外，只要是教授，人们很自然地给他加一个学衔，称其为博士；而我则颇为惭愧，虽然忝为教授、博导，但既不是博士，也不是硕士。因为我们那个年代的教育，似乎把博士、硕士这些学衔认为是西方资产阶级的东西。据我的记忆，"文化大革命"前的17年教育，似乎没有学位制度。不过那时大学本科毕业后，倒还是有研究生这一说的。我们那时毕业后都是要听从组织分配，记得当时有一个研究生的名额，我就申报了。因为我总觉得自己没学够，能有机会做研究生，再在学校继续学两三年是再好不过了。不过因为当时教研室青年骨干教师陈加厚先生要跟马坚教授"对号入座"进修，就没让我当研究生，而让我留校任教，直接教二年级。

能当教师，我也很高兴，但颇有些诚惶诚恐。汉朝的杨雄说"师者，人之模范也"（《法言·学行》）；唐朝的韩愈说"师者，所以传道授业解惑也。"（《师说》）所以，初执教鞭，我既感到荣幸，又有些忐忑。因为我始终觉得，一个人可以自行选择的话，可以设法去当"大款"；也可以去从政当"官"。但是要做教师，就必须要做好。因为搞别的，好坏很大程度只关系你自己。但是做教师，面对的是一些学生，教好了，这些人就是国家的栋梁，教不好，就是误人子弟。所以做教师必须有责任心，必须要全身心地投入，因为不投入就做不好。误人子弟，从某种意义来讲等于犯罪。你想，我才学了五年，却要教二年级。学外语的大概都知道，学好学坏二年级最关键。况且，我接手的这个班的学生很多原是留苏预备班的，因当年"反修"而让他们到北京大学改学阿拉伯语，不少人年纪都比我大，我的压力可想而知。《礼记》上说："学然后知不足，教然后知困。"对此，我深有体会。当年马坚先生也谆谆叮嘱我说："一个教员，就像一口井。井越深，水就积得越多，打水的人才会越感到方便。要想让人家能提上一桶水，你井中至少要有十桶水。如果你井中只有一桶水，打水的人恐怕只能喝上点儿泥浆了……"怎么办？还是《礼记》上说的好，"知不足，然后能自反也；知困，然后能自强也。故曰：教学相长也"。我在多年的教学过程中，对教学相长的确深有体会。在教的过程中学，在教的过程中成长。每次在上课前都认真备课，查词典、查资料……当然，最好的老师、最有益的救助者还是书籍。当教师后让我觉得最得意、最开心的是可以进书库开架读书。我有空就常钻图书室。陶渊明老先生在《五柳先生传》里讲自己是"好读书，不求甚解；每有会意，便欣然忘食"。有些人往往把"好读书，不求甚解"当成贬义。其实，读书，有时要求甚解，有时就可以不求甚解。求甚解是精读，不求甚解是泛读。无论是提高中文水平，还是外语水平，两者都需要，缺一不可，关键在"好读书"。

总体来看，我从1961年留校任教到到"文化大革命"结束前，是搞阿拉伯语语言教学的，而且至今我仍认为自己更擅长语言教学，虽然后来主要是搞阿拉伯文学教学与研究。不过由于众所周知的原因，也没教出几届学生。如"文化大革命"前带六五届那个班，自己很努力想教好，每天晚自习提两个暖水瓶去外文楼辅导，但只教了8个月就赶上"文化大革命"了。

"文化大革命"期间，我是个要求进步的青年，也同学生一起去串联，搞大批判。后来去江西鲤鱼洲五七干校走五七道路。其间曾编了一个对口诗剧《传家宝》（又叫《一根扁担》），是一出所谓批判"修正主义教育路线"的忆苦剧，剧中三个角色，我演两个。随后又被调回北京来参加北京大学的文艺小分队，我是演员兼创作。演剧、说相声……若从专业角度看，当然又是不务正业。后来搞复课闹革命，我就忍不住想搞业务了，在小分队里就有点"消极怠工"，他们就把我放回系里了。开始时教研室接了上面布置下来的任务，要出两本书，让我校译，一本是《阿拉伯半岛史》，一本是《科威特简史》。再后来，1972~1974 年，我到苏丹做了两年援外翻译。

当时我们国家给苏丹援建公路，是江苏省的援外项目，要求北京地质队水源队去为修公路找水源、打井，需要翻译，就让我去了。那是我第一次出国。我也知道苏丹很苦，但是我从来没出过国，很想出国，因为觉得自己这个学外语的应当在外边见识见识。再说那时能出国简直就是一种政治待遇，因为当时我们都算资产阶级知识分子"臭老九"，能出国就好像在政治上算合格了。苏丹是世界三大火炉之一。我们虽说是专家，但似乎是把"五七道路"走到了国外，每天穿着工作服，背着大水壶，戴着大草帽，顶着大太阳，在荒郊野地里测量、奔波，住的是简易活动房，热得要命。那时候虽然生活很苦，但是两年下来，我的口语、口译水平都有所提高，对当地的生活状况、风俗习惯，也有所了解。

1974 年从苏丹回国后，学校让我教 75 年入学的工农兵学员，同他们一起到北京远郊的昌平太平庄搞"开门办学"。与"工农兵学员"同吃、同住、同劳动，在一起摸爬滚打，虽被批"只抓教学，不抓阶级斗争"，但我至今不悔。

"文化大革命"结束后，1978~1980 年我到埃及开罗大学文学院进修了两年。因为我觉得人家好像都出国留学镀过金了，我还没有，一直都是在国内学。在苏丹走了两年"五七"道路，好像也不算数。所以有这么个机会就出去了。那时新章未立，旧章未废，出国进修的待遇很低。当然，国内工资照发，在外吃住也没问题。但第一年一个月的生活费、零花钱就 10 块人民币，买书也包括在内。第二年发给 40 块了，还是没有多少钱买书。不过这次进修对我的学术生活还是很重要的，其间我的进修主要就是文学，包括比较文学、阿拉伯古代文学、现代文学课，都去听。我有意识地一方面想搞翻译，一方面想搞文学研究。我在开罗还有意识地接触、访问作家，像陶菲格·哈基姆、纳吉布·马哈福兹、尤素福·伊德里斯、舍尔卡维、阿卜杜·库杜斯等当代有名的文学家我都去拜访过。那时埃及最有名的教授的课我都去听，虽然生活艰苦，但是学业收获很多。当时埃及文艺和社会科学最高委员会秘书长尤素福·沙鲁尼先生曾提供给我一些书，我找一些作家可以要到一些书，再跑旧书店、小书摊能买一些书，这样想方设法收集资料，利用闲暇时候积累资料，为后来的文学研究打下了基础。

1983~1985 年我在也门待了两年。中国援助也门在萨那和塔兹建立了两所技术中学，我那两年就在萨那技校参加教学工作。1985年回国后我开始正式搞阿拉伯文学。教研室原先是邝裕池和李振中先生负责搞阿拉伯文学。我回来时，邝裕池已去世，李振中已离开了北京大学，阿拉伯文学这摊儿马上就落到了我身上。

在我国，长期以来，因为受"西方—欧洲中心论"的影响，对东方文学的研究、介绍远不及对西方文学的研究、介绍，即使在东方文学中，对阿拉伯文学的研究、介绍也远不及对日本、印度文学的研究、介绍。1949年新中国成立前，绝大多数的中国读者对阿拉伯文学的了解仅限于《一千零一夜》（《天方夜谭》）的片段故事，大多是中国学者在20世纪初开始从英文译本转译而来。1927年，商务印书馆出版的郑振铎先生的《文学大纲》，全书上下两册，共约2200页，对阿拉伯文学的介绍只占25页，算是当时我国对阿拉伯文学最全面、系统地介绍了。解放后，20世纪50年代末60年代初，为了配合当时中东政治形势，为了表示对阿拉伯人民正义斗争的支持，对阿拉伯文学的译介虽也热闹一时，但多借助俄文。1966～1976年历时十年的"大革文化命"的浩劫，阿拉伯文学的翻译与研究自然处于停滞状态。

"文化大革命"前的北京大学与其他设有阿拉伯语专业的高校多限于阿拉伯语言教学，基本上没有文学课。但开放的中国需要了解世界，阿拉伯地区是世界的重要组成部分。文学是时代的晴雨表，是反映社会生活的镜子。要让人们了解阿拉伯民族，不能不向他们介绍阿拉伯文学。此外，随着对"欧洲中心论"的批判，新时期的东方文学教学、研究越来越受到重视：在一些综合大学，特别是在各高等师范院校都开设了东方文学史课。一些新改行从事东方文学史教学、研究的同志也迫切希望能从我们这里多"趸"些东西。还记得1986年我参加"烟台中青年翻译经验交流会"，上千人多是搞俄文、英文的，搞东方语言的基本没有，搞阿拉伯文的就我一个。我说阿拉伯文学挺不错的，怎么会这样？人家说你们不介绍谁知道。阿拉伯文学既然是东方文学的重要组成部分，我肩负的责任自然可想而知。我要给本专业的本科生开设阿拉伯文学史、文学选读等课。20世纪90年代初，我申报的博士点批下来后，要指导本专业的研究生。此外，还要为全校其他系科的本科生、研究生、进修老师等选修的或专修的"东方文学史"讲授阿拉伯文学史部分的课程。一些有关的科研任务，诸如《简明东方文学史》《东方文学史》《外国文学简编（亚非部分）》《比较文学史》《东方文学辞典》《中外现代文学作品辞典》《世界名诗鉴赏词典》《外国抒情诗赏析辞典》等书的有关阿拉伯文学部分的章节、条目，自然都落在了我头上。1987年，中国外国文学学会阿拉伯文学研究会成立后，也许是"矮子里拔将军"吧，我又被推选为学会主要负责人之一，要带领这支年轻、稚嫩的队伍在阿拉伯文学研究的领域中探索、开拓、前进。

在其位要谋其政。如何搞好阿拉伯文学的教学、研究，全面、系统地介绍阿拉伯古今文学，无疑是我义不容辞、责无旁贷的事。为了尽职尽责，我先后编撰、出版了《阿拉伯现代文学史》（昆仑出版社，2004）、《阿拉伯文学通史》（两卷，译林出版社，2010）、《阿拉伯古代文学史》（两卷，昆仑出版社，2015）等。

虽从某种意义上讲，这几本书只能算是披头散发的初稿、"粗"稿。我认为它们有如下特点。

首先，内容广泛、鲜活，时间与空间跨度大。很多《阿拉伯文学史》只论述到19世纪前的阿拉伯文学，其实那只是阿拉伯文学的古代部分，或可称"阿拉伯古代文学史"。如英国汉密尔顿·阿·基布的《阿拉伯文学简史》的时间下限是1800年；被认为是当代权威的埃及学者邵基·戴伊夫的十卷本的《阿拉伯文学史》（开罗，知识出版社，1960~1995）计5378页，也是写到现代复兴前的奥斯曼帝国统治时代为止。而这些只是我的《阿拉伯古代文学史》或《阿拉伯文学通史》上卷论述的内容。至于阿拉伯现代文学，阿拉伯世界出版的多为国别文学史，即使一些号称"阿拉伯文学史"（或应称"阿拉伯文学通史"）的现代部分，也往往只论述到埃及、黎巴嫩（包括旅美派文学），最多再加上伊拉克、叙利亚的个别知名诗人，对海湾地区、马格里布地区、也门、苏丹、约旦、巴勒斯坦的文学几乎是只字不提。此外，一般阿拉伯现代文学史的内容大都只写到第二次世界大战结束前后，涉及作家及其作品也大多是已不在世、盖棺论定的。而我的《阿拉伯现代文学史》或《阿拉伯文学通史》的现代部分的时间下限则是21世纪初的当今，内容则是对近20个阿拉伯国家的现代文学既有总体论述，又分国别论述。不仅对走在阿拉伯现代文学前头的埃及、黎巴嫩、叙利亚、伊拉克文学做了较多的论述、介绍；同时，对发展相对滞后的其他阿拉伯国家、地区的现当代文学也做了相应的论述、介绍。

其次，古今中外的文学史不外乎由两部分构成：资料和观点。阿拉伯国家出版的文学史，作者往往囿于民族、政治、宗教信仰；西方作者写"阿拉伯文学史"，又往往囿于其"欧洲中心论"及其他原因。他们在论述作家、作品时，当然都有各自的观点，但难免会有偏颇之处。我有我的价值观，我的视角，我的观点。我在论述、评价作家、作品时尽量做到全面、客观、公正。如在古代文学部分，除一般公认的著名诗人、作家、作品外，我还有意识地用相当多的篇幅论述了反映当时贫苦下层生活的民间诗人及其作品。被高尔基誉为是世界民间文学史上"最壮丽的一座纪念碑"的《一千零一夜》，曾一度被埃及道德法庭宣布为"淫书""禁书"，在邵基·戴伊夫的《阿拉伯文学史》中只占有一页篇幅的介绍。在阿拉伯地区家喻户晓，妇孺皆知，流传程度甚至胜过《一千零一夜》，被西方的某些东方学者称作"阿拉伯的伊利亚特"的民间传奇故事《安塔拉传奇》，在邵基·戴伊夫的同一部文学史中也只有不足一页半篇幅的介绍。我在《阿拉伯古代文学史》与《阿拉伯文学通史》的古代部分中，分别对这两部名著设有专章以较多的篇幅论述。又如对于阿拉伯现代文学的介绍，现有的阿拉伯文学史往往由于种种原因有一定的局限性。如黎巴嫩学者汉纳·法胡里的《阿拉伯文学史》，原书初版付梓于1960年，对第二次世界大战后登上文坛的作家、诗人只字未提。绍基·戴伊夫初版于1961年的《阿拉伯埃及近代文学史》（亦可译为《阿拉伯埃及现代文学史》）亦难免有同样的局限性。如书中对马哈福兹只是提了一下，而对另一些著名的小说家如尤素福·伊德里斯、尤素福·西巴伊、伊赫桑·阿卜杜·库杜斯等则连提都没提。在这些阿拉伯现代文学史中，找不到兴起于20世纪40年代末的阿拉伯自由体新诗的先驱们及其作品的介绍，更不要说在他们之后成名的诗人了；也几乎找不到有关阿拉伯作家协会选出的105部"20世纪最佳中长篇小说"及其作者的介绍与评论。而我则不能不在《阿拉伯现代文学史》或《阿拉伯文学通史》的现代部分中尽力弥补这些不足。

最后，阿拉伯民族是一个热爱诗歌的民族。诗歌被认为是阿拉伯人的文献与档案。它像一面镜子，真实而生动地反映了阿拉伯民族的历史与社会现实。因此，我写的几部阿拉伯文学史对阿拉伯古今的诗歌、诗人做了相当篇幅的论述。为此就要引述、译介部分原诗。译界公认"译事难，译诗尤难"，有人甚至认为诗不可译。但我不得不硬着头皮去翻译，且要本着自己在翻译时的一贯主张——"既要对得起作者,也要对得起读者",译出的诗句既要基本忠实原意,中国读者读起来还要像诗,有诗的味道。同样,阿拉伯有些散文,也颇具艺术特色。如古代的一些讲演词,特别是阿拉伯的"玛卡梅",讲究音韵铿锵、文辞骈俪,为便于我国读者对这些诗文特点有一定的感性认识,我对书中引用诗文的翻译还是下了一番功夫的。这也算是几本拙著的一个特点吧。

谈起翻译,我曾多次在不同场合提到,我认为人类文化的发展史,实际上就是一部翻译史。因为文化发展的规律是"传承—借鉴—创新",古今中外,概莫能外。借鉴靠什么,当然要靠翻译。谈到对阿拉伯文学的翻译,我常想起古代楚国那个为献玉璞被人讥笑,又被砍去双脚的卞和。他的悲剧主要在于所献的是璞,未经雕琢,难免被人误认为是石头。后经雕琢,成了璧,不就价值连城,为那个蔺相如成为英雄创造了条件吗?在我看来,阿拉伯文学也不啻是世界文学宝库中的一块瑰宝,我们要想方设法把这块璞雕琢成璧,献给中国人民,而这种雕琢过程就是翻译。歌德说过:"翻译家好比是热心热肠的媒婆,他们极口称赞那个半遮半掩的美人,赞赏她的姿色,以便引起人们对原著的不可抑止的思慕。"其实我早就想做一个热心热肠的媒人,竭力撮合,将自己眼中最美心中最爱的两种文学联姻成亲;竭尽全力,把璞雕琢成璧。

我最早发表的译文是叙利亚著名女作家乌勒法·伊德丽碧的短篇小说《最亲爱的人死了》,那是1961年,即我毕业任教的那一年,发表于《世界文学》上,还曾在电台广播过。不过如前所述,那时搞翻译被认为是不务正业。我不敢招惹是非。我正式搞翻译也是在改革开放后,诗歌、散文、小说都译过。先后发表有(部分为合译):《努埃曼短篇小说选》(〔黎〕努埃曼,外国文学出版社,1981)、《难中英杰》(即《我家有个男子汉》,〔埃及〕库杜斯,江苏人民出版社,1983)、《沙漠——我的天堂》(〔沙特〕赛义德·萨拉赫,江苏人民出版社,1983)、《泪与笑》(〔黎〕纪伯伦,湖南人民出版社,1984)、《米拉玛尔公寓》(〔埃及〕马哈福兹,《世界文学》1989年第2期)、《本来就是女性》(〔科〕苏阿德·萨巴赫,中国和平出版社,1991)、《库杜斯短篇小说选》(〔埃及〕库杜斯,湖南文艺出版社,1989)、《阿拉伯古代诗选》(人民文学出版社,2001)、《纪伯伦散文诗选》(安徽文艺出版社,2005)、《一千零一夜》(长江文艺出版社,2005)等。

其中《阿拉伯古代诗选》选译了130多位阿拉伯古代诗人的400多首诗歌，其中有两首"悬诗"。每首相当中国的100左右联句，都是一韵到底。

诗歌讲究三美：意美、音美、形美，古体诗尤甚，中阿诗歌皆然。译出的诗歌既然想要让中国读者读起来也像诗，那就得也按这个标准去努力、去衡量。那本诗集我自认为译的还可以。只不过那是20世纪80年代末90年代初交的稿子，过了十多年于2001年才得以问世。从量上来讲，我觉得还远不够。我现在已将七首"悬诗"都译出来了，手头尚有不少译出的阿拉伯古今诗稿有待发表。《一千零一夜》是散韵结合，情节跌宕起伏，妙趣横生，就像中国古典的话本，或是武侠小说、演义之类。照理读起来应是津津有味，令人爱不释手，但很多译本达不到这种效果。我也出了一个选译本，效果似乎还不错。我是纪伯伦的粉丝。他是作家、画家、诗人，更是了不起的思想家。他写散文诗，也写小说，作品译成五六十种文字。联合国把纪伯伦作为世界文化名人，黎巴嫩有他的博物馆，美国有他的塑像，阿拉伯、美国开过好多次关于他的纪念会、研讨会。他的作品富有深邃、隽永的哲理。他的《泪与笑》，原文是无韵的散文。我尽力把每篇译成有宽松韵律的散文诗，读起来更上口，更美一些，其中有些译文被选作初中语文的教材。

我觉得严复提出翻译的"信达雅"这一标准是有其背景的。那时书面语和口语是脱节的，翻文要修饰成典雅的文言文，才叫"雅"。现在的翻译标准，我认为能真正做到"信"就够了。所谓"信"就是忠实。如果译文在内容、风格等各方面都能做到"信"，即忠实于原文，让译文的读者能有与原文的读者一样的理解、体会，那才真正叫作"信"。做到"信"却不"达"，这没道理。至于"雅"，要看原文的风格，它雅你就雅，它俗你就俗。我还认为一个翻译应当像演员一样，最好的演员俗称"千面人"，要演什么像什么。我们做翻译，译诗歌就要像诗歌，译散文诗就应当是散文诗，译小说、戏剧就应当是小说、戏剧。而且小说或者是戏剧里边的人物，小孩儿该讲什么话，乡下人该讲什么话，老太太该讲什么话，都得像那么回事，不能一道汤，全是一样的味儿。

我认为搞翻译，首先必须把作家、作品的文化背景、来龙去脉研究透。搞阿拉伯文学，写阿拉伯文学史，更要首先把阿拉伯文化吃透。季羡林先生提出"在世界上延续时间长、没有中断过、真正形成独立体系的文化只有四个——中国文化体系、印度文化体系、阿拉伯—伊斯兰文化体系和从希腊、罗马起始的西欧文化体系"。① 有的学者认为"'阿拉伯文化'亦称'伊斯兰文化'或称'阿拉伯—伊斯兰文化',名称虽不同,研究范围基本是一致的,这就是阿拔斯五百年时代的文化"。② 我则在多种场合论述,认为不能把阿拉伯—伊斯兰文化同阿拉伯文化、伊斯兰文化混为一谈。实际上,阿拉伯—伊斯兰文化这一术语包括了两个不同且密切相关的概念,即阿拉伯文化与伊斯兰文化。伊斯兰文化是所有信奉伊斯兰教的穆斯林的文化,而阿拉伯文化则应是说阿拉伯语的阿拉伯人的文化。只是自公元610年伊斯兰教兴起于阿拉伯半岛后,伊斯兰文化一直是阿拉伯民族的主流文化,阿拉伯文化与伊斯兰文化在时间与空间上叠印在一起,形成阿拉伯—伊斯兰文化体系。阿拉伯—伊斯兰文化源远流长,起源于阿拉伯半岛,同两河流域(美索不达米亚)文明与尼罗河流域文明有着深厚的渊源。而在中世纪,横跨亚非欧三大洲的阿拉伯大帝国与雄踞东亚的中国,随着政治、经济达到鼎盛,文化也像擎天的灯塔,在丝绸之路两端交相辉映,彪炳于世。"在八世纪中叶到十三世纪初这一时期,说阿拉伯话的人民,是全世界文化和文明的火炬主要的举起者。古代科学和哲学的重新发现,修订增补,承前启后,这些工作,都要归功于他们,有了他们的努力,西欧的文艺复兴才有可能。"③ 我除了在阿拉伯文学史中的相关章节与有关的专题论文中论述了阿拉伯—伊斯兰文化外,还在我主编的《阿拉伯:第一千零二夜》(吉林摄影出版社,2000)中写有《总论——阿拉伯传统文化与复兴、现代化》。此外,我还写有专文《丝绸之路长 长城通天方——中国与阿拉伯世界文化交流》,集于何芳川主编的《中外文化交流史》(下卷,国际文化出版公司,2008)中,比较全面、系统地论述了古今中阿文化在各方面的交流及相互影响的情况。

当代是一个全球化、多元化、信息化的时代。毋庸置疑,中国—阿拉伯两大民族之间的文明对话、文化交流具有重要意义。交流不仅要请进来,也要走出去,对话的平台不仅在国内,也要在国外。作为有关学界的学人,我知道,这也是自己分内的事。

---

① 季羡林主编:《东方文化史话·序》,荒山数社,1987,第1页。
② 纳忠等:《继承与交融:阿拉伯文化·导言》,浙江人民出版社,1993。
③〔美〕希提:《阿拉伯通史》(下册),马坚译,商务印书馆,1979,第664页。

除了如前所述曾在苏丹援外、在埃及进修、在也门教学皆达两年的较长期的出国，我还应邀或随作家代表团、文化代表团先后出访过沙特阿拉伯、阿联酋、伊拉克、叙利亚、黎巴嫩、约旦、利比亚、突尼斯、阿曼、卡塔尔、埃及等阿拉伯诸国。曾参加"杰纳迪里叶"（沙特）、"米尔拜德"（伊拉克）、"杰里什"（约旦）等文化节。其中曾四次访问沙特阿拉伯。1999 年于利雅得纪念沙特王国建国百周年的学术研讨会上宣读论文《沙特阿拉伯王国的现代诗歌是其百年发展的明镜》；2010 年于法国巴黎为第三届沙特阿卜杜拉国王国际翻译奖集会作《翻译及其在增进文化间相互接近的作用》的主旨讲话；2011 年于北京为第四届沙特阿卜杜拉国王国际翻译奖集会作《翻译对增进各民族间文化关系的作用——以中阿关系为例》的主旨讲话；2013 年于塔伊夫"欧卡兹集市文化节"作《中阿两民族间的翻译活动》的讲话（集于利雅得阿卜杜拉国王为阿拉伯语服务中心出版的《阿拉伯语在中国》）。2004 年应阿曼宗教基金、事务部邀请分别于卡布斯苏丹大学与卡布斯苏丹清真大寺作《阿拉伯文学在中国：翻译、领域范畴、问题》与《伊斯兰文化复兴及其现代化》（载《宽容》杂志）报告。应阿联酋"研究探针中心"（Markaz al-Misbār Liddirāsāt wa al-buhūth）约请，写有《中国的阿拉伯学活动》载于该中心出版的《中国的伊斯兰教与穆斯林》（迪拜，研究探针中心，2015）。在随作家代表团或文化代表团出访阿拉伯诸国时，在诸多相关场合宣传介绍我国对阿拉伯语言、文学、文化的教学、研究、翻译等情况。

若说我自 1961 年毕业后对中东或阿拉伯世界学术尚有些什么贡献的话，我觉得大概也就是在以下五个方面：（1）搞阿拉伯语言教学，培养了一批相关人才；（2）搞阿拉伯文学教学、研究，撰写了阿拉伯文学史；（3）搞阿拉伯文化研究，撰写了部分论著与论文；（4）搞阿拉伯文学翻译，有些译著与论文；（5）参与中阿文明对话、文化交流，对外宣传、介绍我国对阿拉伯文学、文化的教学、研究、翻译情况。

我于 2001 年获"正大奖教金"，算是对我在教育方面工作的肯定。我曾任阿拉伯文学研究会会长，后任名誉会长，我写的《阿拉伯现代文学史》与《阿拉伯文学通史》分别于 2006 年、2013 年获第四、第五届中国高校人文社会科学研究优秀成果奖一、二等奖，算是对我在阿拉伯文学方面科研成绩的肯定。我曾任中国翻译协会文学艺术委员会副主任，并于 2009 年获译协"资深翻译家"荣誉证书,这是对我在翻译方面成绩的肯定。2011年获"北京大学卡布斯苏丹阿拉伯研究讲席项目学术贡献奖",2015年获北京大学东方学创新发展基金奖励评审委员会颁发的"北京大学东方学学术研究贡献奖",是对我在阿拉伯文学、文化研究工作成绩总的肯定。2011年获中阿(拉伯)友协颁发的"中阿友谊贡献奖"是对我在中阿文明对话、文化交流方面工作成绩的肯定。在国际上,2005年获"埃及高教部表彰奖";2011年获"阿联酋谢赫·扎耶德图书奖之第五届年度文化人物奖(2010—2011)"与"沙特两圣寺之仆人阿卜杜拉·本·阿卜杜勒·阿齐兹(国王)国际翻译奖之荣誉奖"则应视为我的工作成绩也得到了阿拉伯世界的认可与肯定。

我的治学经验是:年轻时要伸开两手抓,要广、要博、要泛,如金字塔,要铺好底盘,打好基础;中老年要逐渐收拢,握紧拳头,要高、要精、要尖、要深、要细。写论著,要像下围棋,事先要有周密的布局。开始是化整为零,一部专著可分若干小题目;然后化零为整,成书。要由点连成线,由线连成面,由面结成体。

我希望青年学生多读书,精与泛结合起来。要努力治学,向高、精、尖发展,成为有真才实学的学者,不要成"半瓶醋"。记得拿破仑说过,不想成为将军的士兵不是好兵。我套用一下,认为不想超过自己老师的学生不是好学生;我还认为不愿让学生超过自己的老师不是好老师。老师要腾出自己的肩膀,让学生踩着,向上攀登。

仲跻昆

2017年3月25日 于北京马甸寓

[责任编辑:闫伟]

当代中东政治

沙特与伊朗在也门内战中的对抗与策略互动

——基于博弈论的视角*

曾向红** 陈明霞***

内容提要 作为中东地区的传统大国，沙特和伊朗在地区事务中的对抗广泛而持久，也门内战便是双方博弈的一个重要场域。本文从博弈论视角出发，尝试分析沙特和伊朗在干预也门内战过程中的战略互动，并对双方特定策略选择背后的决策逻辑做出解释。通过构建"胆小鬼博弈"模型，本文对沙特和伊朗在也门内战中的互动过程进行分析，建立"策略"和"收益"，并计算博弈结果。本文以 2015 年 4 月 21 日沙特宣布停止在也门的空袭为时间节点，将沙特和伊朗两国在也门内战中的博弈过程划分为两个阶段。在第一阶段的博弈中，沙特采取"强硬"策略，伊朗则选择了"软弱"策略，故而沙特成为"获胜方"；而在第二阶段的博弈中，沙特和伊朗均采取了"软弱"策略，博弈没有"获胜方"。以上特定策略选择，背后体现出的是伊朗的机会主义逻辑与沙特的实用主义考虑。理清沙特和伊朗对也门内战的干预行为和逻辑，有助于对也门局势的发展走向进行把握和判断，在更普遍的意义上，或许也可以对外部大国干预第三方冲突中的互动问题提供些许启发。

关键词 博弈论 胆小鬼博弈 沙特 伊朗 也门内战

---

* 本文系国家社科基金西部项目"中东国家的社会变迁与社会运动研究"（项目批准号：13XGJ001）的阶段性成果，且受兰州大学中央高校基本科研业务费专项资金资助项目重点研究基地团队建设项目"'一带一路'安全问题研究"（项目编号：17LZUJBWTD002）的资助。

** 曾向红，兰州大学中亚研究所教授。

*** 陈明霞，兰州大学管理学院、兰州大学中亚研究所硕士研究生。

"阿拉伯之春"爆发至今已六年有余,但其余波仍未平息。发生在利比亚、叙利亚和也门的内战,无一不对中东地区的稳定与发展构成巨大的威胁与挑战,但以美国为首的西方国家似乎只对叙利亚问题表现出极大的热情。如西方媒体纷纷对俄罗斯的军事介入和叙利亚的平民伤亡进行报道并表示谴责,而对同样遭遇的也门以及沙特的空袭与各类"误炸"事件则表现得相对冷漠。① 西方国家奉行的"双重标准"在此问题上可见一斑。同叙利亚问题一样,自外部势力介入的那一刻起,也门问题已不再仅是国内反政府力量和政府之间关于国家权力的争夺,而是深深地打上了大国干预的烙印。鉴于大国干预(即沙特和伊朗)也门局势的策略选择较少受到关注,而这恰恰是影响甚至决定也门局势走向的重要因素。因此,本文的任务即在于分析沙特和伊朗在也门内战中的策略选择和战略互动,并对其策略选择之后的决策逻辑做出解释。

作为中东地区的两个传统大国,沙特和伊朗在地区事务中的对抗广泛而持久,而且在不同的历史阶段和问题领域呈现出不同的特点。比如,在1979年伊朗爆发伊斯兰革命后的十年时间里,双方的对抗态势明显比较激烈;而在20世纪的最后十年,双方的对抗又有所缓和。② 在叙利亚问题上,双方的对抗公开而明确,而在也门内战中的对抗则显得相对和缓,而且双方均表现出一定程度的克制和谨慎,整体呈现出一种对抗却不"撕破脸面"的软对抗态势。"国际关系的过程和模式经常会表现出某些类似博弈的特征"③,沙特和伊朗在也门内战中的对抗所表现出来的博弈特征尤其明显。

博弈论是关于决策行为及其后果的理论,适用于本文的研究问题。同时,作为一种理解和把握国际关系的有力工具,博弈论在强调博弈过程时同样关注博弈的结果,即博弈方想要获胜(使其收益最大化或损失最小化)的话采取何种策略才是合理的和正确的。因此,运用博弈论能对沙特和伊朗今后的博弈走向做出较为准确的把握。基于以上原因,本文以博弈论中

---

① 李亚男:《也门:被遗忘的战争》,《世界知识》2017年第4期。
② 吴冰冰:《从对抗到合作:1979年以来沙特与伊朗的关系》,《阿拉伯世界研究》2001年第1期。
③ 〔美〕詹姆斯·多尔蒂、小罗伯特·普法尔茨格拉夫:《争论中的国际关系理论》,阎学通、陈寒溪等译,世界知识出版社,2013年,第611页。

的"胆小鬼博弈"(Chicken Game)① 作为主要分析框架和解释路径。

博弈论,本是一种古已有之的思维游戏,20世纪以后开始正式用于科学分析②,并逐渐成为科学行为主义学派极为推崇的一种理论和方法。博弈论的核心是将具有自主利益的行为体假定为理性行为体,并假设这些理性的行为体在给定的规则条件下会对其他参与行为体的行为进行预测,在此基础上对自己不同的行为类型(比如合作或者背叛等)将导致的结果进行得失比较,从而最终决定采取何种行动策略。③ 从构成来看,博弈论主要包含三个核心要素:一是力图获胜的参与者(players),即博弈方;二是参与者可采取的行为或策略(strategies);三是参与者从博弈中获得的收益(pay-offs),体现的是每个博弈方的追求,也是其行为和决策的主要依据,本身可以是利润、收入、效益等,也可以是量化的效用。④ 进入20世纪50年代以来,国际关系领域也掀起了一股行为主义革命的浪潮,包括博弈论在内的实证主义的研究方法被广泛运用到国际关系研究领域,由此催生了以托马斯·谢林的《冲突的战略》、约翰·哈森尼的《博弈论与国际冲突分析》、马丁·舒比克的《博弈论的应用》、卡尔·多伊齐的《国际关系之分析》和莫顿·卡普兰的《国际政治的系统和过程》等为代表的一系列运用博弈论分析国际问题的研究成果。

从微观的角度来看,博弈论"既是研究国际冲突的策略理论,又是处理国际关系的实际手段,其目的是为行为者在面临冲突和危机时设计各种合理选择和理性行为"。⑤ 从宏观的角度来看,研究者们可以从博弈论的分析框架出发,将国际关系视作从零和博弈向非零和博弈发展的复杂而变化不定的各种趋势的混合。而对于作为国际政治的主要"玩家"——大国而言,若其政治领导人能够坚持国际政治的非零和博弈性,国际政治的运转

---

① 注:Chicken Game,也有中文资料将其直译为"斗鸡博弈",又因 chicken 一词亦有"懦夫、胆小鬼"之意,故又有人将其译成"懦夫博弈"或"胆小鬼博弈",本文取后者。
② 胡宗山:《博弈论与国际关系研究:历程、成就与限度》,《世界经济与政治》2006年第6期。
③ 胡宗山:《博弈论与国际关系研究:历程、成就与限度》,《世界经济与政治》2006年第6期。
④ 王则柯、李杰主编:《博弈论教程》,中国人民大学出版社,2004,第38页。
⑤ 倪世雄:《博弈论:游戏规则与策略选择——西方国际关系理论简介之七》,《国际展望》1987年第7期。

就会更具稳定性和规范性，无政府状态下的合作则会变得可行且持久。①

　　沙特军事介入也门已两年有余，学术界不乏对外部大国干预也门局势②的相关成果。不过，学者们的目光大多聚焦也门局势的由来、现状和前景，以及大国介入的方式、性质和影响③，而对大国所采取的具体干预策略则缺乏较为深入的研究。此外，对于外部干预大国之间带有博弈性质的战略互动行为的忽视，似乎不利于认识和理解也门问题的本质。另外，正如上文中所提到的，博弈论与国际关系渊源颇深，在国际关系研究中的运用也十分广泛，深受新现实主义和新自由制度主义的青睐，故在国际安全和国际政治经济学领域中的运用比较普遍。④ 同时，相较于在国际冲突和合作问题上具有极强适用性和应用价值的"囚徒困境"（prisoner's dilemma）⑤，同样作为博弈论经典模型之一的"胆小鬼博弈"在国际政治中的应用范围则显

---

① 〔美〕詹姆斯·多尔蒂、小罗伯特·普法尔茨格拉夫：《争论中的国际关系理论》，第 611 ~ 613 页。
② 关于也门危机的发展演变参见戴新平《也门危机的演变及其前景》，《中东问题研究》2016 年第 2 期。
③ 董漫远：《也门乱局：影响及走向》，《国际问题研究》2015 年第 5 期；李亚男：《当前也门政局危机及其影响》，《国际研究参考》2015 年第 5 期；李亚男：《也门：被遗忘的战争》，《世界知识》2017 年第 4 期；李亚男：《多棱镜中的也门》，《世界知识》2015 年第 4 期；唐志超：《也门政局再陷动荡及其影响》，《当代世界》2015 年第 4 期；田文林：《中东乱局下沙特与伊朗的地区"新冷战"》，《当代世界》2015 年第 6 期；罗英杰：《代理人战争：大国博弈的产物》，《世界知识》2015 年第 9 期；Dina Esfandiary and Ariane Tabatabai, "Yemen: an Opportunity for Iran-Saudi Dialogue?," *The Washington Quarterly*, Vol. 39, No. 2, 2016; Zachary Laub, "Yemen in Crisis," *Council on Foreign Relations*, 2016; Harry Verhoeven, "Briefing: African Dam Building as Extraversion: The Case of Sudan's Dam Programme, Nubian Resistance, and the Saudi-Iranian Proxy War in Yemen," *African Affairs*, Vol. 115, No. 460, 2016; Barzegar K. and Dinan S. M. K., "Iran's Political Stance toward Yemen's Ansar Allah Movement: A Constructivist-Based Study," *Journal of Politics and Law*, Vol. 9, No. 9, 2016; Thomas Juneau, "Iran's Policy towards the Houthis in Yemen: A Limited Return on a Modest Investment," *International Affairs*, Vol. 92, No. 3, 2016; Nima Adelkah, "Iranian Perspectives on Yemen's Houthis," *Terrorism Monitor*, Vol. 13, No. 13, 2016.
④ 胡宗山：《博弈论与国际关系研究：历程、成就与限度》，《世界经济与政治》2006 年第 6 期。
⑤ Majeski S. J. and Fricks S., "Conflict and Cooperation in International Relations," *Journal of Conflict Resolution*, Vol. 39, No. 4, 1995; Axelrod R. and Keohane R. O., "Achieving Cooperation under Anarchy: Strategies and Institutions," *World Politics*, Vol. 38, No. 1, 1985; Glenn H. Snyder, "'Prisoner's Dilemma' and 'Chicken' Models in International Politics," *International Studies Quarterly*, Vol. 15, No. 1, 1971; Lipson C., "International Cooperation in Economic and Security Affairs," *World Politics*, Vol. 37, No. 1, 1984.

得相对较窄，多用于分析具体的国家政策或战略战术，或者解释某一特定国际对抗和军事威慑局面的成因。[①]

综上所述，学术界对于当前也门局势及大国介入具有相当的研究热情和兴趣，同时，博弈论在国际关系研究中的运用也日臻成熟。但就现有的研究成果而言，关于外部干预大国在也门问题上的特定策略选择，以及运用具体的博弈论模型对其进行分析和解释的成果并不多见。因此，为了弥补上述缺憾，本文尝试运用"胆小鬼博弈"模型作为主要分析框架，具体分析沙特和伊朗自也门内战于2015年初爆发以来双方在也门的战略互动，并尝试探讨两国决策行为背后的逻辑，以及也门现状的由来及其走势。

一 也门局势的由来与发展

2010年底，以突尼斯的"茉莉花革命"为导火索，一场被称为"阿拉伯之春"的大规模社会运动在中东地区逐渐蔓延开来，最终扩散到包括埃及、利比亚、叙利亚、也门和巴林等在内的大半个中东地区。这场规模浩大的社会运动在各国产生了不同性质的政治反应，造成了不同程度的政治后果。[②] 反应剧烈者以利比亚内战为代表，反应轻微者则以突尼斯的和平过渡为代表。其中，也门最初是实现和平过渡的国家之一，并且开创了一种所谓的"也门模式"，即总统主动卸任以平息国内民众的不满和愤怒，从而避免流血冲突甚至内战的出现。然而，看似温和与和平的"也门模式"并没有为也门带来长久的稳定与安宁。时任总统阿里·阿卜杜拉·萨利赫（Ali Abdullah Saleh）下台后，也门政局发生了重大的变动，政局动荡与部分权力真空的出现为胡塞武装组织的崛起提供了契机。胡塞武装组织以反腐败、公平、正义为旗帜，宣布发动"光荣革命"，因此吸引了大量的支持者。至2013年，胡塞武装组织实际上已经控制了也门北部的萨达省、焦夫

[①] Todd Sandler and Daniel G. Arce M., "Terrorism and Game Theory," *Simulation & Gaming*, Vol. 34, No. 3, 2003; Glenn H. Snyder, "'Prisoner's Dilemma' and 'Chicken' Models in International Politics," *International Studies Quarterly*, Vol. 15, No. 1, 1971; 李开盛：《朝鲜拥核战术何以奏效——基于懦夫博弈的分析》，《当代亚太》2014年第4期。

[②] 曾向红、杨恕：《中东变局的发展过程、动力与机制研究：以埃及变局为中心》，《世界经济与政治》2013年第1期。

省以及阿姆兰省的大部分地区,并继续向首都萨那进击。2014 年 7 月,也门政府的燃油补贴改革引发了新一轮的抗议浪潮①,胡塞武装组织遂乘机开始对政府发难,并于 9 月下旬开始围攻首都萨那,最终于 2015 年 1 月攻取萨那,攻占总统府和总理官邸,迫使总统阿卜杜·拉布·曼苏尔·哈迪(Abdu Rabbih Mansour Hady)及其内阁成员集体辞职。3 月,哈迪逃往也门南部的亚丁市,将亚丁设立为临时首都,并在该地建立临时总统府和总理府。胡塞武装组织随即挥师南下,大举攻陷临时总统府和总理府,哈迪被迫逃往沙特,并请求沙特等国对也门发动紧急军事干预。②

为了回应哈迪的请求,2015 年 3 月 26 日,沙特率十国联军(阿联酋、卡塔尔、巴林、科威特、埃及、约旦、摩洛哥、苏丹、巴基斯坦和沙特)在也门境内发起针对胡塞武装组织的"果断风暴"(Operation Decisive Storm)军事行动。这标志着沙特正式介入也门内战,并成为影响和左右也门局势的一支关键性力量。沙特在也门的军事行动以空袭为主,主要打击目标是胡塞武装组织的政治中心、军事指挥和控制中心以及部队集结地,同时辅以海陆封锁,以切断胡塞武装组织获得外援的海上和陆上通道。在 3 月 26 日的首轮空袭中,沙特皇家空军联合其他八国(除巴基斯坦外的八国)空军力量重点打击了由胡塞武装组织控制的也门萨那国际机场、阿纳德空军基地、"飞毛腿"导弹基地以及军用油库等多处军事目标。此后,胡塞武装组织设在也门境内其他地区的空军基地、导弹设施、雷达基地和军火库等也遭到了不同程度的打击。③ 频繁的空袭表明,联军实际上已经完全掌握了也门的制空权,取得了打击胡塞武装组织的优势。4 月 21 日晚,沙特方面宣布"果断风暴"行动结束,并同时启动下一个阶段以反恐和推动也门问题政治解决进程为重点的"恢复希望"行动(Operation Restoring Hope)。与此同时,沙特也表示联军将继续用政治、外交和军事等手段遏制和打击胡塞武装组织在也门境内的活动。

此后,沙特联军并未终止在也门的空袭行动,甚至在其宣布停止空袭的几小时之后仍然对也门第三大城市塔伊兹进行了打击,并于 4 月 26 日正式重启对也门的新一轮空袭。6 月 15 日至 19 日期间,在国际社会和联合国

---

① 唐志超:《也门政局再陷动荡及其影响》,《当代世界》2015 年第 6 期。
② 董漫远:《也门乱局:影响及走向》,《国际问题研究》2015 年第 5 期。
③ 王涛:《解读沙特军事介入也门战事》,《现代军事》2015 年第 5 期。

的极力斡旋下，也门各方开启政治对话进程，并在日内瓦举行首轮和谈，但因各方分歧严重，最终并未达成停火协议。① 7 月 17 日，在沙特联军的空袭和哈迪政府支持者的地面反攻下，胡塞武装组织力有不逮，最终撤离亚丁，流亡沙特的哈迪发表声明宣布亚丁市获得全部解放，并称此为解放全国的第一步。② 至此，就整个也门的政治版图而言，胡塞武装组织仍然控制着北部和中部的大部分省份，哈迪政府军控制着南部的亚丁省和拉赫季省、中部的舍卜沃省、焦夫省东部、马里卜省，以及东部的马哈拉省，也门局势正式进入胶着状态。

在稳固了亚丁这一重要战略据点之后，2015 年 9 月 6 日，沙特联军发动强势反攻，对马里卜省、萨那市、萨达省等多地的胡塞武装组织目标进行了大规模轰炸。③ 至 2016 年 2 月，也门局势完全陷入僵局，胡塞武装组织和哈迪政府军均没有足够的力量彻底击败对方，这给了"基地"组织和"伊斯兰国"在也门南部扩张的机会。④ 同时，在联合国的主导下，哈迪政府代表和胡塞武装组织代表于 2016 年 4 月 21 日在科威特举行和谈，但各方因互不妥协而未能达成共识，双方仍然维持着低强度的战事行为。⑤ 7 月底，胡塞武装组织及其萨利赫同盟宣布成立"最高政治委员会"，随后又组建"民族救国政府"。此一行为立即遭到了哈迪的谴责，并称其有意破坏和谈、破坏国际社会为和平解决也门问题所做出的努力。⑥ 以此为背景，沙特联军于 10 月开始恢复对胡塞武装组织的空袭行动，并明显加强了攻势。进入 2017 年以来，也门战事仍在继续，胡塞武装组织与哈迪政府军的地面争夺战僵持不下，沙特联军的空袭也在不时上演，也门战火至今尚无终止的

---

① 《背景资料：也门冲突又一年》，新华网，http://news.xinhuanet.com/2015 - 12/15/c_1117471155.htm，2017 - 6 - 10。
② 《也门政府宣布从胡塞武装手中夺回亚丁市》，中国新闻网，http://www.chinanews.com/gj/2015/07 - 17/7412686.shtml，2017 - 6 - 10。
③ 《外媒：沙特联军对也门首都萨那进行大规模空袭》，中国新闻网，http://www.chinanews.com/gj/2015/09 - 06/7507673.shtml，2017 - 6 - 10。
④ Thomas Juneau, "Iran's Policy towards the Houthis in Yemen: A Limited Return on A Modest Investment," p. 654.
⑤ Ralph Shield, "The Saudi Air War in Yemen: A Case for Coercive Success through Battlefield Denial," in *Journal of Strategic Studies*, April 7, 2017, p. 8.
⑥ 《也门胡塞武装单方面组建"政府"》，央视网，http://news.cctv.com/2016/11/30/ARTIeoTxAvJwCUs76Cf40eV0161130.shtml，2017 - 6 - 12。

迹象。①

自沙特对也门内战实施军事干预，伊朗即对其表示强烈谴责。伊朗最高领袖哈梅内伊、总统鲁哈尼以及其他政府人员纷纷发声指责，称沙特对也门的军事干预是"野蛮入侵"②，并预言"沙特对也门主权的践踏最终将归于可耻的失败"③。对于伊朗的谴责，沙特则针锋相对、毫不示弱，反过来谴责伊朗扶植胡塞武装组织以谋求颠覆哈迪政权。同时，沙特还声称，伊朗欲通过代理人战争将也门纳入其势力范围，而沙特对也门的干预行动则是为了挫败伊朗的"地缘政治图谋"。④

伊朗在也门的行动值得做进一步的分析。早在 2015 年 4 月，伊朗方面就公开否认了任何介入也门冲突的行为，并称也门国内对于沙特入侵所采取的抵御性措施完全是也门内部的事务。⑤ 但此后，伊朗的态度和立场似乎发生了一些微妙的变化。尽管伊朗政府一再否认与胡塞武装组织有任何官方的联系，但也有一些政府官员暗示伊朗曾对胡塞武装组织提供了其他形式的支持。⑥ 比如 2015 年 5 月，在也门进行短暂的人道主义停火期间，伊朗派出一艘装载人道主义救援物资的船只开赴也门，途中遭到沙特阻拦和警告。伊朗方面随即发表了自沙特干预也门以来最强硬的明确表态，称"伊朗伊斯兰共和国的克制不是无止境的"，并表示"伊朗将与任何拦截赴也门救援船只的国家开战"。⑦ 2016 年 3 月，伊朗一高级军官表示，德黑兰可能向也门派遣军事顾问，以帮助胡塞武装组织抵抗沙特联军，一如其在叙利亚为

---

① 《世卫组织宣布也门霍乱感染病例已突破 10 万人 789 人因霍乱死亡》，观察者，http://www.guancha.cn/Third-World/2017_06_09_412405.shtml，2017 - 6 - 12。

② 《空袭也门引发"新中东战争"担忧　伊朗指责沙特迈出"危险一步"》，观察者，http://www.guancha.cn/Third-World/2015_03_27_313848.shtml，2017 - 4 - 20。

③ "Iran's Khamenei Accuses Saudi Arabia of Genocide in Yemen", http://www.newsweek.com/irans-khamenei-accuses-saudi-arabia-genocide-yemen-321097, 2017 - 6 - 12.

④ "Saudi Arabia Accuses Iran of Making Threats to Neighbors", https://www.yahoo.com/news/saudi-arabia-accuses-iran-making-threats-neighbors-195926043.html; "Saudi Arabia Rejects Iran's Calls for Ceasefire in Yemen Conflict", https://www.rt.com/news/249041-yemen-iran-saudi-conflict/, 2017 - 6 - 12.

⑤ Nima Adelkah, "Iranian Perspectives on Yemen's Houthis," in *Terrorism Monitor*, Vol. 13, No. 13, 2015, p. 4.

⑥ Nima Adelkah, "Iranian Perspectives on Yemen's Houthis," in *Terrorism Monitor*, Vol. 13, No. 13, 2015, p. 4.

⑦ 《伊朗军方：谁阻挡伊朗人道救援也门就对谁开战》，环球网，http://mil.huanqiu.com/world/2015 - 05/6442033.html，2017 - 6 - 12。

阿萨德所提供的支持那样。但面对沙特的指责，伊朗又否认向胡塞武装组织提供了任何物质上的支持。① 不过，事实似乎并非如此。如 2016 年 10 月 2 日，胡塞武装组织自称使用伊朗的反舰导弹击沉了阿联酋的运输船；② 2017 年 2 月 5 日，胡塞武装组织又使用了疑似伊朗制造的新型弹道导弹击中了位于沙特首都利雅得西南方的一处军事基地。③ 虽然伊朗方面并未对此做出官方回应，但这加深了外界对于伊朗向胡塞武装组织提供军事支持的猜测。

二　沙特与伊朗在也门内战中的第一阶段博弈

本文倾向于将沙特和伊朗在也门内战中的博弈视为一场"胆小鬼博弈"。"胆小鬼博弈"是一个经典而常见的博弈模型，其假定如下：两辆汽车沿同一条直线相向而行，随着双方逐渐逼近，同归于尽的可能性逐渐变大。但若一方先行转弯退让则沦为"胆小鬼"，坚持直行的另一方成为赢家；若双方均坚持直行则两车相撞、车毁人亡；若双方都选择转弯则打成平手、不辨输赢。其收益矩阵（payoff matrix）可设定如下：

表 1　"胆小鬼博弈"模型

乙＼甲	直行	转弯
直行	-5，-5	-1，5
转弯	5，-1	-1，-1

根据表 1 可以看出，若甲乙双方均坚持"直行"，结果可能是两败俱伤，双方均获得 -5 的收益；若双方均选择"转弯"，则都沦为"胆小鬼"，收益为 -1；若一方坚持"直行"，另一方选择"转弯"，则前者赢得了面子，成为"获胜方"，收益为 5，而后者沦为"胆小鬼"，输掉了面子，收

---

① 《伊朗被指或向也门派军事顾问：帮胡塞武装打沙特》，新华网，http://news.xinhuanet.com/world/2016-03/11/c_128790734.html，2017-6-12。
② 《也门胡塞武装以伊朗仿中国反舰导弹击沉阿联酋海军运输船》，观察者，http://www.guancha.cn/military-affairs/2016_10_02_376072.shtml，2017-6-13。
③ 《打到沙特首都？胡塞武装新导弹或得到伊朗帮忙》，网易军事，http://news.163.com/17/0217/07/CDFA43TE000181KT.html，2017-6-13。

益为 -1。在上述四种不同的策略和收益组合中，存在两个可能的纳什均衡：甲方直行（收益为 5）、乙方转弯（收益为 -1），或甲方转弯（收益为 -1）、乙方直行（收益为 5）。即在乙方转弯的情况下，甲方直行是其最优策略，同理，若甲方选择转弯，乙方的最优策略则是保持直行。

在本文的案例中，以 2015 年 4 月 21 日沙特宣布停止在也门境内实施"果断风暴"空袭行动为节点，沙特和伊朗的博弈可以划分为两个阶段。第一阶段的博弈以 2015 年 3 月 26 日沙特率十国联军在也门发动针对胡塞武装组织的"果断风暴"空袭行动为起点，以 2015 年 4 月 21 日沙特宣布停止空袭行动为终点。

在第一阶段的博弈中，沙特和伊朗作为两个主要的博弈方，分别可以采取"强硬"和"软弱"两种策略。对于沙特而言，采取"强硬"策略意味着对也门境内的胡塞武装展开空袭，"软弱"策略则意味着对也门内战不采取任何干涉行动；对于伊朗而言，"强硬"策略意味着对也门境内的胡塞武装组织给予强有力的积极支持，"软弱"策略则意味着对胡塞武装组织仅提供软弱无力的消极支持。这一博弈阶段的收益矩阵可设定如下：

表 2　沙特与伊朗在也门内战中的第一阶段"胆小鬼博弈"

伊朗＼沙特	强硬（展开空袭）	软弱（不干涉）
强硬（积极支持）	-4, -4	-2, 2
软弱（消极支持）	1, 0	-2, 2/-1, 0

注：为了便于分析与比较，表2取（-5,5）的整数表示博弈双方沙特和伊朗的收益及收益关系。上述具体赋值并非源于精确的科学计算，而只是出于经验性考虑，因此并不具有绝对意义，只用来表示程度，同时说明大小关系。但与此同时，这种经验性的考虑也并非毫无依据，主要是基于如下原则：因为上述博弈双方是以维护和实现国家利益为主要目标的国家行为体，所以赋值主要是基于博弈双方采取不同策略对各自国家利益的维护和实现程度的衡量。具体数值越大则表示其国家利益的维护和实现程度越高，反之则越低。另，在表中所有表示收益集的单元格里，统一以前边的数字表示博弈方沙特的收益，后边表示伊朗的收益。

根据表 2 可以看出，这轮博弈存在四种不同的策略和收益组合。

1. 沙特和伊朗均采取"强硬"策略

即沙特以响应也门合法政府哈迪的请求为名义，对胡塞武装组织展开空袭；同时，被外界广泛认为与胡塞武装组织有密切关系的伊朗也为胡塞武装组织提供全方位、大规模的援助，甚至直接出面助其抵抗沙特的空袭行动。在这种情况下,两国最终将撕破脸面,走上直接对抗的道路,也门将真正成为两国武力冲突和军事对抗的前沿阵地。这种结果不管是对于沙特还是伊朗来说,成本都是巨大的,因此将双方的收益设定为(-4,-4)。

2. 沙特"强硬"、伊朗"软弱"

即沙特对胡塞武装组织发动空袭,而伊朗则对胡塞武装组织提供有限的、软弱无力的支持,结果可能是沙特的空袭行动有效打击了胡塞武装组织的进攻势头,延缓或阻止其一统也门全境的步伐。对于沙特而言,这样的结果虽并未实现帮助恢复哈迪政府政权的目标,但至少避免了"后院"陷入什叶派政权之手的窘境,因而将其收益设为1。而对伊朗来说,这样的结果虽然并不能有效增强其国际影响力,但也不会对其国家利益产生实质性影响,因此,将其收益设定为0。

3. 沙特"软弱"、伊朗"强硬"

即沙特对胡塞武装组织武力夺权行为不做任何干涉,而伊朗则对其什叶派盟友胡塞武装组织给予强有力的支持。这种策略的互动结果,可能是胡塞武装组织在伊朗的帮助下顺利击溃哈迪政府及其他反对势力,全面夺取也门的控制权,建立一个统一的亲伊朗的什叶派政权。这样的结果对伊朗而言显然具有重大的战略意义,不仅能够彰显和加强其在中东事务上的影响力,而且能在现实和心理层面对其主要竞争对手沙特造成一定的冲击,因此设定其收益为2。反观沙特,在教派斗争异常激烈的中东地区,一向被视为"后院"的也门建立什叶派政权,这无疑使逊尼派的沙特陷入来自南北两面的什叶派"包围"。这不论是对其神权统治,抑或政权稳定,甚至国家安全来说,都是一个巨大的隐患或现实的重大威胁,故将其收益设为-2。

4. 沙特和伊朗均采取"软弱"策略

即沙特对发生在也门境内的政权危机保持冷漠,不采取任何干预措施,同时,伊朗也仅对胡塞武装组织提供微不足道的消极支持。在这种情况下,存在两种可能的收益——(-2,2)或者(-1,0),最终会实现哪种收益主要取决于一个问题,即:在没有或者几乎没有任何外部力量干预的情况下,也门局势将如何演变?对于这个问题,至少可以提供两种可能的回答,一种可能是胡塞武装组织击败所有敌对势力、一举拿下也门全境,从而建立一个统一的什叶派政权;另一种可能则是胡塞武装组织并不具备一统也门的实力,因此也门境内出现多个力量中心,比如胡塞武装组织、萨利赫及其追随者、哈迪政府残余势力、南部分离运动势力,甚至一些恐怖组织如"基地"组织也门分支等。各派力量相互对峙,各自划分势力范围并建立政权,也门实际上陷入各大势力割据甚至分裂的局面。如果前一种可能得以实现,则沙特和伊朗的收益分别为-2和2。若后者得以实现,则双方的收益分别为-1和0。即一个政权林立、四分五裂的也门会对沙特的稳定与安全造成一定的冲击,但这种冲击不会比胡塞武装组织全面掌控也门所带来的冲击更大,因为在这种政权对峙的情况下,沙特在也门事务上仍有较大的操作空间和转圜余地。而对于伊朗来说,由于地理上的远离,分裂的也门并不会对其国家利益造成任何冲击和影响。

根据"胆小鬼博弈"可知,此番博弈存在两个可能的纳什均衡——沙特"强硬"、伊朗"软弱",收益分别为1和0;或者沙特"软弱"、伊朗"强硬",收益分别为-2和2。所谓纳什均衡,是指每个参与者所选择的策略一定是对其他参与者所选策略的最优反应。① 比如在沙特强硬、伊朗软弱的情况下,若沙特改变策略(采取"软弱"策略),其收益将由1减至-2或-1,若伊朗改变策略(采取"强硬"策略),则其收益将由0减至-4。因此,只有原策略才是最优反应。同理,在沙特"软弱"、伊朗"强硬"的策略组合中情况亦将如此。由此可见,由于存在两个纳什均衡,问题的关键便在于由哪个国家采取"强硬"策略以实现相对于另外一个国家的收益最大化,从而赢得博弈,成为"获胜方"。② 从沙特发动的空袭行动和也门的现状来看,现实中的纳什均衡是前者。

(一)沙特的策略选择——展开空袭

2015年3月26日,沙特率领一众阿拉伯国家对也门境内的胡塞武装组织发动空袭,并宣布将也门的领空设为禁飞区,同时对亚丁湾及其他红海沿岸的也门港口进行海上封锁。以此为标志,作为也门内战中最重要的博弈方之一的沙特正式就位。

此次空袭行动代号为"果断风暴",不论在参与的广泛程度,还是人员和军备的投入程度,抑或是持续时间的持久度方面来说,都是一场显得规

---

① 〔美〕小约瑟夫·哈林顿:《哈林顿博弈论》,韩玲、李强译,中国人民大学出版社,2013,第64页。
② 李开盛:《朝鲜拥核战术何以奏效:基于懦夫博弈的分析》,《当代亚太》2014年第4期。

模宏大的军事干预行动。从参与各方的投入来看,这是一场由沙特主导,阿联酋、卡塔尔、巴林、科威特、埃及、约旦、摩洛哥、苏丹各国追随的军事行动。① 从人员和军备的投入来看,根据阿拉伯卫星电视台的报道,沙特此次出动了100架战机和150000名士兵参与作战,阿联酋、科威特、巴林、卡塔尔、约旦、摩洛哥和苏丹也先后派出战机数十架到数架不等。② 从持续时间来看,这场"果断风暴"行动自2015年3月26日开始,经过20余天的持续空袭,在沙特方面声称已经摧毁也门胡塞武装组织的所有重武器、消除该组织对沙特和地区其他国家的威胁之后,沙特于2015年4月21日宣布停止在也门境内的空袭行动。③

从结果来看,沙特领导的这场空袭行动虽然没有对胡塞武装组织的有生力量造成决定性打击,但也实现了某些具体的阶段性目标。比如,联军帮助哈迪政府收复了亚丁及其周边地区,从而有效遏制了胡塞武装组织的进攻势头,这样的结果对于沙特而言意义重大。一直以来,沙特对也门内政外交事务的控制和影响从未停止过,也门各派势力的斗争中或多或少也有沙特的影子。不仅如此,沙特还试图通过运用"软实力"来增强也门对其的依赖程度。故对于沙特来说,也门国内政权对沙特的态度直接决定了其在也门事务中的参与程度,而在也门事务上的参与程度又直接关乎其国家利益的实现程度。自"阿拉伯之春"以来,沙特在中东地区一直扮演着逊尼派"盟主"的角色,甚至为了支持逊尼派当权者而出兵巴林镇压以什叶派民众为主的抗议活动,这足以说明沙特对于周边地区什叶派势力扩张的敏感性。反观也门的胡塞武装组织,不仅在宗教信仰上为什叶派,属于沙特防范和警惕的对象,而且企图推翻亲沙特的哈迪政府以建立一个可能亲伊朗的政权,这不仅有碍于沙特国家利益的维持和实现,而且更关键的是对其国家安全和政权稳定构成潜在的威胁。因此,帮助哈迪政府收复亚

---

① Ralph Shiel, "The Saudi Air War in Yemen: A Case for Coercive Success through Battlefield Denial," *Journal of Strategic Studies*, http://www.tandfonline.com/doi/full/10.1080/01402390.2017.1308863, 2017 - 5 - 6.
② "Saudi and Arab Allies Bomb Houthi Positions in Yemen," *Al Jazeera*, http://www.aljazeera.com/news/middleeast/2015/03/saudi-ambassador-announces-military-operation-yemen-150325234138956.html, 2017 - 5 - 6.
③ 《沙特宣布停止"果断风暴"军事行动》,央视网,http://military.cnr.cn/jssp/jj/20150422/t20150422_518374021.html, 2017 - 5 - 6.

丁及周边地区，维持其存在，并有效遏制胡塞武装组织的进攻势头，对于沙特的国家安全和政权稳定来说具有重大的意义。

（二）伊朗的策略选择——消极支持

相对于沙特以一种声势浩大、公开明确的姿态支持逊尼派哈迪政府，并高调介入也门内战，作为另一个重要博弈方的伊朗显得相对低调，其与胡塞武装组织的关系也显得相对模糊而复杂。① 在政治上，伊朗与胡塞武装组织的关系更倾向于一种简单的政治盟友关系②，胡塞武装组织并非伊朗在也门和中东事务中的代理人，因此并不听从伊朗的指导和指挥。③ 至于宗教方面，虽然胡塞武装组织和伊朗同属什叶派，但二者的宗教信仰有很大的区别。胡塞武装组织属于什叶派的宰德派，在理论和实践上更偏向于伊斯兰教的逊尼派，可以说是什叶派中最接近于逊尼派的一个分支。④ 而伊朗则信奉十二伊玛目派，历史上一度与宰德派水火不容，虽然二者的关系表现得相对密切，但差异也是真实和客观存在的。由此可见，一方面，伊朗和胡塞武装组织的关系从总体上来看并不像沙特以及一些西方国家所声称的那样密切。⑤ 另一方面，一直以来，西方和阿拉伯国家频频指责伊朗为胡塞武装组织提供武器、并协助其对抗阿拉伯联军的空袭行动⑥，但若考虑到西方以及阿拉伯国家与伊朗在也门事务上所持的尖锐对立立场，这种指责的战略性和目的性似乎过于明显，因而真实性也就难免令人质疑。

从武器的来源看，出于推翻也门哈迪政府的共同需要，胡塞武装组织于 2014 年初与也门前总统萨利赫组成战略同盟，因此，萨利赫才是其最主要的武器供应者。除此之外，胡塞武装组织所需的大部分武器依靠国内途径便可获得满足。比如有报告显示，在 2004～2010 年，胡塞武装组织从腐

---

① 武星艳：《伊朗与也门胡塞武装组织的关系探析》，《国际研究参考》2016 年第 3 期。
② Nima Adelkah, "Iranian Perspectives on Yemen's Houthis," p. 4.
③ Ellie Geranmayeh: "Engaging with Iran: A European Agenda," *European Council on Foreign Relations*, http://www.ecfr.eu/publications/summary/engaging_with_iran_a_european_agenda, 2017 - 5 - 8.
④ 武星艳：《伊朗与也门胡塞武装组织的关系探析》，《国际研究参考》2016 年第 3 期。
⑤ Asher Orkaby, "Yemen's Humanitarian Nightmare: The Real Roots of the Conflict," in *Foreign Affairs*, Vol. 96, No. 6, 2017, p. 96.
⑥ 《伊朗表态将捍卫在也门利益，否认援助胡塞武装武器》，中国新闻网，http://www.chinanews.com/gj/2015/05-04/7251058.shtml, 2017 - 5 - 8。

败的也门政府军事指挥官那里累积获得了大量的现代化武器。据沙特某报纸透露，2014 年 9 月胡塞武装组织夺取和控制也门首都萨那的武器，就是从也门政府的军事基地缴获而来。① 再比如，胡塞武装组织还可从也门当地的私人军火商或者黑市购买武器，这些都是很便捷的途径。而也门政府及军方之所以声称胡塞武装组织的武器来自伊朗，是有意的扭曲事实，从而掩盖军方的腐败和政府的失败。②

此外，美国、沙特和也门哈迪政府也指责伊朗为胡塞武装组织提供资金支持。美国国务院发言人玛瑞·哈菲（Marie Harf）称，众多国务院报告皆显示伊朗一直以来都在为胡塞武装组织提供资金和武器支持。③ 沙特驻美国大使阿德尔·阿-贾贝尔（Adel Al-Jubeir）在一次面向包括美国和阿拉伯各国记者在内的新闻发布会上声称，伊朗正在向胡塞武装组织提供武器和资金支持，甚至帮助他们修建军用工厂。④ 然而，从实际数量和规模来考察伊朗对胡塞武装组织的资金支持，结论可能会有所不同。《华尔街日报》曾援引胡塞武装组织一名官员的话称，在过去的几年时间里，胡塞武装组织从伊朗获得了数千万美元的支持。⑤ 从资金流动的渠道来看，伊朗多选择一些非正式、非公开的，而不是正式的外交渠道，比如通过宗教人士、企业或者商人将资金输送到胡塞武装组织手中。⑥ 实际上，据《华盛顿自由灯塔报》报道，在整个中东范围内，伊朗并非只对胡塞武装组织提供资金，而是同时为多个武装势力以及一些传统上被西方视为恐怖组织的武装力量提供资金援助，比如黎巴嫩真主党、叙利亚阿萨德政权、伊拉克和叙利亚的什叶派民兵组织，以及哈马斯等。更为重要的是，在获得伊朗资助的各

---

① 武星艳：《伊朗与也门胡塞武装组织的关系探析》，《国际研究参考》2016 年第 3 期。
② Mohsen Milani："Iran's Game in Yemen: Why Tehran isn't to Blame for the Civil War," in *Foreign Affairs*, https://www.foreignaffairs.com/articles/iran/2015-04-19/irans-game-yemen, 2017-5-8.
③ Oren Dorell, "Iranian Support for Yemen's Houthis Goes Back Years," *USA Today*, https://www.foreignaffairs.com/articles/iran/2015-04-19/irans-game-yemen, 2017-5-13.
④ "Iran Supporting Houthis 'with Arms and Money'," *Arab News*, http://www.arabnews.com/featured/news/729476, 2017-5-13.
⑤ Carla Humud et al., "Iranian Assistance to Groups in Yemen, Iraq, Syria, and the Palestinian Territori-es," *Congressional Research Service*, http://freebeacon.com/wp-content/uploads/2015/09/20150731-CRS-Memo-to-Senator-Kirk-Iran-Financial-Support-to-Terrorists-and-Militants-1.pdf, 2017-5-13.
⑥ 武星艳：《伊朗与也门胡塞武装组织的关系探析》，《国际研究参考》2016 年第 3 期。

种政治势力中,胡塞武装组织并不占据最大份额(详见表3)。①

表3 伊朗对中东地区武装力量提供资金援助的年均支出

叙利亚阿萨德政府	3.5~15(单位:十亿美元)
黎巴嫩真主党	100~200(单位:百万美元)
叙利亚和伊拉克的民兵组织	12~26(单位:百万美元)
胡塞武装组织	10~20(单位:百万美元)

资料来源:Adam Kredo, "Private Government Report: Iran Spending Billions to Pay Terrorist Salaries," *Washington Free Beacon*, http://freebeacon.com/national-security/private-government-report-iran-spending-billions-to-pay-terrorist-salaries/, 2017-5-13。

由此可见,无论是武器供应还是资金援助方面,伊朗对胡塞武装组织的支持都比较有限。伊朗对胡塞武装组织的支持,似乎更多地表现在政治层面和外交层面。从某种程度上来说,基于反以、反美、反逊尼派这一共同的立足点,伊朗和胡塞武装组织在外交层面上走得较近,而且彼此对对方的外交政策有较高程度的认同。在外交舞台上,伊朗明显站在胡塞武装组织一边。比如,在胡塞武装组织攻取萨那、逼迫也门总统哈迪出逃以后,伊朗是国际社会中唯一一个公开承认和支持胡塞武装组织的国家。伊朗媒体不仅为胡塞武装组织发言人提供充足的广播时间,而且赞扬其为"革命者"。不仅如此,伊朗还高度赞扬胡塞武装组织的领导者阿卜杜勒·马立克·胡塞(Abdul Malik Houthi),称其为"勇敢的指挥者",并对其领导的抵御沙特空袭的军事行动表示祝贺,称其为"一场伟大的胜利"。② 总的来说,尽管伊朗并未像沙特那般直接军事干预也门内战,为胡塞武装组织所提供的实质性的物质援助也比较有限,但对于支持需求者而言,以提供承认和拥护为主要内容的政治支持,与直接的军事支持、武器供应和资金援助一样,都是特别重要的外部支持形式。③

---

① Adam Kredo, "Private Government Report: Iran Spending Billions to Pay Terrorist Salaries," *Washington Free Beacon*, http://freebeacon.com/national-security/private-government-report-iran-spending-billions-to-pay-terrorist-salaries/, 2017-5-13.

② Arash Karami, "Head of Iran's Basij Congratulates Houthis on 'Victory'," *Al-Monitor*, http://www.al-monitor.com/pulse/originals/2015/04/iran-yemen-saudi-arabia-operation-decisive-storm-basij.html#, 2017-5-13.

③ Daniel Byman et al., *Trends in Outside Support for Insurgent Movements*, California: RAND, 2001, pp. 17-18.

三 沙特与伊朗在也门内战中的第二阶段博弈

沙特国防部于 2015 年 4 月 21 日晚宣布停止在也门境内实施代号为"果断风暴"的空袭行动,但沙特对也门的干预行动并未就此终止。沙特与伊朗的博弈正式进入第二阶段。截至目前,沙特领导的多国联军对也门的军事干预已持续两年有余,但也门问题仍悬而未决,战场形势僵持不下,政治进程停滞不前,也门内战逐渐表现出长期化的趋势。因此,沙特和伊朗在这一阶段的博弈并非"完成时",而是"进行时"。

在这一阶段的博弈中,沙特和伊朗作为两个最主要的博弈方,各自仍面临"强硬"和"软弱"两种不同的策略选择。不过,与前一阶段的博弈不同的是,在这一阶段的博弈中,沙特的策略内涵发生了变化。经过前一个阶段的持续空袭,虽然沙特方面宣称已摧毁了胡塞武装组织的全部重型武器,消除了其带来的威胁,但事实上,沙特的空袭并未对胡塞武装组织造成毁灭性的打击。于是,在宣布停止空袭之际,沙特至少面临着两种选择,即:终止在也门的军事行动,彻底退出也门,或者继续对也门局势进行军事干预。很显然,沙特选择了后者,并且似乎已经做好了长期参与也门事务、坚持打击胡塞武装组织的准备。在这种情况下,沙特仍然至少可以有两种战略选择,一种是沿袭第一阶段的空袭战略;另一种则是在空袭的基础上进一步升级攻势,对胡塞武装组织发动地面战争。然而,沙特在第一阶段的空袭实践表明,仅采取空袭战略并不能彻底摧毁胡塞武装组织。因此,不论是出于巩固第一阶段空袭战果的需要,还是为了达到彻底摧毁胡塞武装组织的目的,发动地面战争似乎都是一个顺理成章的选择。故对于沙特而言,在博弈进入第二阶段以后,其可以采取的更"强硬"的策略似乎是发动地面战争,而不是继续进行空袭。这一阶段的收益矩阵可设定如下:

表 4 沙特与伊朗在也门内战中的第二阶段"胆小鬼博弈"

伊朗 \ 沙特	强硬 (发动地面战争)	软弱 (继续空袭)
强硬(积极支持)	-5,-5	-3,2
软弱(消极支持)	2,0	-2,1

注:上述表格中收益的赋值原则同表 2。

此番博弈仍存在四种不同的策略和收益组合：

1. 沙特和伊朗均采取"强硬"策略

即沙特在对胡塞武装组织展开空中打击的基础上，进一步升级战争规模，派出地面作战部队，发动地面战争，对胡塞武装组织实施精准打击，以消灭或摧毁其有生力量。与此同时，作为另一个博弈方的伊朗对沙特的行动做出激烈反应，一改前一阶段中对胡塞武装组织给予消极支持的态度，转而以一种更明确、更积极的方式对胡塞武装组织提供包括政治、外交、经济、军事层面在内的全方位、大规模的有力支援。在这种情况下，发生在也门境内的将不再是一场所谓的沙特和伊朗之间的"代理人战争"①，而是沙特和伊朗之间直接的、大规模、高烈度的基于扩张影响力的"权力争夺战"。然而，爆发战争对交战双方来说须承受极高的成本，付出巨大的代价，而且会使整个中东地区的形势更趋恶化，会把本就动荡不安的中东推向更大规模、更强烈度的动荡。所以，比起前一个博弈阶段双方采取"强硬"策略的收益分别为 -4，因为这一阶段双方采取"强硬"策略的后果更加惨重，故可将双方收益分别设为 -5。

2. 沙特"强硬"、伊朗"软弱"

即沙特出动强有力的地面部队打击胡塞武装组织，同时伊朗继续维持对胡塞武装组织有限的、软弱无力的支持。结果很可能是胡塞武装组织在没有强有力后援的情况下被沙特彻底击败，退出占领区，甚至退出也门的政治舞台，而沙特如愿帮助哈迪政府恢复合法地位。这个结果对于沙特而言意义重大。首先，结束也门乱局、避免也门政权落入什叶派的胡塞武装组织手中，这不仅消除了沙特与也门接壤的南部边界的安全隐患，最关键的是解除了什叶派扩张所带来的迫在眉睫的威胁。其次，强势介入也门并帮助哈迪恢复合法的民选政权，有助于彰显和增强沙特在地区事务中的影响力和话语权，也有利于巩固其逊尼派"盟主"地位，塑造地区大国形象。因此，可将沙特的收益设为 2。而对于伊朗来说，胡塞武装组织在也门国内政权争夺中失利，虽然不利于其宗教和政治影响力的扩张，但并不

---

① Sarhang Hamasaeed, "Beneath the Saudi-Iran Proxy War in Yemen, Part 1," *United States Institute of Peace*, https://www.usip.org/publications/2017/04/beneath-saudi-iran-proxy-war-yemen-part-1; Jarryd de Haan, "Yemen: Factors Behind Possible Economic and Political Collapse," *Strategic Analysis Paper*, http://apo.org.au/node/42252, 2017 - 5 - 23.

会对其国内政治稳定和国家安全等核心利益造成重大影响，因此将其收益设定为 0。

3. 沙特"软弱"、伊朗"强硬"

即沙特继续坚持只对胡塞武装组织采取空袭战略，而伊朗则采取更为积极的策略，对胡塞武装组织提供全方位的有力支援，结果可能因为有了强有力的外援，胡塞武装组织在地面争夺战中迅速取得绝对优势。对沙特而言，因其空袭并不能对胡塞武装组织造成毁灭性的打击，因此也很难从根本上扭转也门地面战场的形势，所以，源自胡塞武装组织和什叶派的威胁仍然存在。更为关键的是，空袭作为一种现代化战争手段，虽然随着现代军事科技的发展其命中精度和飞机远程作战能力有了显著提高，但即使百分之百的命中精度也无法保证不误伤平民。且不论沙特在"果断风暴"军事行动期间造成的平民伤亡人数，仅以 2016 年 10 月 9 日沙特领导的联军误炸也门萨那葬礼导致超过 140 人死亡一例来看①，沙特空袭带来的粮食和饮用水短缺、医疗体系崩溃和平民伤亡，已将也门推入了人道主义危机的漩涡。② 这对沙特国际形象和地区形象的塑造无疑具有相当严重的负面影响，因此将其收益设定为 -3。而对伊朗而言，当其愿意为胡塞武装组织提供强有力的支援，胡塞武装组织有可能夺取也门政权，而这对增强伊朗的地区影响力和压制地区竞争对手有明显的推动作用，故将其收益设为 2。

4. 沙特和伊朗均采取"软弱"策略

即沙特继续采取空袭战略，而伊朗仅维持对胡塞武装组织的消极支持。结果可能是沙特无法彻底击溃胡塞武装组织，胡塞武装组织在短期内也无力取得对也门南部领土的控制权，双方陷入长期的、反复的胶着状态。对沙特而言，与其在第一阶段中的考虑一样，空袭虽然无法彻底消除胡塞武装组织所造成的威胁，但可以阻止其顺利控制整个也门。仍需注意的是，沙特因其长期空袭而造成的人道主义灾难已经引起了国际社会不同程度的反应，如德国总理默克尔在 2017 年 4 月 30 日访问沙特时呼吁其停止对也门

---

① 《美国重审对沙特在也门作战的支持》，FT 中文网，https://www.ftchinese.com/story/001069645，2017-5-25。
② 《冲突加剧也门人道主义危机：1410 万人食物短缺》，国际在线，http://news.cri.cn/20161029/c4cbdf0e-350f-7bee-f301-ef428cbe4aa6.html，2017-5-25。

的空袭,称必须避免已经极度贫困的也门人民再次陷入"糟糕的人道主义环境"。① 针对发生在 2016 年 10 月 8 日的空袭也门葬礼事件,联合国称沙特及其领导的联军违反了国际人道主义法,国际红十字会对此进行谴责,美联社也表示沙特空袭造成的平民伤亡远超军事伤亡,美国也对空袭造成的平民伤亡表示担忧,并称欲重新审视对沙特联军的援助。② 在此背景下,可将沙特的收益设为 -2。对伊朗而言,也门局势的僵持为其在某些方面插手也门事务提供了契机,因此可将其收益设为 1。

与第一阶段的博弈一样,这场博弈仍然存在两个可能的纳什均衡:沙特"强硬"、伊朗"软弱",此时收益分别为 (2, 0);沙特"软弱"、伊朗"强硬",此时收益分别为 (-3, 2)。但与第一阶段的博弈不同的是,从沙特和伊朗双方采取的策略和也门局势的现状来看,此次博弈并未实现纳什均衡。

(一) 沙特的策略选择——继续空袭

2015 年 4 月 21 日,在持续轰炸也门胡塞武装组织将近一个月之际,沙特方面宣布停止空袭,并称将用政治手段解决也门问题,但也表示不会放弃对也门境内胡塞武装组织的军事打击。③

事实上,迄今为止,沙特针对也门境内胡塞武装组织的空袭行动从未真正停止过。就在 4 月 21 日沙特宣布停止空袭几小时之后,沙特领导的联军对也门第三大城市塔伊兹进行了新的空袭。4 月 26 日,沙特联军正式重启对也门的新一轮空袭。据报道,位于也门首都萨那的总统府附近区域及多个军事基地至少遭到 5 次袭击。④ 5 月 28 日,沙特对也门境内的三处目标实施了空中军事打击,首先是位于红海沿岸荷台达市的也门最大军用港口遭到强力轰炸,其次是也门北部与沙特接壤的哈杰省米尔地区也遭到沙特

---

① 《德国总理默克尔呼吁沙特停止对也门空袭行动》,环球网,http://world.huanqiu.com/exclusive/2017-05/10582527.html,2017-5-25。
② 《美国重审对沙特在也门作战的支持》,FT 中文网,https://www.ftchinese.com/story/001069645,2017-5-25。
③ 《沙特在宣布停止空袭不久对也门叛军发动新空袭》,中国新闻网,http://www.chinanews.com/gj/2015/04-22/7226739.shtml,2017-5-25。
④ 《沙特联军重启空袭也门,亚丁港口区域首遭炮击》,人民网,http://military.people.com.cn/n/2015/0427/c172467-26911023.html,2017-5-26。

联军空袭，此外，联军还对也门首都萨那市内的特警指挥部发动了攻击。①6 月 5 日，胡塞武装组织及其同盟萨利赫武装与沙特方面发生交火，并向沙特境内发射数枚导弹。此举遭到沙特的报复和打击，沙特于 6 月 7 日对位于萨那的胡塞武装组织军方总部展开了空袭。7 月 4 日，沙特对位于也门首都郊外胡塞武装组织最大的武器库进行了轰炸。② 8 月 18 日，沙特联军对也门人道主义救援物资的主要运输通道之一的红海港口荷台达进行了空袭，并摧毁了当地数台起重机以及部分仓库，使得救援物资运输工作被迫中断，因此招致部分人道主义救援机构的指责。③ 9 月 28 日，沙特在执行对胡塞武装组织的空袭时误炸了一处婚礼现场，导致数十位平民伤亡。④ 10 月 17 日，沙特对也门南部塔伊兹省和拉赫季省之间的瓦济亚地区发动空袭。⑤ 12 月 17 日晚至 18 日早晨，沙特联军对胡塞武装组织进行了彻夜空袭，空袭目标包括胡塞武装组织控制的位于也门南部城市亚丁的总统府与萨利赫武装的一处军事基地。⑥

进入 2016 年以来，沙特对胡塞武装组织的空袭依旧在继续。据伊朗外交部的说法，位于萨那的伊朗驻也门大使馆于 2016 年 1 月 7 日在沙特联军的猛烈空袭中遭到破坏。⑦ 1 月 10 日，据无国界医生组织（MSF）反映，其在也门设立的诊所遭到沙特联军的袭击，并在数月时间里遭受多次类似袭击，为此该组织谴责此类攻击为"令人担忧的模式"。⑧ 1 月 27 日，沙特联军对萨那一集市进行轰炸，造成数十名附近居民伤亡。10 月 9 日，也门萨那一处葬礼现

---

① 《沙特一天内三度空袭也门致近百人丧生》，人民网，http：//world. people. com. cn/n/2015/0528/c157278 - 27070883. html，2017 - 5 - 26。
② 《沙特空袭也门首都郊外最大武器库》，环球网，http：//world. huanqiu. com/photo/2015 - 07/2784270. html，2017 - 5 - 26。
③ 《沙特空袭也门荷台达港，沙特军方：联军目标非民用港口》，央视网，http：//m. news. cntv. cn/2015/08/19/ARTI1439962122740993. shtml，2017 - 5 - 26。
④ 《沙特空袭误炸婚礼现场，致也门 28 平民身亡》，中国新闻网，http：//www. chinanews. com/gj/2015/09 - 28/7548849. shtml，2015 - 5 - 26。
⑤ 《沙特空袭也门再闹"乌龙"》，人民网，http：//world. people. com. cn/n/2015/1019/c157278 - 27711662. htm-l，2017 - 5 - 26。
⑥ 《停火协议刚"到期"沙特恢复空袭也门》，《南方都市报》，http：//epaper. oeeee. com/epaper/A/html/2015 - 05/19/content_52053. htm，2017 - 5 - 26。
⑦ 《伊朗称驻也门使馆遭沙特空袭》，人民网，http：//world. people. com. cn/n1/2016/0108/c157278 - 28026956. html，2017 - 5 - 26。
⑧ 《也门局势最新消息 2016：胡塞武装轰炸也门诊所，4 人不幸身亡》，法律法规网，http：//www. lc123. net/xw/rd/2016 - 01 - 11/285554. html，2017 - 5 - 26。

场遭遇沙特联军误炸,导致一百余人死亡,引发了国际社会的广泛关注和讨论。① 总之,在介入也门局势的第二年,沙特并未停止对也门的空袭行动。

2017 年以降,沙特对胡塞武装组织的空袭仍在持续。据英国《独立报》报道,2017 年 1 月 22 日,沙特联军战机击中了位于萨那郊外的一所学校,导致 70 余人死亡;2 月 17 日,沙特联军空袭了萨那北部一处葬礼集会,导致十名妇女和儿童伤亡。② 据路透社报道,3 月 11 日,沙特联军轰炸了也门西部的一处市场,造成数十名平民伤亡。③ 5 月 18 日,沙特联军空袭了也门塔伊兹市以西的默扎(Muzaa)区,击中了当地一辆车,导致包括三名儿童在内的 20 多位平民丧生。④

总之,自 2015 年 4 月 21 日沙特空袭也门胡塞武装组织的"果断风暴"行动宣告结束以来,除过几次短暂的人道主义停火之外,沙特并没有停止对胡塞武装组织的空袭。换言之,自 2015 年 3 月 26 日开始正式介入也门局势以来,沙特即向外界释放出欲主导也门进程的明确信号。不过,截至目前,在也门局势僵持不下的两年多时间里,沙特并没有出动大规模地面作战部队,以帮助哈迪政府军及部落武装同盟迅速剿灭胡塞武装组织。对于有关沙特在 2015 年 5 月 3 日派出特种地面部队进入也门南部亚丁市帮助哈迪打击胡塞武装组织这一消息,尽管多方消息均证实了这支由四五十人所组成的部队的存在,但在消息公布后不久,沙特政府国防部发言人即发表书面声明予以否认。⑤ 可见,虽然不曾停止在也门境内的空袭行动,但在是

---

① 《外媒:也门首都萨那遭空袭超 140 人死亡 沙特否认空袭》,参考消息网,http://www.cankaoxiaoxi.com/world/20161009/1333612.shtml,2017 - 5 - 26。
② Bethan McKernan, "Saudi-led Coalition Air Strikes 'Hit Yemen School'," *The Independent*, http://www.independent.co.uk/news/world/middle-east/saudi-arabia-coalition-air-strikes-hit-yemen-school-civilian-deaths-sana-drones-donald-trump-a7540316.html; Bethan McKernan, "Saudi Air Strike Kills 10 Women and Children in Yemen," *The Independent*, http://www.independent.co.uk/news/world/middle-east/yemen-air-strike-saudi-arabia-10-women-children-dead-funeral-bombing-sanaa-a7585886.html,2017 - 5 - 27。
③ "Saudi-led Coalition Air Strike Kills 22 in Yemen," *Kashmir Observer*, https://kashmirobserver.ne-t/2017/world-news/saudi-led-coalition-air-strike-kills-22-civilians-market-yemen-15453,2017 - 5 - 27。
④ Mohammed Hatem, "Yemeni Rebels Say Saudi-Led Airstrike Killed 23 Civilians," *Bloomberg*, https://www.bloomberg.com/politics/articles/2017 - 05 - 17/yemeni-rebels-say-saudi-led-airstrike-killed-23-civilians,2017 - 5 - 27。
⑤ 《阿塞军出动地面部队打击胡塞武装,沙特公开否认》,环球网,http://world.huanqiu.com/article/2015 - 05/6335934.html,2017 - 5 - 27。

否出动地面部队、出动多大规模的地面部队这个问题上,沙特还是保持了一定程度的谨慎和克制。

(二) 伊朗的策略选择——消极支持

在这一阶段的博弈中,伊朗对胡塞武装组织的支持程度大体上与第一阶段保持了基本一致,即对胡塞武装组织在武器供应与资金援助方面的支持都比较有限。虽然从外交辞令上来看,伊朗对胡塞武装组织支持的调门很高,而且态度强硬。但事实上,在沙特介入也门局势至今的两年多时间里,伊朗对胡塞武装组织的支持多体现在舆论和道义上,而非直接的物质援助。比如在沙特派遣地面部队进入也门的消息传出后,伊朗虽发表了自也门战事开始以来最强烈的措辞,并向沙特发出警告,称其将捍卫在也门的核心利益。[①] 然而,话语不等同于行动,伊朗并没有采取实质性的措施来对抗沙特,并捍卫其所谓的在也门的核心利益。总之,即便是在第二阶段,伊朗对胡塞武装组织的支持也是比较有限的。

四 博弈双方的决策逻辑

(一) 非对称博弈的缘由

根据前文的分析可知,沙特和伊朗在也门内战中的博弈属于非对称博弈。一般而言,对称博弈需要满足三个条件:其一,所有的博弈参与方有相同的策略集合;其二,博弈方使用相同策略时的收益相同;其三,交换两个博弈方的策略,则他们的收益也会被交换。[②] 在这种情况下,博弈的收益只依赖于博弈方所采取的策略,而不依赖于博弈方本身。但博弈不是发生在真空里的模拟游戏,社会科学的复杂性恰恰在此,因为博弈的参与者往往具有不同的角色,因而就有不同的策略集合,而这种情况下的博弈就是非对称的。即使所有的参与者都有相同的策略集合,参与者不同的收益

---

① 《沙特加入也门地面战,派遣数十名特种兵》,凤凰网,http://news.ifeng.com/a/20150510/43725756_0.shtm-l,2017-5-28。
② 〔美〕小约瑟夫·哈林顿:《哈林顿博弈论》,第 82 页。

情况也会使得博弈具有非对称性。① 显然，本文的博弈属于后者，即当沙特和伊朗各自采取相同策略时收益并不相同。在本文看来，这种在相同策略集合和相同信息条件下的不同收益，很大程度上与博弈涉及的问题对博弈双方的重要性不同有关。

从也门自身的重要性来看，其一，因位于阿拉伯半岛西南角，扼守红海、亚丁湾、阿拉伯海和曼德海峡等国际航道之要冲，历来是大国角逐必争之地，也是保障国际航道安全的重要关口，战略位置的重要性可见一斑。其二，当前中东地区的各类问题与矛盾在也门均有体现，包括教派冲突、部落斗争、领土与资源争夺、恐怖组织的扩张、阿拉伯世界与西方世界的矛盾等，因此，也门局势的发展走向对整个中东地区的安全与稳定影响甚大。

基于也门本身的重要性以及沙特与也门之间千丝万缕的联系，沙特在也门乱局中的利益是直接而重大的。若以重要性来排序，首先，沙特在也门的首要利益是打击胡塞武装组织的进攻势头，挽救哈迪政府于危亡，以解除或缓解其边境面临的安全威胁，并进一步摆脱"腹背受敌"的尴尬处境。其次，由于地理位置的独特性，也门历来是沙特极其倚重的贸易通道和战略要塞，尤其是在西南角扼守曼德海峡，而曼德海峡作为红海的门户，是通往大西洋、地中海、亚丁湾和印度洋的必经航道，具有重要的战略意义。据统计，经过曼德海峡的国际运输量占全球运输总量的38%，每天大约有300万桶原油经由此处运往欧洲、亚洲和美洲等地②，这对于严重依赖石油经济的沙特而言具有毋庸置疑的重要性。基于此，沙特在也门的第二个利益考虑是保证石油通道的航行安全。最后，在整个中东地区教派冲突异常激烈的环境下，防范和遏制伊朗与什叶派的扩张是沙特的第三重利益考虑。在也门维系一个逊尼派的或者对沙特"友好的"③政权，从某种意义上来说是沙特的底线。沙特在历史上曾多次介入也门内政，其中一个重要原因是无法忍受一个对其不甚"友好"的什叶派政治力量在也门掌权。

相较沙特基于地缘、宗教、能源等原因将也门视为不容敌对国染指之地，对伊朗而言，也门并非核心利益之所在，其在也门的利益是间接和相对有限的。这种利益虽然也包括多个方面，但重要性相较于沙特而言要小

---

① 〔美〕小约瑟夫·哈林顿：《哈林顿博弈论》，第90页。
② 王涛：《解读沙特军事介入也门战事》，第38页。
③ 注：也门前总统萨利赫虽属什叶派，却奉行亲沙特的外交政策。

得多。首先，对于一个寻求"崛起"的伊朗而言，扩大地区影响力、寻求地区力量平衡是一个外交选择。因此，在也门建立和维系一个亲伊朗的政权似乎是其首要考虑。其次，伊朗作为最大的什叶派国家，自 1979 年伊斯兰革命以来就一直将团结国际什叶派力量同自身国家利益相结合。经过长时间的努力，德黑兰在很大程度上已经卓有成效地争取到了伊拉克、叙利亚和黎巴嫩等国什叶派民众的认同与支持，产生了一定的影响力。但与伊斯兰教第一大教派的逊尼派相比，什叶派的规模和力量依然微小。因此，团结和联合包括也门在内的众多国家的什叶派力量，是实现伊朗宗教利益，乃至国家利益的必然选择。最后，从与沙特争夺的角度来看，伊朗在也门利益的落脚点似乎更多的在于沙特，不论是为了分散沙特在叙利亚问题上的注意力并牵制其投入的力量①，还是单纯地为遏制沙特而在传统上被沙特视为"后院"的地方获得一块亲伊朗的飞地。②

所以说，沙特在也门的利益是直接且重大的，而伊朗在也门的利益则显得相对间接且有限。因此，也门问题对于沙特和伊朗的重要性是不对等的，对沙特而言显然比对伊朗更具重要性。因此，在沙特和伊朗就也门问题的博弈中，沙特似乎成了更被动，而且对博弈结果更"敏感"的那一个，因而对博弈过程和博弈结果更具决定性。基于这个原因，下文中对于博弈双方决策逻辑的讨论将更多地侧重于沙特而非伊朗。

（二）博弈双方的决策逻辑

1. 伊朗的机会主义倾向

从伊朗对胡塞武装组织的支持意愿来看，因为伊朗在也门并没有迫切的政治和经济利益，更多的是抱着机会主义的心态，试图通过"软实力"和较少的物质投入支持胡塞武装组织，以期在中东地区开创一个新的政治影响力领域③，从而实现挤压沙特势力范围、寻求地区力量平衡的战略目

---

① Brian Whitaker, "Yemen and Iran," *Al-bab. Com*, http://al-bab.com/blog/2015/03/yemen-and-iran, 2017-7-3.
② W. Andrew Terrill, "Iranian Involvement in Yemen," *Foreign Policy Research Institute*, May 24, 2014, p. 431.
③ Mohsen Milani, "Iran's Game in Yemen," *Foreign Affairs*, https://www.foreignaffairs.com/articles/iran/2015-04-19/irans-game-yemen, 2017-7-3.

标。然而，相较伊朗在中东地区的重点支持对象，如伊拉克的正义者联盟、黎巴嫩真主党及叙利亚的巴沙尔政权，若考虑到伊拉克、叙利亚和黎巴嫩在构建"什叶派之弧"中无可替代的作用，也门的重要性确实要小得多。①因此，在伊朗看来，基于利益的有限性，过多介入也门的成本过高，而收益有限，所以，伊朗对胡塞武装组织仅提供了有限的支持，合乎情理。

而从其能力方面来看，沙特打击胡塞武装组织在地区层面得到其他逊尼派国家的广泛协助，在国际层面得到美国等西方国家的明确支持，相比之下，伊朗支持胡塞武装组织不论是在地区层面还是整个国际层面均显得有些"孤立无援"。同时，由于伊朗在地理上远离也门，在陆上有沙特、阿曼、阿联酋等海湾国家的地理阻隔，海上有美国、埃及等国家的舰队封锁和警戒。当连接德黑兰与萨那的空中航线被沙特联军阻断后，伊朗几乎失去了进出也门的通道。在这种情况下，就算有支持的强烈意愿，限于能力，伊朗为胡塞武装组织提供大规模支持在技术上也很难操作。

2. 沙特的实用主义考虑

在上述第一阶段的博弈中，博弈结果实现了纳什均衡，达到了博弈的稳定状态，因此，博弈双方的决策都是合乎理性的。但在第二阶段的博弈中，按照博弈论，作为理性博弈方的沙特，在伊朗选择"软弱"策略的情况下应该选择"强硬"策略（收益为2）而非"软弱"策略（收益为-2），从而使整个博弈实现纳什均衡。但从也门局势的演变所反映出的博弈现实来看，博弈的结果并非如此，沙特并没有继续采取能实现收益最大化的"强硬"策略（出动大规模地面部队，对胡塞武装组织发动地面战争），而是适时"转弯"，选择了"软弱"策略（继续对胡塞武装组织进行空袭）。这种决策行为背后的深层考量值得探究。

从沙特的角度来看，虽然对胡塞武装组织持坚决打击的态度，但就具体行动而言却只坚持空袭战略，而对发动地面战争则表现得相当克制和谨慎。究其原因，大致是出于如下两方面考虑。一方面，在也门境内发动地面战争则意味着介入程度升级，甚至会被相关方解读为进行外部入侵。这可能会激发也门民众强烈的民族主义情绪，从而推动被这些情绪感染的广

---

① Thomas Juneau, "Iran's Policy towards the Houthis in Yemen: A Limited Return on A Modest Investment," p. 659.

大民众加入"保家卫国"的胡塞武装组织阵营中去，进而引发更大规模的反抗，最终使沙特陷入一个更加被动的局面。另一方面，从也门局势来看，沙特在第一阶段中的大规模、高强度空袭并未取得十分满意的效果，只是帮助哈迪收复了亚丁及周边地区，也门北部和西部的大部分省区仍然掌握在胡塞武装组织手中。随后的空袭虽程度不同地取得过一些阶段性战果，但沙特的空袭也激发和磨炼了胡塞武装组织的生存能力与战斗能力，后者不时向沙特发起颇具威胁性的报复性袭击，这种报复性袭击背后传递出的是坚决反抗的意志和信念。据胡塞武装组织宣称，近两年来已向也门境内外沙特所占领的阵地发射了 100 多枚弹道导弹，甚至多次向沙特首都利雅得发射弹道导弹。① 在这种情况下，沙特一旦发动地面战争就必须一举击溃胡塞武装组织，但这在短期内似乎是无法实现的。强大如美军，在阿富汗和伊拉克尚且耗了数年之久，最终不得不反复调整攻击战略，沙特地面部队开进也门之后很难说不会步美军后尘。

从博弈论的角度来看，博弈的魅力恰恰在于每个博弈方的收益并不取决于其自身的策略选择，而是所有博弈方策略选择的函数。即对处于博弈状态中的每一个博弈方而言，其策略选择的原则并不是在多个可供选择的方案中择优而用，而必须在参考其他博弈方策略选择的前提下，选择能使自身实现收益最大化的策略。也就是说，每一个博弈方将根据对其他博弈方策略选择的预期来选择自己的最优策略。只有在预期与现实相符的情况下，博弈才可达到均衡状态，且没有博弈方愿意偏离这个状态，这就是所谓的纳什均衡；而当预期与现实不相符合之时，博弈无法实现均衡状态。

以"胆小鬼博弈"模型为例，从甲的角度来看，若甲对乙的预期是直行，那么为了避免两车相撞，理性的甲自然会选择转弯。但甲选择转弯策略到底能不能实现收益最大化，则取决于其预期与现实的关系：若现实情况与甲的预期相一致，即乙确实选择了直行，则甲实现了收益最大化，博弈达到均衡状态；但若现实与预期相背离，即乙选择了转弯，那么甲采取转弯策略就并没有实现收益最大化，博弈并未实现纳什均衡。

---

① 《外媒称也门导弹再袭利雅得：近 2 年向沙特军队发射 108 枚》，参考消息网，http://www.cankaoxiaoxi.c-om/mil/20170329/1821442.shtml，2017-7-5。

回归本文的案例，在沙特与伊朗的"胆小鬼博弈"中，沙特之所以采取"软弱"策略，很大程度上与其对伊朗的决策预期有关。假设沙特对伊朗的预期为"强硬"，那么为了避免双方之间甚至整个中东地区爆发大规模战争，理性的沙特自然不会也选择"强硬"策略。至于沙特为何会做出这种预期判断，大致与沙特对当下沙伊关系的把握有关。

沙特和伊朗的关系颇为复杂。两国之间既有历史积怨，又有现实矛盾；双方关系既牵涉教派冲突，又关乎民族斗争；争夺目标既涉及伊斯兰世界的领袖地位，又关联地区霸权的归属问题。① 进入21世纪以来，随着美国出兵伊拉克推翻萨达姆政权，以及中东剧变的出现，中东地区的地缘政治格局进入急剧变化和重组时期。在此背景下，伊朗核协议的达成在一定程度上为其经济发展松了绑，而且，打击恐怖主义的共同需要使其与美国和俄罗斯等大国的关系有所缓和。此外，在参与地区事务方面，伊朗也由此前的幕后行为者或边缘化角色逐渐变成了主动而公开的利益攸关方。② 总之，伊朗的进取之心和崛起之势越发明确，这难免会引起沙特的焦虑与不安。沙特在中东积极出击，力求遏制伊朗，以削弱伊朗逐渐扩大的地区影响力，双方的结构性矛盾进一步凸显。在此背景下，一些偶发性事件，诸如沙特朝圣踩踏事件和沙特处决本国什叶派领袖事件，便成了双方关系全面恶化的导火索，最终导致断交。因此，在沙特看来，在双方关系异常紧张的情况下，若在也门采取"强硬"策略，难免会引发伊朗的激烈反应，甚至采取"强硬"策略作为回应，如此，双方可能面临一个两败俱伤的后果。

在第二阶段，基于对伊朗策略选择的预期，沙特采取了"软弱"策略，即只对胡塞武装组织进行空中打击，而不是出动大规模地面部队寻求快速解决也门问题。这样虽不能实现收益最大化，但至少可以避免出现"胆小鬼博弈"中两车相撞的局面，即至少可以避免爆发两国大规模战争和席卷整个中东地区的逊尼派与什叶派之间的教派战争。就此而言，沙特在这场博弈中的"理性"似乎不在于寻求实现收益最大化，而在于避免损失最大化。

---

① 唐志超：《伊朗与沙特关系危机及其地缘政治影响》，《领导科学论坛》2016年第10期。
② 郑东超：《后制裁时代沙特和伊朗外交对抗探析》，《国际研究参考》2016年第11期。

五　总结与展望

沙特与伊朗是中东地区的两个传统大国，自 1979 年伊朗伊斯兰革命以来，双方关系始终不睦。近年来，双方在中东事务中的竞争与对抗渐趋公开化，也门内战是双方博弈的一个重要场域。现有研究虽然对也门局势及大国干预有所关注，但鲜有文献具体分析外部大国在干预也门内战中的战略互动行为。鉴于此，本文运用博弈论模型对沙特和伊朗在也门内战中的软对抗以及具体的战略互动进行了分析。本文认为，沙特与伊朗在也门内战中的博弈类似于一场"胆小鬼博弈"。以 2015 年 4 月 21 日沙特宣布停止在也门的空袭为时间节点，可以划分为两个博弈阶段。在第一阶段的博弈中，沙特采取了对胡塞武装组织发动空袭的"强硬"策略，而伊朗则选择了对胡塞武装组织提供消极支持的"软弱"策略，博弈的结果是沙特"获胜"，伊朗成为"胆小鬼"。在第二阶段的博弈中，沙特一改前一阶段的选择方案，采取了对胡塞武装组织继续进行空袭的"软弱"策略，与此同时，伊朗则维持了前一阶段的选择，仍然只对胡塞武装组织提供消极支持，博弈的结果是没有获胜方，双方皆成为"胆小鬼"。

正如有学者所指出的那样，出于多方面的原因，或许是殖民历史，或许是族群纽带或族群敌对关系，也或许是竞争影响力的需求，大国往往更容易介入他国内部冲突。一般而言，大国在他国内部冲突中的政策取向通常相当重要，在大多数情况下甚至决定和塑造着最终的冲突结果。[①] 因此，从这个角度来看，沙特和伊朗在也门的政策取向无疑是影响与决定也门局势的重要因素。根据目前沙特和伊朗两国的博弈动态与博弈倾向来看，双方改变策略的可能性不大。无论是沙特还是伊朗，在目前的中东局势下，都倾向于维持当前的策略选择，即沙特将继续对胡塞武装组织进行空中打击，最多加大打击力度，但出动大规模地面部队的可能性并不大。而伊朗也将继续仅对胡塞武装组织提供有限的支持。

仅以最新的互动态势来看，2017 年 11 月 4 日，胡塞武装组织首次向沙

---

① Stephen M. Saideman, *The Ties That Divide: Ethnic Politics, Foreign Policy, and International Conflict*, New York: Columbia University Press, 2001, p. 207.

特首都利雅得发射了一枚弹道导弹，虽然导弹遭到拦截，也并未造成人员伤亡，但仍激怒了沙特。沙特因此采取了相对强硬的应对措施，例如，一方面对胡塞武装组织领导人发出高额悬赏通缉令，另一方面宣布对也门进行陆海空全面封锁，并指责伊朗向胡塞武装组织提供导弹，还表示可能适时对伊朗的这种"战争行为"做出回应。① 对于沙特的指责，伊朗也适时做出了回击。伊朗外交部发言人巴赫拉姆·卡西米（Bahram Qasemi）指出，也门人民的举动，并非受到其他国家的唆使，而是对沙特"侵略行为"的独立反应。因此，沙特对伊朗的指责是不实、不负责任的，而且具有明显的挑衅性，其背后的分裂阴谋将在中东地区产生破坏性的影响。② 由此不难看出，在沙特与伊朗最新一轮的互动中，虽然弥漫着剑拔弩张的紧张气息，但双方的"强硬"态度似乎更多地体现为你来我往的唇枪舌剑。对于进一步升级战争，双方似乎并没有为此做好准备，抑或是说并没有此种打算。

有学者在探讨外部力量介入对他国内战进程的影响时推断称，若以结束冲突来定义外部介入的成功，那么，对他国内部宗教冲突的介入更容易获得成功，族群冲突次之，对意识形态冲突的介入相对较难取得成功。③ 若仅按照这一推论，外部大国的介入似乎有可能阻止也门战火的进一步蔓延。但也门问题的复杂性和特殊性在很大程度上恰恰可以归因于外部大国的介入。因为沙特和伊朗的介入与选边站队行为在客观上调整了也门冲突双方的力量对比，使得冲突双方呈现出势均力敌的态势，事实上为也门内战的持续化和长期化提供了可能性。所以，在这种情况下，若以美国为首的西方国家不出面对也门内战进行干预，即无法打破现有也门内战中的力量平衡的话，也门局势仍将僵持下去。

本文通过运用博弈论中的"胆小鬼博弈"，尝试对沙特与伊朗在也门内战中的战略考虑及其互动进行分析。通过将双方在也门内战中的战略互动过程和结果用博弈论中的"策略"和"收益"的形式呈现出来，可以更直

---

① 《也门胡塞武装导弹袭击何以激怒沙特》，新华网，http://news.xinhuanet.com/mil/2017-11/06/c_129734062.htm，2017-11-24。

② 《伊朗：沙特无端指责，不负责任且具有破坏性》，央视网，http://m.news.cctv.com/2017/11/06/ARTI9SDAdJHPYPY74j6u91Yu171106.shtml，2017-11-24。

③ Patrick M. Regan, *Civil Wars and Foreign Powers: Outside Intervention in Intrastate Conflict*, Michigan: University of Michigan Press, 2002, p. 91.

观地了解沙特、伊朗两国在干预也门内战时的策略选择。当然，本文的研究仍然存在尚需改进之处。

首先，就分析框架的选取而言，博弈论作为一种模型方法，对于异常复杂的国际关系问题而言，存在过于简单化的特性，这一特性在很大程度上制约了其在国际政治互动现实中的运用，也令其作为一种研究方法的信度和效度大打折扣。在本文的分析中，为了满足博弈论模型成立的条件，需要将沙特和伊朗在也门内战中采取的具体干预行为按照模型的要求，简化和归类到两个大的策略集里去。但在这一简化讨论的过程中，难免会因为有目的的选取某些现实材料而遗漏其他一些现实材料，因而有损分析的全面性和准确性。

其次，就分析框架的建构而言，"以逻辑推理为基础的模型方法具有极强的形式主义色彩"①，博弈论模型亦然。博弈论模型最有价值的地方或许在于对博弈双方每一个策略选择所产生的收益进行计算与比较，为了使分析过程更加清晰和明确，往往需要将博弈的收益数字化，即对所有的收益进行具体赋值，以方便比较博弈双方收益的大小，并确定博弈的"获胜方"。虽然本文对沙特、伊朗两国在也门内战中的利益考虑的赋值进行了论证，但仍不可避免地受到研究者主观选择的影响。这种研究方法在一定程度上有损本文分析的精确性。

最后，博弈论虽然有助于分析或解释沙、伊两国在干预也门局势中的互动及其策略选择，但对于预测两国在也门局势中的未来行动，其启示是有限的。这涉及博弈论与国际关系预测的复杂问题。基于非纳什均衡具有不稳定性，我们或许可以推断，如果沙特、伊朗两国关系不至于恶化到公开破裂和发生战争，那么，两国在也门的策略选择不外乎一方选择"强硬"而另一方选择"软弱"的策略组合。因为唯其如此，双方在也门局势中的战略互动才能达到一种相对均衡的状态。至于也门内战中的各方，哪一方终将胜出，也门局势以何种形式恢复平静，博弈论无法做出有效的预测，因而有必要借鉴其他理论视角或分析工具。

[责任编辑：闫伟]

---

① 胡宗山：《博弈论与国际关系研究：历程、成就与限度》，第73页。

沙特站在十字路口

——当前沙特主要困境及政策调整

田文林*

内容提要 沙特立国主要依靠石油、宗教和沙特—美国关系三大支柱。但近些年来，沙特三大支柱均面临挑战：页岩气革命动摇了沙特传统能源大国地位；沙特—美国共同利益的减少削弱了双方战略合作根基；极端主义反噬使沙特自食其果。在此背景下，沙特积极谋求以变求存：经济领域提出"2030愿景"；宗教领域强化"去极端化"举措；外交上谋求外交多元化。但沙特面临的问题积重难返，非短期的政策调整所能奏效。

关键词 沙特 石油经济 宗教立国 沙特—美国关系

沙特是中东举足轻重的地区大国。沙特立国主要靠三大支柱：石油、宗教和沙美同盟。凭借世界第一大产油国地位，沙特经济总量占西亚北非GDP总量20%以上（占阿拉伯世界1/4），股市市值占西亚北非资本市场50%以上。[①] 凭借输出宗教和"伊斯兰教两大圣寺监护人"地位，沙特俨然成为全球穆斯林（特别是逊尼派）精神领袖。凭借沙特—美国特殊关系（尤其美国安全保护），沙特在中东舞台纵横捭阖。然而，近年来，沙特赖以立国的三大支柱根基动摇，未来动向值得关注。

一 沙特三大战略支柱根基动摇

近年，由于国际和地区形势变化，沙特赖以立国的三大支柱日趋根基

---

* 田文林，中国现代国际关系研究院副研究员。
① Nicola Nasser, "Political Crisis in Saudi Arabia: Survival Is the Saudi Key World," in *Global Research*, April 18, 2014.

动摇。

（一）经济上依靠石油，但页岩气革命使沙特在国际能源市场上的权重下降，由此使"福利换稳定"模式受到冲击

沙特是世界第一大产油国，并依靠石油收入维系"福利换稳定"的统治模式。然而，近年来，随着能源开采技术不断进步，沙特这种传统经济模式遭遇巨大挑战。一方面，沙特在全球能源格局中的垄断地位有所下降。长期以来，沙特为首的中东产油国一直稳居世界最大油气储量国和生产国位置。然而，随着水力压裂法等能源开采技术的成熟，加拿大的"油砂"、巴西的"盐下油"、美国的"致密砂岩油"等非常规能源商业开发成为现实。据统计，非常规能源的开发，使西半球的油气资源总储量超过大中东地区五六倍。[1] 意味着全球能源中心日趋从中东转向西半球。沙特为首的中东产油国在全球能源格局中的权重明显下降。另一方面，沙特等中东产油国生产成本优势日渐丧失。中东石油资源分布集中、埋藏浅、储量大、油层厚、压力大，因此石油生产成本远低于世界其他地区。然而，能源勘探技术进步使世界石油生产成本不断下降。目前页岩油钻井成本每桶低于50美元，并可根据市场情况快速调整产量，由此使欧佩克传统的油气成本优势不复存在。这使沙特等产油国难以像过去那样左右能源生产和定价，欧佩克使用石油武器的能力遭到削弱。2014 年后半年以来，沙特主动发起"油价战"，目的是打击页岩气产业，提升沙特在国际能源市场份额。但由于页岩油开采技术先进，这一削价策略并未奏效。全球油价因增产而持续下滑，沙特最终反受其害。

沙特在国际能源市场中权重下降，直接影响沙特维系多年的"福利换稳定"的模式。2011 年中东剧变后，沙特等中东产油国之所以能躲过政权更替潮，正是因为其采取了"花钱买稳定"的办法。2011 年 2 月（中东剧变最激烈时期），沙特国王阿卜杜拉宣布出资 350 亿美元用于解决住房、增加工资以及增加社会福利。当年 3 月，阿卜杜拉国王又宣布总价值超过 700 亿美元的一揽子计划，用于改善民众福利。但长远看，这种政治稳定模式

---

[1] Amy Myers Jaffe, "The Americas, Not the Middle East, Will Be the World Capital of Energy," in *Foreign Policy*, September/October, 2011, p. 86.

会因沙特能源地位动摇而面临挑战。目前，沙特财政盈亏平衡油价已从 2008 年的 40 美元/桶，增至 2014 年的 90 美元/桶，目前已达到 100 美元/桶，油价低于此便会出现财政赤字。按照沙特目前的人口增长趋势，到 2030 年，只有油价达到每桶 300 美元才能满足沙特社会开支需求。① 但在页岩气和页岩油等非常规能源产品冲击下，国际油价上涨空间有限，这使沙特"花钱买稳定"的模式难以维系。

（二）安全上依靠美国，但沙美共同利益基础日益减少

沙特地缘位置重要，尤其是 1938 年发现石油后，其战略重要性更加突出。20 世纪早期，英国将沙特作为削弱奥斯曼帝国的工具，因此丘吉尔对伊本·沙特追随者的嗜血和狭隘视而不见。英国的逻辑就是：由于沙特拥有丰富的石油资源和重要的地缘位置，因此与沙特结交有助于巩固英国的地位。直到 1947 年，英国决策者在评估沙特的重要性时指出沙特的石油是"任何谋求世界性影响或统治的大国都值得努力争取的东西"。②

作为二战后新兴的超级大国，美国同样对沙特高度关注。二战后期（1943 年 2 月），一些美国石油公司的负责人请求政府直接援助沙特，以确保"战后那里继续完全属于美国企业"。对此，罗斯福表示："鉴于沙特阿拉伯的防务对美国安全至关重要，应给予援助。"因此，二战尚未结束，罗斯福就在 1945 年 2 月 14 日与沙特国王伊本·沙特举行会晤，确立了"石油换安全"的战略盟友关系。美国为沙特提供安全保障，沙特也成为美国在中东的重要战略支柱。但近年来，以"9·11"事件为标志，沙美合作的蜜月期已经过去，双方对立和敌对日益增多。尤其是 2016 年以来，美国对沙特似乎变得越来越不耐烦，双边关系出现诸多不和谐之声。

一是奥巴马首提"沙特搭车论"。2016 年 3 月，美国总统奥巴马接受《大西洋月刊》专访时表示，沙特搭了美国外交政策的便车，批评沙特资助不宽容的宗教势力，拒绝与伊朗和解。奥巴马"明显因为正统外交政策迫使他将沙特阿拉伯当作盟友而烦躁"。

---

① Samuel Lum, "Political Turmoil in the Middle East Destabilize Global Oil Markets?," *CFA*, September 26, 2012.
② Adeyinka Makinde, "Saudi Arabia and the Doctrine of Global Islamist Terror," in *Global Research*, June 6, 2017.

二是美国解密"9·11"报告。2016年4月，美国众议院联合调查报告解密了28页的联合调查报告，该报告因涉及沙特与"9·11"事件联系，自2003年以来一直处于保密状态。该报告称："部分生活在美国的'9·11'事件劫机犯，与沙特政府的某些人保持联系、接受资助或提供帮助。"① 参与该调查报告的前参议员鲍勃·格雷汉姆，还指责沙特包容恐怖主义，资助全球的伊斯兰极端分子，并称"他们（沙特）比伊朗还坏"。②

三是美国国会出台"9·11"法案。2016年9月9日，也就是"9·11"事件十五周年前夕，美国国会通过《对恐怖主义资助者实行法律制裁法案》（或称"9·11"法案，英文缩写JASTA），允许"9·11"事件受害者起诉任何支持恐怖主义的赞助者（沙特），并扣押沙特海外资产（包括沙特的主权基金）。③ 9月23日，总统奥巴马以"国家利益"为由否决了该法案。但美国国会旋即在9月28日以压倒性多数对奥巴马的否决行使再否决，使该法案就此生效。该法案生效后，美国公民将能够就沙特政府在"9·11"恐袭中的责任提出控诉和索赔。

四是部分国会议员要求禁止向沙特出售武器。2016年8月底，60名美国国会议员签署联名信，要求奥巴马政府推迟向沙特出售11.5亿美元军火。理由是沙特在也门制造的平民伤亡人数日益增加，奥巴马政府未能管住自己的阿拉伯盟友。④ 此前，参议员克里斯托弗·墨菲曾专门提出，要限制美国向沙特提供武器。

美国与沙特日趋疏远，主要有两方面的原因。

一方面，美国"能源独立"趋势，使沙特—美国合作的共同利益日渐减少。美国是中东传统的"用油大户"，对中东石油依赖度甚大。1991年苏联解体时，美国40%石油需求需要进口，其中54%来自欧佩克成员国，24%来自波斯湾地区。相当长时期内，美国在沙特的主要利益就是石油。⑤ 然而，近些年，随着页岩气开发初显成效，美国能源独立趋势日趋明显。

---

① Tony Cartalucci, "Declassified 9/11 Report Portrays US-Saudis as Partners in Crime," in *Global Research*, July 25, 2016.
② Michael Pregent, "Saudi Arabia Is a Great American Ally," in *Foreign Policy*, April 20, 2016.
③ James Petras, "Washington's Global Economic Wars," in *Global Research*, October 19, 2016.
④ John Hudson, "60 Lawmakers Seek Delay of Billion Dollar Arms Sale to Saudi Arabia," *Foreign Policy*.com, August 29, 2016.
⑤ Alain Gresh, Saudi Arabia: RadicalIslam or Reform?, *Le Monde Diplomatique*, June, 2003.

2007~2012年，美国页岩气产量以每年50%以上的速度增长。目前，美国天然气基本实现自给，并成为世界第三大原油生产国（排在沙特和俄罗斯之后）。花旗银行预测，2020年前，美国石油产量有望超越俄罗斯和沙特，成为新的能源霸主。美国新任总统特朗普在施政纲领中明确提出，任内要加大国内油气开发力度，实现美国能源独立。美国国内油气开发，使其能源对外依赖度持续下降。2006年，美国对外依赖度为60%，2015年降至24.6%，接近尼克松时代以来就渴望实现的能源独立目标。①

在此背景下，美国从中东进口石油的比例日趋下降。2006年以来，美国从石油输出国组织（欧佩克）进口石油量已减少近180万桶/日，加拿大、巴西及哥伦比亚等国对美出口量则增加70万桶/日，达到近340万桶/日。2012年，美国从中东原油进口量占进口总量22%，2016年再降至16.16%。其中，美国从沙特进口石油比例，从20世纪90年代的20%左右，降至15%左右。美国能源情报署表示，到2020年，美国自产原油将能够满足将近一半的国内需求，其中82%的资源来自大西洋西岸。欧佩克预计，到2035年，从中东到北美的石油运输将几乎完全消失。②

美国对中东能源依赖度的下降，极大地改变了美国在中东的行为逻辑。自20世纪40年代以来，美国一直承诺保护中东石油稳定流出，但新能源革命改变了国际能源领域持续40多年的悲观主义情绪。能源独立使美国可以不必再按照确保中东油气稳定流出的思路安排其全球战略，从而获得更多行动自由和战略喘息机会。克林顿时期的能源部高官杰·黑克斯表示，"我们再也不用担心被掐断石油，能源的独立性让我们在经济、地域、国防上更为灵活"。"美国对中东能源的依赖降低，为美国政府在介入中东事务上提供了更为多样的手段，我们也许不再需要用美国士兵红色的鲜血去换取那黑色的石油。"③乔治敦大学安全研究中心教授丹尼尔·比曼撰文指出：关于美国在中东的利益，最常被人提起的是石油，然而，现在产油国的稳定对美国的重要性不比过去，尽管仍牵涉美国的实际利益。美国自身也已

---

① Stephen Gowans, "Aspiring to Rule the World: US Capitalism and the Battle for Syria," in *Global Research*, November 30, 2015.
② 《美国将逐步摆脱对中东石油的依赖》，《华尔街日报》中文网络版，2012年6月27日。
③ 王晓薇：《页岩开发技术引领新革命，北美或成下一个中东》，《华夏时报》，2012年4月7日。

经崛起为一个重要的产油国。

在此背景下,沙特在美国全球战略棋盘中的重要性下降,沙美"能源换安全"的合作根基将不复存在。美国在中东地区的传统盟友(从海湾国家到埃及),都在质疑美国是否正在逐渐放弃该地区。[①] 2016 年 3 月,美国总统候选人特朗普在接受《纽约时报》采访时表示,如果沙特不停止支持"伊斯兰国",美国将停止从沙特购买石油。[②] 特朗普还建议,美国应撤离中东,而不是继续卷入中东事务。美国待在中东的原因是为了石油,但现在这个理由已不再是个理由。[③]

另一方面,沙美合作的共同威胁减少,由此使双方"联手共斗"的内驱力越来越小。沙美要想维系特殊关系,除了要有共同利益外,还要有共同的外部威胁,且这种外部威胁对双方战略利益的损害或潜在损害相当巨大,才能使双方同仇敌忾,携手共进。但沙美关系恰恰是"共同威胁"越来越少。

冷战时期,美国在中东最大目标之一,就是遏制共产主义扩张。为此,美国倚重纵容沙特等地区保守国家,支持沙特推行伊斯兰主义。在这方面,沙特与美国配合得丝丝入扣:共同反对苏联共产主义扩张、阿拉伯民族主义的纳赛尔、1979 年伊斯兰革命后的伊朗,以及 1990 年入侵科威特的萨达姆政权。沙特依靠美国的安全保护伞确保自身安全:20 世纪 40 年代反对伊拉克和约旦的哈希姆家族的政治野心;50 年代反对纳赛尔的阿拉伯民族主义;1979 年之后沙特对伊朗输出"伊斯兰革命";1990 年 8 月萨达姆入侵科威特后,约 5 万名美军士兵进驻沙特为其提供保护。沙特领导人至今仍认为,只有美国才能为其提供安全保障。[④]

然而,1991 年苏联解体后,沙特在美国全球战略中的地位大幅下降。冷战期间,沙特是反苏阵营的核心国家,但苏联解体使沙特的这种重要作

---

① Hisham Melhem, "America's changing energy landscape and the Middle East," in *Al Arabiya News*, January 19, 2014.
② Ahmed Mahdi, "The Middle East and Donald Trump," *Al-Ahram Weekly*, Issue No. 1320, 17 November, 2016.
③ "Saudi Arabia would not Exist without US Protection, Trump Claims," in *Middle East Eye*, March 27, 2016.
④ Alain Gresh, "Saudi Arabia: Radical Islam or Reform?" *Le Monde diplomatique*, June, 2003.

用不复存在。冷战结束后，美国一度陷入"谁是敌人"的战略迷茫。2001年美国遭遇"9·11"事件后，小布什政府明确将恐怖主义作为打击对象，不仅发动"反恐战争"，还将"独裁专制"与恐怖主义联系在一起，试图通过"中东民主改造"根除恐怖主义根源。而沙特奉行君主专制统治、长期输出瓦哈比主义，助长中东恐怖主义。2001 年"9·11"事件中的 19 名嫌犯，有 15 名来自沙特，本·拉登就是沙特外交政策的产物。① 所有这些都使美国对沙特日益嫌弃。早在 2008 年 1 月，民主党众议员安东尼·韦纳和罗伯特·韦克斯勒就称，沙特现在已经成为美国的敌人，不再是反恐战争中的盟友，并批评布什政府向沙特出售尖端武器的主意"简直愚蠢"，众议院 431 名议员中有 51 位支持否决军售的动议。在美国主导的反恐战争中，沙特是美国"最勉强的盟友"。②

2009 年奥巴马上台后，美国优先考虑的是防范和遏制中俄等新兴大国崛起，并提出"再平衡战略"。时任美国国防部长帕内塔公开称，到 2020 年，美国将把 60% 舰艇（包括六个航母战斗群）部署在亚太地区。为此，美国在中东战略收缩态势明显：2011 年从伊拉克撤军；2013 年美伊达成初步核协议；放弃军事打击叙利亚，2014 年从阿富汗撤军；等等。美国战略收缩趋势，使其对沙特、埃及等传统盟友关注度和投入日趋下降。美国目前已停止向沙特预先通告行动的传统做法。在地区事务中，沙美分歧同样明显。尤其在伊核问题上，美国不愿意花费巨大财力人力对付伊朗这样一个地区性大国，因此主动与伊朗接触，最终在 2015 年 7 月达成核协议。沙特一直担心伊朗借机坐大，威胁其地区领导地位，因此对美国放松对伊制裁等做法极为不满。2016 年 4 月，美国《大西洋月刊》专访文章中，奥巴马公开批评沙特纵容教派冲突，并呼吁沙特应理解伊朗，与伊朗在中东和平共处。这使沙特认识到，美国不再像过去那样为其提供绝对保护，问题重重的沙特王室政权真正处在危险之中。③ 沙特被推到"陌生的十字路口"，战略焦虑感空前沉重。

---

① Laurent Murawiec, "Saudi Arabia's Links to Terrorism," *MEF Wires*, November 19, 2002.
② Hooman Peimani, *Falling Terrorism and Rising Conflicts*: *The Afghan Contribution to Polarization and Confrontation in West and South Asia*, Greenwood Publishing Group, 2003, p. 75.
③ Ibrahim al-Hatlani, "Has JASTA pushed Saudi Arabia and Israel Closer?" *Al-Monitor*, October 24, 2016.

（三）意识形态上靠强化宗教，但输出瓦哈比教义负面效应日趋显现

沙特一直靠"宗教立国"，瓦哈比主义是沙特钦定的官方意识形态。从1734年开始，沙特家族就与瓦哈比派结成联盟，沙特王室支持瓦哈比主义扩张，瓦哈比则为沙特家族对外扩展提供舆论工具。① 二者相得益彰，共同发展壮大。沙特正式建国后，瓦哈比教义成为沙特维系统治的官方意识形态。此外，伊斯兰教两大宗教圣地（麦加和麦地那）均位于沙特境内，沙特国王一直以"两大圣寺监护者"和伊斯兰世界领袖自居，由此决定了沙特内政外交带有浓厚的伊斯兰色彩。

瓦哈比派属于伊斯兰教的罕百里学派（逊尼派中最保守的派别）。20世纪初，英国"中东通"劳伦斯就曾指出，瓦哈比派"带有清教徒的所有狭隘偏见"，远不是伊斯兰教的代表。他认为，瓦哈比教派是些思想还停留在中世纪的边缘分子，"如果该教派取得优势，麦加和大马士革的宽容温和的伊斯兰教就会被内志的狂热所取代，而且宗教狂热将因成功而愈发强烈和膨胀"。② 瓦哈比派认为，所有非逊尼派派别都是叛教者，都应该被处死。③ 这种极端教义很容易滋生极端恐怖势力。从思想渊源看，"基地"组织、"伊斯兰国"等极端恐怖组织，都与瓦哈比教义密切相关。

20世纪60年代，为应对阿拉伯民族主义和苏联共产主义思想扩张，沙特开始在全球大力传播伊斯兰教。1964～1975年，沙特先后创建了"伊斯兰会议组织"和"世界穆斯林联盟"。④ 1979年伊朗伊斯兰革命后，为反击伊朗的反沙特宣传，沙特加大在海外传播瓦哈比教义力度。有统计称，过去30年中，沙特为传播瓦哈比原教旨主义思想，沙特直接或间接投入了1000亿美元以上。实际花费可能是其倍数。相比之下，在1921～1991年的70年，苏联在全球传播共产主义思想的花费不过70亿美元。⑤ 另据沙特官

---

① 吴彦：《沙特阿拉伯政治现代化进程研究》，浙江大学出版社，2011，第15页。
② 〔美〕斯科特·安德森：《阿拉伯的劳伦斯：战争、谎言、帝国愚行与现代中东的形成》，陆大鹏译，社会科学文献出版社，2014，第188页。
③ Andrew Korybko, "The Global Ambitions Of Saudi Arabia's New Anti-Terror Coalition," in *Global Research*, December 25, 2015.
④ Bruce Riedel, "Saudi Arabia's Mounting Security Challenges," in *Al-Monitor*, December 28, 2015.
⑤ Joseph Thomas, "Islamic State in Asia: Saudi-Funding and Naive Policymakers Endanger Region," in *GlobalResearch*, June 1, 2017.

方周刊《洞察》（Ain al-Yaqeen）报道，未来 40 年，沙特将在非穆斯林占多数的国家，建立 1359 座清真寺、210 个伊斯兰中心、202 所学院、2000 所学校。目前，沙特出资建造的清真寺，美国有 16 所，加拿大有 4 所，其他清真寺分布在伦敦、马德里、布鲁塞尔、日内瓦等，总额开支（包括培训伊玛目和宗教教师的费用）达数百亿沙特第纳尔。① 2011 年中东剧变后，沙特等保守政权为抵消"阿拉伯之春"的影响，竭力强调自己"宗教卫士"的形象，引导地区局势保守化，以扩大沙特政权的安全空间。②

然而，瓦哈比教义对沙特实际是把"双刃剑"：它既是沙特王室维系统治、扩大沙特国际影响的重要工具，也是威胁沙特政权稳定的巨大隐患。从"基地"组织到"伊斯兰国"，这些极端恐怖组织与沙特官方教义有直接联系。③ 瓦哈比教义培育出大量宗教极端分子。为防止极端分子在国内作乱，沙特一直采取"祸水外引"办法。1979 年苏联入侵阿富汗后，沙特支持国内伊斯兰分子赴阿富汗参加反苏"圣战"，并为其提供约 10 亿美元援助，目的之一就是让这些危险分子远离本土。④ 但阿富汗战争结束后，这些圣战分子返回国内，重新将矛盾对准西方乃至本国政府。制造"9·11"事件的 19 名嫌犯中，有 15 人来自沙特。

为"趋利避害"，沙特政权再次"祸水外引"。2003 年伊拉克战争后，鼓励境内极端分子赴伊"圣战"。2011 年叙利亚内战升温后，沙特故伎重演，纵容境内宗教极端分子赴叙利亚作战。⑤ 据估计，极端组织"伊斯兰国"共有 1.6 万名外籍士兵来自西亚北非，其中中东地区 8270 人。这其中，沙特人有 2500 人（其他分别是：土耳其 2200 人，约旦 2000 人，黎巴嫩 900 人，埃及 600 人，苏丹 70 人）。⑥ 叙境内与"基地"组织有瓜葛的伊斯兰组织 Abdul Samad Issa 和 bu Sakkar 就得到沙特大力支持，这两个组织曾干过吞

---

① Joseph Thomas, "Islamic State in Asia: Saudi-Funding and Naive Policymakers Endanger Region," in *GlobalResearch*, June 1, 2017.
② Dr. Benedetta Berti, "The Syrian Crisis and the Saudi-Iranian Rivalry", October, 2012.
③ Joseph Thomas, "Islamic State in Asia: Saudi-Funding and Naive Policymakers Endanger Region," in *Global Research*, June 1, 2017.
④ Uriya Shavit, "Al-Qaeda's Saudi Origins," in *Middle East Quarterly*, Fall, 2006.
⑤ Angus McDowall, "Saudi role in Syria Driven by Fear of Shi'ite' Full Mood," *Iran Focus*, June 18, 2013.
⑥ Tarek Dahroug, "Foreign Fighters with IS," in *Ahram Weekly*, February 2, 2017.

食叙利亚士兵内脏、砍杀基督教徒等极端行径。①"伊斯兰国"同样与沙特有直接交往。②

但这种做法只是"扬汤止沸",中东极端势力日趋形成气候,最终将矛头对准沙特王室,威胁沙特安全稳定。"基地"组织理论家扎赫拉尼(后被沙特政府处死)认为,独裁政权(包括沙特)的所有士兵都是异教徒。他引经据典,证明杀死沙特公职人员或警察是正当的。"伊斯兰国"与"基地"组织类似,也指责沙特是异教徒统治的国家,当权者是暴君和异教徒,忠诚于欧洲"十字军",认为沙特军警正在杀死"圣战者",这正像异教徒统治者所为。德国《明镜周刊》称,瓦哈比派给伊斯兰国提供了"完整的思想体系",让一些温和穆斯林变得激进。"伊斯兰国"很多言行,就吸收了沙特麦加大清真寺伊玛目沙迪斯的思想。③ 2016 年 7 月 16 日,一名 19 岁的极端分子杀死了其在沙特安全部队担任上校的叔父,理由就是后者充当了异教徒和偶像崇拜者的"鹰犬"。④

从实践看,"基地"组织从 2003 年开始,就在沙特制造一系列恐怖袭击,目标包括西方机构、沙特政府部门和外交使团。到 2008 年,沙特已经发生了 30 起恐怖袭击,共造成 150 多人死亡,1000 多人受伤。同期,沙特还挫败了 160 起恐袭阴谋。⑤ 2014 年异军突起的"伊斯兰国",同样将矛头转向沙特。2014 年 11 月,"伊斯兰国"领导人巴格达迪宣布与沙特进入战争状态,号召民众推翻沙特王室(他称之为两圣寺土地上的"蛇头"),将"哈里发国"扩展到沙特。2015 年 5 月 22 日,"伊斯兰国"在沙特东部城市盖提夫一座清真寺制造自杀式袭击,造成 21 人死亡、101 人受伤。这是该组织首次在沙特境内制造恐袭事件。此后,类似恐袭持续不断。据沙特内政部统计,2014 年 11 月~2016 年 6 月,"伊斯兰国"在沙特制造 26 起恐怖

---

① John Stanton, "USA should Push Regime Change in Saudi Arabia", Sep. 30, 2013.
② Olga Santos, "Iran to Reveal Evidence of Sponsors of Terrorism in the Middle East," in *Global Research*, January 21, 2014.
③ Christopher A. Preble, "How U. S. -Saudi Relations Got So Twisted," in *The National Interest*, October 17, 2016.
④ Ibrahim al-Hatlani, "Saudi IS Members Killing their Own Relatives," in *Al-Monitor*, May 2, 2016.
⑤ Lori Plotkin Boghard L from ISIS to Activists: "New Security Trialsin SaudiArabia," *The Washington Institute for Near East Policy*, Research Note 33, May, 2016.

袭击事件。① 值得一提的是，2016年7月4日，该组织同时在沙特的吉达、盖提夫、麦地那制造恐袭，尤其麦地那清真寺恐袭事件，意味着沙特纵容恐怖主义的政策已经破产。沙特"两大圣寺监护人"的形象严重受损，同时影响了沙特扩大旅游业的计划。② 当前，极端恐怖主义已成国际社会公害，而沙特与这股势力藕断丝连，令国际社会很多国家对其侧目而视，沙特的国际形象极大受损。

从地区层面看，2014年3月，伊拉克总理曾指责沙特与卡塔尔支持恐怖主义。2016年9月13日，伊朗外长扎里夫在《纽约时报》撰文，标题就是"让我们摆脱瓦哈比主义"，指责沙特在全球传播极端思想，称瓦哈比主义是中东"暴力的关键推手"。伊朗总统鲁哈尼同年9月22日在联大演讲中，要求沙特停止传播其充满仇恨的意识形态。③ 2017年3月28日，伊朗外交部发言人在官方网站称，"中东地区恐怖主义根源就是沙特培育的极端思想。这已成为中东和世界各种极端恐怖主义的祸根"。④

从国际层面看，2013年7月，欧洲议会将沙特信奉的瓦哈比主义认定为全球恐怖主义的主要来源。⑤ 2015年12月，德国副总理加布里尔称，沙特资助世界各地的瓦哈比派，德国许多宗教危险分子来自该派别。德国媒体称，沙特是极端分子的"最大赞助商"。根据2016年1月泄露的内部邮件，时任美国国务卿希拉里2013年在邮件中称："沙特是（伊斯兰恐怖主义的）关键性财务基地"，"在过去30年中，沙特输出的极端意识形态，比地球上任何其他国家都多"。⑥ 美国智库学者也称，沙特是伊斯兰世界的宗教极端主义和恐怖主义上升的真正祸端。⑦ 美国前国务院官员法拉赫·潘迪

---

① Giorgio Cafiero, "Will IS Attacks Bring about Change in Saudi Foreign Policy?" in *Al-Monitor*, July 5, 2016.
② Giorgio Cafiero, "Will IS Attacks Bring about Change in Saudi Foreign Policy?" in *Al-Monitor*, July 5, 2016.
③ Hassan Ahmadian, "Is Iran Shifting its Policy toward Saudi Arabia?," in *Al-Monitor*, October 6, 2016.
④ "Insecurity, Regional Terrorism Originate from Saudi Radicalism: Iran," in *Tehran Times*, March 29, 2017.
⑤ Adeyinka Makinde, "Saudi Arabia and the Doctrine of Global Islamist Terror," in *Global Research*, June 6, 2017.
⑥ Adeyinka Makinde, "Saudi Arabia and the Doctrine of Global Islamist Terror," in *Global Research*, June 6, 2017.
⑦ Nauman Sadiq, "Saudi Arabia: The Real Terror Tyrant," in *Asia Times Online*, Oct 23, 2013.

森撰文指出:"如果沙特不停止其做法(支持瓦哈比运动),必须承担外交、文化和经济后果。"① 总之,沙特这种充满争议的宗教外交,使其国际形象不断下降。

二 "战略焦虑症"下的沙特政策调整

(一)借"2030愿景"图谋经济转型,但实现目标遥遥无期

沙特高度依赖石油出口的经济模式,实际是一种低端的原料出口型经济。石油出口与其国内其他经济部门产业关联度有限,且容易受到国际油价波动影响,加之当前沙特在国际能源市场权重日益下降,导致沙特各种经济问题日趋凸显。据麦肯锡报告,2003~2013年,沙特年均GDP增长率只有0.8%,远低于许多新兴经济体的增速。② 尤其在页岩气革命冲击下,仅靠石油出口已不是长久之计。

为解决面临的经济挑战,沙特在2016年4月提出"2030年愿景"的经济多元化战略,主要内容包括:利用沙特廉价能源,建立工业部门;提高水资源和电力管理水平,摆脱高度依赖补贴的现状;推动经济私有化在GDP和雇工中的比重;发展小型公共投资基金和战略投资;发展农业和娱乐业;建造16个核反应堆替代石油发电;将非石油出口占GDP比重从原来的16%提高到50%,非石油收入从目前占总收入的10%提升到70%;将沙特武器的国产化率从目前的2%提高到50%。私营部分对GDP贡献率将从40%增长到60%,失业率从目前的11%降至7.6%,沙特在世界经济体中排名将从目前的第19位升至第15位。③

但"说起来容易,做起来难",沙特要想经济转型并不容易。一是如何处理经济转型与政治统治模式的悖论。沙特传统上实行的是"福利换稳定"的统治模式,沙特政府无需向人民征税,反而"自上而下"向民众提供福利。正所谓"不纳税,无代表",由此使沙特安然维系君主专制。但如果沙

---

① Christopher A. Preble, "How U. S. -Saudi Relations Got So Twisted," in *The National Interest*, October 17, 2016.
② Hilal Khashan, "Saudi Arabia's Flawed Vision 2030," in *Middle East Quarterly*, Winter, 2017.
③ Hilal Khashan, "Saudi Arabia's Flawed Vision 2030," in *Middle East Quarterly*, Winter, 2017.

特削弱福利开支,开征消费税,意味着朝野互动关系将发生剧变,其原有统治模式面临严重挑战。二是经济计划可行性存在疑问。"2030 愿景"大胆冒进,其可行性值得怀疑。国际货币基金组织就认为,沙特在只有 14 年的时间框架内,设置了一个大胆而遥不可及的经济多元化转型。① 三是阻碍因素不容低估。沙特封闭落后,民众部落意识强于国家认同,缺乏法制观念。尤其是根深蒂固的瓦哈比教义一直反对现代化改革。在这种环境下,沙特推行"2030 愿景"面临巨大的社会环境桎梏。沙特在 20 世纪五六十年代曾制定过工业发展计划,但实际效果十分有限。因此,沙特"2030 愿景"能否如愿以偿,仍需拭目以待。

（二）地区外交从谨慎转向激进,但实力不济导致其面临更大困境

沙特看似综合国力强大,实则是"经济巨人,军事侏儒",外交和军事行动能力有限。因此,过去相当长时期,沙特地区政策一直以稳健温和、维持现状著称,主要通过幕后交易实现政治目标,军事和安全责任则更多由美国负责。然而,奥巴马当政期间,随着美国在中东加紧战略收缩,尤其 2013 年 8 月与叙利亚"化武换和平",以及 2015 年 7 月与伊朗达成核协议,沙特等海湾国家安全焦虑感日增。沙特的反应主要体现在以下两大方面。

一方面,沙特对美国敌视行动反应强烈。针对奥巴马"沙特搭了美国外交政策的便车"的言论,沙特外交官列举了沙特支持叙反对派反恐、创建伊斯兰反恐联盟,并对难民进行人道主义援助等进行反驳,并称奥巴马指责沙特的地区角色"让我们感到吃惊"。针对美国国会通过的"9·11 法案"(JASTA),沙特威胁奥巴马称,如果美国国会通过追究沙特政府涉嫌"9·11"恐怖袭击事件的法案,沙特可能出售自己在美国的资产和债券,数额约为 7500 亿美元。② 沙特还借助"伊斯兰合作组织""海湾合作组织"等发表声明施压,称"9·11 法案"将扰乱国际关系,要求美国重新考虑。此外,沙特还明显向以色列靠拢,希望借以色列对美国决策圈的影响力,修改或冻结"9·11 法案"。2016 年 5 月 6 日,沙特前情报局长图尔基亲王

---

① Hilal Khashan, "Saudi Arabia's Flawed Vision 2030," in *Middle East Quarterly*, Winter, 2017.
② Tyler Durden, "Saudi Arabia Threatens To Liquidate Its Treasury Holdings if Congress Probes Its Role In Sept 11 Attacks," in *Global Research*, May 13, 2016.

与以色列情报高官在美国举行会晤,呼吁与以色列建立合作关系。7月22日,沙特退役将军安瓦尔·艾斯卡访问以色列。沙特还与中、日、韩等亚洲国家加强关系,避免"将鸡蛋放在一个篮子里"。2016年9月26日,沙特与中国签署价值490亿美元的货币互换协议,不再用美元作为双方结算货币。沙特还承诺每天向中国出口110万桶石油。① 在可见的未来,沙特—美国的冷淡关系仍将持续一段时间。

另一方面,沙特安全自助意识增强,在地区事务开始尝试单打独斗。几十年来,沙特首次被迫在没有美国保护伞的情况下单独参与地区事务。沙特试图填补美国撤离留下的权力真空,实现地区霸权的梦想。这种野心因中东剧变而明显加快。② 2011年中东剧变使沙特地区影响力凸显,极大地刺激了沙特地区称霸野心。沙特开始重新界定其在中东、伊斯兰世界的角色。③ 沙特采取了一系列令人瞠目的对外举措:一是将遏制伊朗为代表的"什叶派新月带"作为优先任务,由于美国"指望不上",沙特日趋倚重逊尼派力量(包括极端组织),来遏制"什叶派扩张";二是沙特积极支持利比亚、叙利亚等国反政府武装,在这两个国家策动政权更替;三是2015年3月自行对也门发动军事打击;四是组建以伊斯兰世界为主的地区反恐联盟。然而,因自身实力有限,沙特的地区扩张政策,非但未取得预期效果,反而陷入多重困境,主要体现在如下三方面。

其一,也门战事陷入僵局。2015年3月26日,沙特对也门不宣而战,对胡塞武装直接发动空袭,深度卷入也门内战。也门本来就是世界最贫穷的国家之一,沙特扩大战端使也门"人道主义灾难"深重。根据联合国的报告,2015年也门至少有6400人被杀(其中半数是民众),3万多人受伤,250万人无家可归。④ 尤其是沙特于2016年10月8日空袭胡塞武装内政部部长父亲的葬礼,造成140多人遇难,500多人受伤。尽管沙特答应给予受害者经济赔偿,惩罚责任人,但在道义、国际形象和经济上付出了巨大代

---

① Ibrahim al-Hatlani, "Has JASTA pushed Saudi Arabia and Israel Closer?" in *Al-Monitor*, October 24, 2016.
② MadawiAl-Rasheed, "Can Obama wake Saudis from Their Dream of Continued Dominance?" in *Al-Monitor*, April 17, 2016.
③ Fahad Nazer, "Is Saudi Arabia Building an Islamic NATO?," in *Al-Monitor*, December 20, 2015.
④ Johnny Gaunt, "Saudi Arabia: Britain's Hand in the Making of a Terror State," in *Global Research*, April 13, 2016.

价。美国民主党议员谴责联军空袭是"非法的和应受谴责的"。① 而沙特真正要打击的对手——胡塞武装,至今仍控制着包括首都萨那在内的大部分地区,胡塞武装远未被击败。② 沙特竭力扶植的哈迪政府则十分屡弱。更主要的是,沙特在也门的军事行动,暴露出沙特军队软弱无能的一面。有学者感叹,沙特军队是世界上最昂贵的"纸老虎",他们可以发射数百万美元的弹药来打击平民目标,可惜却没有任何意义。③

其二,地区扩张影响国内经济改革。沙特地区外交花费颇巨。在"阿拉伯之春"中,沙特花费200亿美元援助巴林和阿曼,花费30亿美元购买法国武器用于资助黎巴嫩军队及对真主党,花费几十亿美元支持埃及塞西政府,花费数十亿美元资助叙利亚进行政权更替。④ 此外,沙特频频介入地区冲突,使其军费开支居高不下。过去五年中,沙特军购超过5200亿美元,沙特2015年财政赤字近1000亿美元。⑤ 在也门战事中,沙特领导的阿拉伯联军每月花费数亿美元,高峰期每天花费超过2亿美元。⑥ 2016年,沙特削减预算300亿美元,但军费增加570亿美元(属于世界第三大军费支出国),占沙特政府支出的1/4。⑦ 沙特军费开支居高不下,直接影响沙特"2030愿景"的实现。

其三,沙伊博弈导致地区教派矛盾升温。沙特与伊朗同为海湾大国,但分属不同教派和民族,隔阂和敌对甚深。1979年伊朗伊斯兰革命后,两国更是成为死对头。2011年中东剧变后,沙特与伊朗地区影响力都有所扩大,由此使双方矛盾日趋公开化。尤其2015年1月萨勒曼继任国王后,沙特对伊朗的敌意持续加深。2016年1月,沙特宣布与伊朗断交。2016年7月9日,沙特图尔基亲王不仅参加伊朗反政府武装"伊朗人民圣战组织"

---

① Bruce Riedel, "Riyadh's Bold Gamble," in *Al-Monitor*, September 20, 2016.
② "A Year into Yemen Intervention, what has Saudi Achieved," in *Middle East Online*, 2016-03-24.
③ Andrew Korybko, "The Global Ambitions Of Saudi Arabia's New Anti-Terror Coalition," in *Global Research*, December 25, 2015.
④ Nicola Nasser, "Political Crisis in Saudi Arabia: Survival Is the Saudi Key Word," in *Global Research*, April 18, 2014.
⑤ Mahmood Khaghani, "Energy Markets-Iran in the Lead?" *Tehran Times*, December 30, 2015.
⑥ Philip Calabro, "Saudi Arabia's Post-oil Plan Enters Slippery Slope," in *Al-Monitor*, May 27, 2016.
⑦ Daniel Benaim, "How Cheap Oil is Changing the Gulf," in *The National Interest*, April 20, 2016.

(Mujahedeen-e-Khalq's) 在巴黎的年会，还公开呼吁在伊朗发动政权更迭。沙特副王储小萨勒曼7月访问美国和法国时，一再强调反对"伊朗的威胁"。沙特外交大臣朱拜尔要求伊朗停止输出革命。① 沙特用宗教标准（实际是逊尼派）标准衡量地区事务，由此导致其与伊朗为首的什叶派阵营势不两立，导致中东"教派矛盾+地缘争夺"的态势日趋明显。沙特的大部分外交冒险是在没有美国相助情况下进行的，但效果并不理想。这从侧面说明，沙美关系对沙特的极端重要性。

长远看，沙美利益大于分歧，强化合作仍是双方主基调。

首先，双方军售领域合作十分密切。对美国来说，沙特是美国武器第一大主顾。美国向发展中国家的武器出口中，沙特合同金额占比逐渐扩大，2004~2007年为14%，2008~2011年达到40%。在沙特的武器进口中，美国武器占比同样日趋增加。2004~2007年为21%，2008~2012年上升到88%。② 美国官方估计，2007~2014年，沙特共购买了价值860亿美元的新武器，其中价值602亿美元的武器购自美国。③ 2017年5月，美国与沙特签署总额1100亿美元的军售大单，其金额之巨大史无前例。对美国军工集团来说，沙特显然是不能放弃的最佳主顾。

其次，沙特对美国的经济/战略利益也很突出。美国对中东石油的依赖，本身并不是很大。直到20世纪70年代中期，随着美国国内能源消费增加，美国才开始从中东进口石油。1976年，美国石油公司在中东出口的石油产品，只有不到7%运往美国，其余82%都销往第三国。④ 在美国能源独立趋势下，美国直接从沙特等海湾国家进口石油虽然减少，但美国仍需要确保中东石油稳定流向其亚洲和欧洲盟友。⑤ 更主要的是，沙特作为世界第一大储油国和出口国，以美元计价出售石油，乃是美元霸权得以维系的重

---

① Hassan Ahmadian, "Why Iran Needs to Fight Saudi Arabia to Forge Peace," in *Al-Monitor*, July 18, 2016.
② "Conventional Arms Transfers to Developing Nations," *Congressional Research Service*, 2004 – 2011.
③ Anthony H. Cordesman, "Saudi Arabia and the United States: Common Interests and Continuing Sources ofTension," *CSIS*, March 10, 2016.
④ Stephen Gowans, "Aspiring to Rule the World: US Capitalism and the Battle for Syria," in *Global Research*, November 30, 2015.
⑤ Anthony H. Cordesman, "Saudi Arabia and the United States: Common Interests and Continuing Sources ofTension," in *CSIS*, March 10, 2016.

要前提。因此，沙特在美国战略棋盘中的地位不可取代。以色列《耶路撒冷邮报》称，对西方来说，沙特是一个"不能失去的国家"。有分析称，美国可能不会为保卫以色列而战，却会为保卫沙特而去打仗。如果沙特垮掉，美国在阿拉伯世界将找不到能依靠的盟友。①

因此，美国不会抛弃沙特。2015年1月，沙特国王阿卜杜拉突然辞世，正在印度访问的奥巴马紧急缩短行程，率领高规格代表团飞往沙特参加吊唁活动，急于安抚沙特之情可见一斑。美国副国务卿伯恩斯曾表示，美国会"认真"对待沙特的安全关注。"当前美沙伙伴关系像以往一样重要"，美国与海合会的"安全合作是我们的核心议程"。目前，美国在海湾地区有3.5万军队，12个军事基地。② 2015年5月美国与海合会举办峰会以来，美国不仅重申支持海湾国家安全，还承诺将向海合会国家出售价值330亿美元的武器。③ 2017年5月，特朗普上台后首次外访，第一站就选择了沙特，足见美国对沙特的高度重视。

沙特同样离不开美国。2015年9月，沙特副王储小萨勒曼访美国明确表示，他愿意将美国作为首个出访对象国，表示"我们认为我们自己是美国在中东的主要盟友，我们也将美国视为我们的主要盟友"。④ 此后，数个美国官方代表团也先后访问沙特，与沙特国王举行会晤。目前双方在反恐、遏制伊朗等领域共识颇多，合作密切。2017年3月，为配合特朗普加大国内基础设施投资的政策，沙特计划向美国进行总额高达2000亿美元的投资。因此，沙美关系看似龃龉不断，实则有惊无险。

（三）沙特加大反击极端主义，由此导致加剧国内教俗对立

沙特政府日益认识到极端主义泛滥的危害，不断加大防范和打击力度。早在2008年，沙特就成立了"沙特特别刑事法庭"，目的就是处理与"基地"组织有牵连的数百名疑犯。根据沙特驻美使馆的数据，到2016年1月，该法庭共处理2225起案件，涉及6122名被告。沙特警方还逮捕了数千名与"基地"组织有瓜葛的嫌疑人。2014年以来，随着"伊斯兰国"威胁日增，

---

① Michael Rubin, "Will Saudi Arabia be Next to Fall?", 2012 – 08 – 01.
② Nicola Nasser, "Riyadh takes Wrong Road to Stability," in *Asia Times Online*, Mar 21, 2014.
③ Fahad Nazer, "Will US-Saudi 'Special Relationship' last?," in *Al-Monitor*, April 8, 2016.
④ Fahad Nazer, "Will US-Saudi 'Special Relationship' last?," in *Al-Monitor*, April 8, 2016.

沙特安全部门逮捕2500多名自称归属伊斯兰国的极端分子。沙特还加大对社会媒体网站的监控力度，尤其是那些煽动"圣战"、同情恐怖分子的网站。沙特还禁止宗教机构宣传"伊斯兰国"的极端思想，以及国内民众前往参加该组织。2014年9月，沙特最高宗教权威"资深学者委员会"宣布，加入"伊斯兰国"或"基地"组织是"违反伊斯兰法的可耻犯罪"。① 2017年2月16日，沙特内政部宣布，近日捣毁了极端组织"伊斯兰国"4个团伙，共逮捕18名成员。

2017年以来，沙特王储穆罕默德宣布出台多个发展与改革举措，其中，最令人瞩目的就是10月24日宣布沙特将回归"温和伊斯兰道路"。"我们要过正常的日子。我们的宗教将倡导容忍，我们要回归慈爱的传统。我们不会把未来30年花在处理各种破坏性的想法上。我们今天就要把它们摧毁。"11月初，沙特还签署法案，剥夺了宗教警察的调查权、逮捕权、审讯权，并将其划归内政部管理。沙特女性可以在公共场合不戴头巾，允许驾驶汽车，并进入体育馆观看比赛。

沙特的外交决策机构也在发生变化。阿卜杜拉国王时期，负责沙特外交事务的主要有"四大巨头"：国王阿卜杜拉及其三个侄子；外交大臣费萨尔；情报主管班德尔·本·苏尔坦；国家安全委员会副主席苏莱曼·本·苏尔坦。2014年2月，班德尔亲王被力主反恐的官员替代。2015年1月萨勒曼继任国王后，沙特的外交政策继续调整，负责组织"叙利亚伊斯兰军"情报主管班德尔·本·苏尔坦亲王被解职，继任者纳伊夫亲王代表了沙特外交政策的新战略，其主要目标就是改善与美国的关系，使沙特外交政策适应急剧变化的地缘政治形势。② 沙特政策转变的难点在于，其既要防范极端分子，又要避免自身宗教合法性遭遇质疑，③ 把握好二者平衡并不容易。

结　论

截至目前，沙特内政外交改革正在如火如荼地进行。尤其是2017年以

---

① Ibrahim al-Hatlani, "Saudi IS Members Killing Their Own Relatives," in *Al-Monitor*, May 2, 2016.
② Mahmood Monshipouri, "Saudi Arabia and New Foreign Policy Challenges," *TehranTimes*, March 9, 2014.
③ Alain Gresh, "Saudi Arabia: RadicalIslam or Reform?" *Le Monde diplomatique*, June 2003.

来，沙特采取了一系列令人眼花缭乱的新改革：政治领域，沙特于 11 月 4 日宣布成立最高反腐委员会，并逮捕多名王子和大臣，表明沙特政改进入"深水区"；经济领域，继 2016 年 4 月出台"2030 愿景"后，沙特王储于 2017 年 10 月 24 日宣布将花费 5000 亿美元，建立类似迪拜那样高度自由的经济特区；社会生活领域，沙特首次允许妇女开车、进入体育场观赛，并表示要重返"更温和的伊斯兰"；外交领域，沙特一改长期奉行"亲美反俄"的传统，萨勒曼国王首次亲赴莫斯科访问，强化与俄罗斯关系。然而，"冰冻三尺，非一日之寒"，沙特的生存状况和发展模式是其特定历史、地理和政治制度合力作用的产物，实现转型绝非易事。

[责任编辑：闫伟]

埃及在与以色列和解进程中的观念重构

高尚涛[*]

内容提要 第一次中东战争以来,埃及反对以色列的立场持续弱化。传统的因果分析模式无法对此做出合理解释,权力建构主义可以提供进一步的理解。权力建构主义认为,以色列以强大的军事力量为后盾,建立起针对埃及的牢固权力关系结构,并利用这一权力关系结构约束埃及,向埃及渗透自己的权力意志,导致埃及逐渐产生了在利害权衡基础层面与以色列的认同(共同知识):和平共处更加有利。随着埃及挑战以色列权力关系结构的努力不断失败,以及以色列"奖励合作、惩罚对抗"政策的有效实施,埃及逐渐相信,承认以色列并与其和平谈判才是最好的选择(集体知识)。这意味着埃及产生了与以色列在"和平共处"意义上的观念认同,其反以色列立场随之弱化。

关键词 权力建构主义 以色列 埃及 观念重构

埃及曾是阿拉伯世界的领袖,高举反抗以色列的大旗。从 1956 年阿拉伯民族主义领袖纳赛尔出任埃及共和国总统开始,埃及就执行强硬的反犹主义路线。纳赛尔发誓"将以色列赶出地中海"。[①] 纳赛尔去世后,其继任者萨达特在上任之初延续了纳赛尔的以色列政策,不承认以色列的合法性,将军事手段作为解决以色列问题的首要选项:"用武力夺走的,必须要用武力夺回。"[②] 在巴勒斯坦领土问题上,萨达特更是寸步不让,坚决要求以色列撤出 1967 年占领的包括东耶路撒冷在内的巴勒斯坦土地,以及其他全部

---

[*] 高尚涛,外交学院副教授。
① 陈建民主编:《埃及与中东》,北京大学出版社,2005,第 192 页。
② 肖显社:《赎罪日战争——第四次中东战争纪实》,世界知识出版社,1997,第 12 页。

阿拉伯国家领土，重申不会放弃一寸土地。[①] 但是，在1973年10月的第四次中东战争后，埃及的立场开始发生变化。1973年12月21日，在日内瓦召开的关于中东安全问题的和平会议上，埃及代表出人意料地没有重申以色列不是中东地区国家的观点。埃及总统萨达特公开表示，埃及可以承认中东各国的主权、领土完整和政治独立，其中包括以色列。[②] 1977年4月4日，萨达特总统在访美期间更进一步，他向卡特总统表示，如果进展顺利，埃及会在五年后外交承认以色列。[③] 同年11月19日，萨达特不顾其他阿拉伯国家的反对，开始对以色列进行"历史性访问"[④]，用实际行动承认了以色列。1978年9月17日，埃及与以色列经过戴维营会谈，在华盛顿签署和平协议，建立了大使级外交关系。

曾是阿拉伯国家反对以色列的带头人的埃及，最终却变成了第一个与以色列签署和平协议并正式承认以色列的阿拉伯国家。我们不禁要问，埃及究竟发生了什么变化，导致其对以色列政策发生了戏剧性的转变呢？

一 埃及反以立场变化的因果关系解释

翻阅文献，我们很难发现有文章对这一问题进行过系统深入的分析，有些文献只是或多或少地提及埃及反以立场变化的原因可能是阿拉伯国家的内部分裂。例如，美国学者小阿瑟·戈尔德施密特（Arthur Goldschmidt, Jr.）与劳伦斯·戴维森（Lawrence Davidson）有意无意地将埃及在对以色列斗争过程中的不断退让解释为埃及领导的阿拉伯民族主义的幻灭和阿拉伯国家内部存在的巨大分歧：阿拉伯民族主义界定了阿拉伯人的整体利益和以色列作为外敌入侵者的身份，也为阿拉伯国家集体反对以色列树立了一面旗帜。但是，阿拉伯各国的巨大差异和他们之间的利益冲突逐渐将阿拉伯民族主义撕裂，阿拉伯国家失去了共同的方向和动力。在以色列强大

---

① 陈建民主编：《埃及与中东》，第206页。
② 肖月：《磨合：中东和平进程中的领袖们》，东方出版社，1999，第11页。
③ 肖月：《磨合：中东和平进程中的领袖们》，第24页。
④ 彭树智：《二十世纪中东史》，高等教育出版社，2001，第201页。

的军事实力面前，埃及出于自身利益考虑，最终选择退让。① 美国亚利桑那大学的查尔斯·史密斯（Charles D. Smith）也认为，埃及与其阿拉伯兄弟国家的不团结是导致其反以立场不断退化的一个重要原因。② 但是，这种解释尚嫌粗略，它只能大概说明阿拉伯国家在团结抗以问题上可能会因目标不统一和合力不足而走向失败，说明埃及可能在反以问题上因与兄弟国家的矛盾而自行其是，但无法清晰阐明埃及对以色列的政治立场是如何发生巨大改变的。

有些文献将埃及的步步退让解释为压力下的理性权衡：自身的实力无法战胜以色列，外界的压力又很强大，面对现实，埃及只能违心地承认以色列，学会与其共处，以便通过更可行的方式维护和实现自己的利益。例如，查尔斯·史密斯将埃及等阿拉伯国家和巴勒斯坦解放组织立场退化的原因归咎于它们与以色列之间的巨大军事能力差异，屡战不胜在一定程度上摧毁了它们的反抗意志。③ 一些中国学者也从不同角度做出了类似的解释，认为阿拉伯人的反以立场弱化主要是审时度势后的功利主义考虑。很多文献涉及这种功利主义分析，他们虽然没有直接分析埃及，但其从巴勒斯坦和其他国家出发所做的分析具有一般性，可以理解为对埃及立场变化的解释。④

这些解释有一定道理，可以从特定角度在一定程度上解释埃及和阿拉伯人反以立场弱化的原因。但是，这种解释仍有不足，我们从以下三个方面进行说明。

第一，功利性的权衡往往具有策略性，决策者面临的利害关系背景的每一个变化，都会导致其权衡结果的改变。埃及对以色列的政治立场，经

---

① 〔美〕小阿瑟·戈尔德施密特、劳伦斯·戴维森：《中东史》，哈安全、刘志华译，东方出版中心，2010，第341页。
② Charles D. Smith, *Palestine and the Arab-Israeli Conflict: A History with Documents*, Bedford/St. Martin's, Boston, 2007, pp. 395 – 396.
③ *Palestine and the Arab-Israeli Conflict: A History with Documents*, pp. 395 – 396.
④ 例如，有学者认为阿拉伯领导人审时度势、客观认清现实导致其立场发生了变化。参见杨辉、马学清《巴勒斯坦战略目标的演变》，《西亚非洲》2002年第6期；有的学者将阿拉伯人立场退化的原因归结为他们与以色列的力量不均衡，阿拉伯领导人的利益测算促使他们做出了退让的决定。参见李玮《浅析巴以关系中以色列的不对称共处策略》，《宁夏社会科学》2015年1期；还有学者认为，域外大国强行干预加剧了阿拉伯人的弱势地位和挫败感，促使其做出退让的决定。参见赵克仁《强权政治与巴勒斯坦问题》，《西亚非洲》2001年3期。

历了一个长期的持续弱化过程。在这一过程中，影响埃及的利害关系的环境不断变化，局部的优势和劣势反复出现，无法为其提供稳定的权衡条件和利害关系基础，无法确保他们的权衡结果始终朝着一个方向演化。根据功利主义的因果关系解释，以色列的军事经济压力和国际社会的和谈压力一旦增大，埃及就会妥协和让步。那么反过来，我们可以合理假设，一旦以色列和国际社会的压力减弱，埃及的立场就会恢复强硬。但事实并非如此，埃及的立场退化总体上具有趋势性和不可逆性。

第二，功利主义的因果关系解释有一个基本假定，即决策者是高度理性的，这也是理性选择模型的基础。但是，我们没有足够的资料证明，埃及在对以决策上是高度理性的。与此相反，他们的很多斗争理念具有强烈的意识形态色彩。例如，对犹太复国主义的仇恨，对以色列国的藐视，很大程度上来自他们的信念、信仰甚至情感而不是理性计算。从这个角度看，我们很难相信功利主义的理性计算能够很好地解释埃及的反以立场弱化。

第三，也是更重要的一点，基于功利主义的因果关系解释有些笼统，无法为我们提供清晰具体的理解和洞见。因果关系解释模式告诉我们，在埃以冲突中，存在着高度理性的两方：以色列和埃及。以色列从一方对埃及施加强力打压，埃及从另一方产生退让。以色列的打压是原因，埃及的退让是结果，以色列的原因导致了埃及的结果。但是，埃及退让不是以色列打压所能产生的唯一可能结果。那么，埃及究竟发生了哪些变化，导致他们在受到以色列打压后选择了退让而不是其他反应（例如拼死抵抗到底，或者干脆缴械投降）呢？基于功利主义的因果关系解释模式无法为我们提供一个内在的具体关系机制回答这一问题。换言之，在因果关系解释的原因和结果之间，存在一个将多种可能结果变为一个特定结果的具体关系机制和变化内容的"黑匣子"，因果模式本身无法将其揭开。

那么，我们怎样才能揭开这个"黑匣子"呢？

二 埃及立场退化的新解释：以色列权力作用下的共识凝聚

为了解开"以色列对埃及进行打压"这一原因和"埃及选择退让与合作"这一结果之间的"黑匣子"，更加透彻的理解埃及反以立场退化背后的关系机制，我们需要引进一个新的分析框架：权力建构主义（Power Constructivism）。

（一）权力关系结构可以重构观念

权力建构主义试图解释，在由"影响者"和"被影响者"通过影响与被影响的作用机制所构成的一个"权力关系结构"中，"被影响者"的观念如何被"影响者"的权力意志所重构。①

该理论认为，影响者的权力意志、被影响者对影响者单向服从的结构特性，会在权力关系结构的持续约束和连续推动下，逐渐转化为被影响者的观念和规范。这一观念和规范的重构与塑造过程，分为两个阶段：一是共同知识阶段；二是集体知识阶段。共同知识阶段是观念重构的初始阶段，被影响者在权力关系结构的约束和推动下，不断接收和接受影响者的权力意志，与影响者的观念产生有条件的认同（或曰策略性认同）：被影响者在权力裹挟和利害关系权衡下，出于一种功利性的或策略性的考虑，逐渐认识和接受影响者的观念和观点。在共同知识阶段，被影响者与影响者的共识是不稳定的、有条件存在的，即被影响者是基于特定的利益权衡而与影响者达成共识的，一旦利益权衡的条件和基础不复存在，他们的共识也可能随之瓦解。反之，如果利益权衡的条件和基础能够持续、有效存在，被影响者与影响者的共识就会维持下去。假以时日，这种共识会逐渐习惯化甚至内化，作为被影响者观念的一部分固定下来。这时候，被影响者就会认为影响者的权力意志和观念是合理的，其与影响者的共识将无条件存在。发展到这一阶段（内化阶段）的共识被称为集体知识。②

权力建构主义认为，上述建构过程的实现需要三个条件：一是权力关系结构必须牢不可破（一旦打破，建构过程的推动力将会失去）；二是被影响者能够通过服从影响者而获得一定的利益回报，即被影响者实现与影响者认同的压力与动力要平衡；三是被影响者尽量与不同于影响者权力意志的观点相隔离（隔离越彻底，共识形成越顺利；反之亦然）。③ 在三个条件

---

① 跟绝大多数社会理论一样，权力建构主义将"权力"界定为一种影响者（施加权力影响的人）和被影响者（受到权力影响的人）之间的关系结构，而不是一种物质力量。
② 高尚涛：《国际关系的权力与规范》，世界知识出版社，2008，第 95~99 页。
③ 高尚涛：《国际关系的权力与规范》，第 94 页。

满足的情况下，权力关系的结构约束，就会成为被影响者的一个既定认知背景，在被影响者的大脑中产生"摆脱不可能，服从最合算"的逻辑反应。而这一反应一旦内化，就会使被影响者失去反思能力和反抗动力，认为服从影响者的权力意志理所当然。

那么，在以色列与埃及之间，存在这样一种权力关系结构吗？如果存在，以色列是否作为影响者，在具备上述条件的基础上不断向作为被影响者的埃及灌输其权力意志呢？

回答是肯定的。以色列在建国伊始，就在严峻的安全压力驱动下，牢固建立了其对埃及的强制性权力关系结构，而且这一结构被不断强化。在这一过程中，以色列始终毫不妥协地把自己的意志强加到埃及身上。而且，在这一过程中，以色列在很大程度上满足了上述三个条件（尽管无法全部满足）。其结果是，埃及的观念逐渐被重构，其反以立场逐渐弱化。下面，我们具体分析以色列权力重构埃及观念的过程是如何发生的。

（二）以色列建立影响埃及的权力关系结构

以色列在建国后不久，就通过战争胜利和军事控制建立起其对埃及的强制性权力关系结构。

1947年11月29日，联合国大会通过巴勒斯坦分治决议，允许以色列在巴勒斯坦建国，埃及随即组织并支持巴勒斯坦"圣战军"在巴勒斯坦地区袭击犹太人并争抢地盘。对此，犹太人毫不退让。时任巴勒斯坦犹太办事处主席的大卫·本-古里安（David Ben-Gurion）指示其武装组织哈加纳（Haganah）落实"达拉特计划"（Plan Dalet），坚决阻止包括埃及在内的阿拉伯国家的"入侵"。[1] 在英国结束委任统治的前一天，即1948年5月14日，本-古里安宣布犹太人在"以色列地"（Eretz Israel）建立"以色列国"（State of Israel）。15日，埃及协同约旦、叙利亚、伊拉克等国的军队从三面攻入巴勒斯坦，企图一举消灭以色列，但事与愿违。[2] 以色列最终击败

---

[1] Landis Joshua, "Syria in the 1948 Palestine War: Fighting King Abdullah's Greater Syria Plan," in Eugene Rogan and Avi Shlaim, *Rewriting the Palestine War: 1948 and the History of the Arab-Israeli Conflict*, Cambridge: Cambridge University Press, 2001, pp. 178–205.

[2] Clifford Clark M., *With Richard Holbrooke: Counsel to the President: A Memoir*, New York: Random House, 1991, p. 20.

以约旦和埃及为首的阿拉伯联军，不仅保住了联合国分治协议分配的领土，并且多占了22%的巴勒斯坦土地（包括西耶路撒冷）。

在这块土地上，以色列用强大的军事力量和坚强的意志向埃及和其他阿拉伯国家昭示以色列国家的现实存在，埃及被其裹挟其中却无可奈何。在以色列的军事约束下，埃及和其他参战的阿拉伯国家很不情愿地接受了以色列国在巴勒斯坦存在的现实，先后与其签署停战协定。① 这样，通过战争，以色列建立了基于强大军事能力的、对埃及施加强制影响的权力关系结构。这一权力关系结构经过后来的四次中东战争，不仅没有被打破，而且不断被强化。

（三）以色列权力对埃及的约束

第一次中东战争失利后，埃及意外发现自己已被以色列的军事力量和强大权力困住了。尽管埃及从内心不承认以色列，尽管其仍然考虑如何将以色列"从地球上抹去"，但它却囿于以色列的权力束缚无法开展有效行动。面对现实，埃及只好违心暂时接受以色列国存在的事实，通过签订停火协议为自己争取东山再起的时间。正因为如此，埃及在停战协议中特别强调：停战协议不是任何意义上的政治或领土边界协议，不影响他们对巴勒斯坦问题最终解决的任何权利和主张，也不能取消埃及对以色列的战争状态。② 但是，埃及在此后的历次阿以战争中屡战屡败。对埃及来说，以色列是个日益强大的存在，以色列施加在它身上，阻止它反以抗以的强制性权力关系结构，正变得日益牢不可破。

在这一权力关系结构中，以色列是影响者，其权力意志可以概括为以下五点。第一，以色列地是犹太人的祖居地，是犹太民族精神、宗教和政治身份形成的基础；在以色列地建国是犹太人的自然和历史权利，也是国联和联合国对犹太人的政治承诺，犹太人将用生命捍卫这一权利，其他国家必须承认和尊重，与以色列和平和睦相处。第二，以色列是一个犹太民

---

① Cragg Kenneth, *Palestine: The Prize and Price of Zion*, Cassell Academic and Religious Lists, New York: Continuum International Publishing Group, 1997, p. 57, 116. 阿拉伯国家与以色列签订停战协定的时间如下：埃及1949年1月24日，黎巴嫩1949年3月23日，约旦1949年4月3日，叙利亚1949年7月20日。

② Avi Shlaim, *The Iron Wall: Israel and the Arab World*, London: Penguin Books, 2000, p. 57.

族国家，向世界各地的犹太移民开放，以色列国的阿拉伯居民应和平、平等地参与以色列国家建设。① 第三，以色列接受联合国决议中允许以色列建国的决定，但不接受其土地划分，以色列如能在抵御阿拉伯国家的战争中夺得土地，应将其并入以色列领土。② 第四，以色列声称耶路撒冷是以色列国永恒的首都。③ 第五，巴勒斯坦难民，无论自行出逃的还是被驱逐出境的，均不能返回以色列，但可以返回一个新建的巴勒斯坦国。④

以色列的上述权力意志不断通过强制性权力关系结构投射和渗透给被影响者埃及。在这一过程中，如果埃及接受和服从，就会得到利益回报；如果反抗或抵制，或者试图挑战这一权力关系结构的束缚，就会受到惩罚，遭受利益损失。第一次中东战争后期，埃及跟以色列签署停战协定并从巴勒斯坦撤军，得到了明确的利益回报：以色列承认埃及占领加沙，被以色列围困的士兵可以携带武器安全回国。⑤ 以色列的这种做法，保证了处于以色列权力框架内的埃及（被影响者）的权利（有所收获）与义务（向以色列表示服从）相对平衡，促进了埃及与以色列进行不同程度的合作，而不是死抗到底。

（四）埃及观念的变化

在以色列权力的有效控制和约束下，埃及的观念开始发生变化，尽管在开始时很不情愿。第一次中东战争后，埃及于1949年跟以色列签署了停战协定。这些协定的签署本身，就说明埃及已经在国际协议的层面上委婉承认了以色列，尽管这种承认可能是暂时的、有条件的，或曰策略性的。但无论如何，埃及在以色列军事权力的裹挟下，被迫在"以协议换和平"

---

① David Ben-Gurion, "Declaration of Establishment of State of Israel," 1948.5.14, From Israeli MFA, http://www.mfa.gov.il/mfa/foreignpolicy/peace/guide/pages/declaration%20of%20establishment%20of%20state%20of%20israel.aspx, Logging in: 2016.7.13.

② Tuvia Friling, S. IIan Troen, "Proclaiming Independence: Five Days in May from Ben-Gurion's Diary," *Israel Studies*, 1998, pp. 170 – 194. 在犹太人看来，真正的以色列地包括整个巴勒斯坦地区和约旦。

③ Ian Lustick, "Has Israel Annexed East Jerusalem?" *Middle East Policy*, Volume V, January 1997, Number 1, pp. 34 – 45.

④ IIan Pappé, "The Ethnic cleansing of Palestine," London: Oneworld Publications, 2006, p. 186.

⑤ Benvenisti Meron, *City of Stone: The Hidden History of Jerusalem*, California: University of California Press, 1996, p. 27.

的意义上,承认了以色列。这时候,以色列在中东地区的存在,已经是埃以双方在"共同知识"意义上的共识。

但这一共识尚不稳定,原因主要有两点:一是以色列给予阿拉伯国家的利益报偿不够大,而阿拉伯国家服从以色列权力意志的代价又过高;二是以色列无法将埃及与不同于以色列权力意志的其他观点完全隔离开,反以抗以的观点无时不在浸润着埃及人的思想。所以,埃及试图冲破以色列权力牢笼的想法会不时产生,有时会发展为军事挑战。1956年7月26日,埃及总统纳赛尔经过精心准备,决心挑战以色列的权力约束。他下令封锁阿卡巴湾和蒂朗海峡,收回苏伊士运河,禁止以色列船只通行。① 以色列对此做出强烈反应。1956年10月29日,以色列配合英法军队突袭埃及,抢占加沙和西奈半岛,捣毁岛上针对以色列构筑的全部军事设施,埃及遭受重创。挑战失败后,埃及不得已重新回到以色列权力意志的轨道上来,默认以色列的存在并与之合作,重新开放航道,并同意将西奈半岛非军事化。作为回报,以色列将加沙和西奈半岛归还埃及。② 经过这一回合的交手,以色列基于军事权力推动建立的与埃及共识:"承认与合作有利、否定与对抗有害",或者简称"有利下的和平"③,再次得到强调。

"西奈战争"后,埃及意识到单打独斗无法突破以色列的权力限制,放弃认输又心有不甘。所以,在经过近11年的酝酿后,脆弱的"有利下的和平"共识再次让位于埃及挑战以色列权力结构牢固性的尝试,埃及决定联合叙利亚和约旦再次发起抗以尝试。以色列获悉此事后先发制人:1967年6月5日,以色列突袭埃及空军,对其进行毁灭性打击;同时,以色列地面部队再次占领加沙和西奈半岛,埃及军队全线溃败;约旦和叙利亚出兵援助埃及,被以色列迅速击溃。6月11日,埃及和约旦、叙利亚两国被迫再次签署默认以色列存在的停火协议。④ 战争结束后,以色列很快抛出诱饵(由美国人秘密转达),只要埃及愿意签署和平协议(政治上正式承认以色列),

---

① Sachar Howard, *A History of Israel*: *From the Rise of Zionism to Our Time*, New York: Alfred A. Knopf, 1976, p. 455.
② Chomsky Noam, *The Fateful Triangle*: *The United States*, *Israel and the Palestinians*, New York: South End Press, 1983, p. 194.
③ 阿拉伯国家在现实利益权衡下,实现与以色列的和平共处。
④ Elie Podeh, Onn Winckler, *Rethinking Nasserism*: *Revolution and Historical Memory in Modern Egypt*, Florida: University Press of Florida, 2004, pp. 105 – 106.

以色列就会归还西奈半岛（但加沙除外）。① 丢了土地又丢了颜面的埃及被逼到墙角。纳赛尔在9月1日的喀土穆阿盟峰会（Khartoum Arab Summit）上做出强硬回应：阿拉伯国家与以色列之间"没有和平、没有承认、没有谈判"（Three No's）。纳赛尔强调，"与以色列直接和谈就是投降"。② 这一事件说明，在以色列推动埃及形成与自己的权力意志相一致的共识过程中，需要把握好压力与动力的平衡，如果以色列对埃及施加的压力过大，而给予的利益回报过小，就可能将其推向困兽之斗，不利于共识的稳定与成长。

但是，挑战以色列权力关系结构的挫败会显著强化埃及与以色列合作的观念和共识。1967年的"六五战争"以后，逐渐冷静下来的埃及很快认识到，以色列建立的强制性权力关系结构是难以突破的，以色列在中东的存在越来越成为一个无法回避的现实。1970年9月，新上台的埃及总统萨达特在评估了阿以斗争形势后，对埃以关系进行了重新评估：不管是否正式承认，以色列都已是一个无法回避的现实存在；以色列的军事力量难以击溃，其基于军事力量的权力约束也几乎无法突破；通过与以色列进行谈判解决有限的阿拉伯权力和利益问题更加明智和有效。于是，他对以色列政策进行了大幅调整：埃及可以与以色列谈判，也可以与其签署和平协议。但前提是，以色列必须从西奈半岛、加沙地带及其他被占的阿拉伯领土撤军，退回到1967年的停火线；以色列必须公正解决巴勒斯坦难民问题；必须执行联合国安理会242号决议。③ 这意味着，埃及对以色列的观念有了明显变化：以色列是可以谈判的（不同于以前的"三不"原则）；以色列只需要从1967年第三次中东战争以来占领的阿拉伯领土撤军即可（以前占领的可以不撤）。对埃及来说，这一变化是不知不觉向以色列的权力意志靠拢的一大步。

尽管如此，萨达特还是希望通过战争进行最后一搏，期望可以在夺回西奈半岛等被占领土后再进行谈判，增加讨价还价的筹码④，于是就有了1973年的"赎罪日战争"。1973年10月6日，埃及军队在叙利亚军队的配

---

① Shlomo Ben-Ami, *Scars of War, Wounds of Peace: The Israeli-Arab Tragedy*, London: Orion Books Ltd, 2005, p.125.
② Itamar Rabinovich, Haim Shaked, *From June to October: The Middle East between 1967 and 1973*, California: Transaction Publishers, pp.190-195.
③ Rosenne Meir, "Understanding UN Security Council Resolution 242," 2002.5.23. Jerusalem Center For Public Affairs, http://jcpa.org/security_council_resolution_242/, Logging in: 2016.7.13.
④ Rabinovich, *The Yom Kippur War*, New York: Schocken Books, 2004. p.13.

合下,在犹太教的"赎罪日"对以色列发动突袭,初战告捷,但在随后的以色列反击中被逐步击溃。最终,以色列军队占领了苏伊士运河东南沿岸1600平方公里的土地和东岸的一块飞地,距离开罗仅100公里。① 战争的惨败使萨达特进一步认识到,使用军事力量挑战以色列的权力结构也许永远不会成功,每次战争的结果只能进一步强化以色列对其领土的控制。所以,和平谈判才是解决阿以问题的最佳方式(这距以色列的权力意志又近了一步)。对以色列而言,战争开始的挫败也在一定程度上打击了其军事自信,他们不知道在下一次战争中能否打败埃及。所以,说服阿拉伯人接受以色列,最好的方法可能不是一味通过战争和加强军事控制,而是在强化军事打击和军事控制的基础上,加强利益诱导,促使他们进行谈判。② 这意味着,在"赎罪日战争"后,以色列和埃及在和平谈判问题上想到了一起,"合作有利"的共识进一步被强化。

此后,埃及与以色列的正式和谈比较顺利。1973年10月24日,联合国安理会通过339号决议,要求参战各方停火。借此机会,埃及国家安全委员会顾问伊斯梅尔向前来调停的基辛格表示,只要以色列同意埃及向第三军团运送非军事物资并彻底停火,埃及愿与以色列进行直接谈判。基辛格立即抓住机会,协调埃及和以色列的军事长官举行脱离军事接触的直接会谈。1974年1月19日,埃及和以色列正式签署《西奈部队隔离协定》(Sinai Separation of Forces Agreement)。1975年9月4日,埃以两国又正式签署了《西奈临时协定》(Sinai Interim Agreement),宣布两国的冲突应和平解决而不使用武力。③

这是埃及在不知不觉之中,沿着趋向以色列权力意志的方向,与以色列形成的一个重要共识。至此,这一共识已不仅仅是在利益权衡基础上的不稳定共识(共同知识),而是在反复权衡和不断试错的基础上,逐渐形成的共同信念:以色列希望埃及相信且埃及也已经相信,承认以色列并与其

---

① Hammad Gamal, *Military Battles on the Egyptian Front* (First ed.), Ammān: Dār al-Shurūq, 2002, pp. 237 – 276.
② Friedman George, "Israeli-Palestinian Peace Talks Again," *Texas: Stratfor*, 2010.8.23, https://www. stratfor. com/weekly/20100823_ israeli_ and_ palestinian_ peace_ talks_ again. Logging in: 2016. 7. 13.
③ Pierre Tristam, "*The Egyptian-Israeli Disengagement Treaties of 1974 and 1975*," *About News*, http://middleeast. about. com/od/arabisraeliconflict/a/me080421. htm, Logging in: 2016. 7. 11.

和平共处、通过和平方式解决争端是唯一可行的选择。在这一信念支撑下，埃及不顾其他阿拉伯国家的反对，毅然赴美国参加与以色列的"戴维营会谈"（Camp David Talks），并与以色列签署《埃以和平条约》（Egypt-Israel Peace Treaty，1979.3.26），正式承认以色列，正式结束与以色列的敌对状态，实现了与以色列的和平共处。① 从此以后，埃及的反以立场大大减弱了。

结　语

以色列建国后通过战争建立了针对埃及的强制性权力关系结构，并随着埃以战争的反复进行而不断强化。借助这一权力关系结构，以色列不断把自己在"以色列地"合法生存和发展的理念灌输和渗透给埃及。最终，埃及与以色列实现了在和平共存意义上的观念认同。如前所述，这一过程可能还会存在曲折和反复。因为以色列无法将不同于自己权力意志的观点完全与埃及隔离，使得埃及观念重构的第三个条件难以彻底满足，结果可能就是埃及国家观念重构的进程变得缓慢，重构后的观念也需要不断巩固才能逐渐稳定下来。在这一过程中，一旦以色列建立的针对埃及的强制性权力关系结构出现问题（松懈甚至瓦解），以色列权力的建构机制和埃及观念的进一步内化过程就会终结，可能再唤起埃及对以色列的敌视和对抗。但是，以色列大概不会允许这一局面出现，会全力提高军事能力、巩固并强化其权力关系结构。在可以预见的将来，我们看不到埃及和其他阿拉伯国家有效冲破以色列权力关系结构的现实可能，以色列权力意志对埃及和其他阿拉伯国家观念的渗透和重塑还会继续下去，在整体上阿拉伯国家对以色列的接受和承认程度也在不断提高。

[责任编辑：闫伟]

---

① Stein Kenneth, *Heroic Diplomacy*: *Sadat*, *Kissinger*, *Carter*, *Begin*, *and the Quest for Arab-Israeli Peace*, Oxford: Taylor & Francis, 1999. pp. 221 – 229.

巴勒斯坦地区水资源管理探析[*]

曹 华[**]

内容提要 巴勒斯坦地区的各种矛盾纷繁复杂，水资源是贯穿其中的重要线索。该地区水资源严重不足，必然导致巴以之间的水源与水权争夺。1948年以色列建国后，经过多次战争，控制了整个巴勒斯坦地区的水资源。90年代初以来，巴勒斯坦人在加沙地带和部分约旦河西岸开始自治，水治理成为其重要内容。本文主要基于历史文献，从巴勒斯坦自治区面临的水源和水权困境，分析巴勒斯坦方面作为应急被动式的水资源管理与供应策略，探究其水政策的形成和内容。巴勒斯坦人对于水资源的政策在一定程度上体现了巴以问题的实质，对于深入理解巴勒斯坦问题具有重要意义。

关键词 巴勒斯坦 以色列 水资源 水务机构

巴勒斯坦地区的地理和气候条件决定了水是当地的一种稀缺资源。自《圣经》时代以来，由于干旱少雨，缺水就是这一地区自然环境的主要特征。据《圣经·创世纪》记载，当年正是由于干旱和饥饿，希伯来人才迫不得已离开迦南，前往埃及。1948年以色列建国后，经过多次战争，控制了整个巴勒斯坦地区的水资源。90年代初以来，巴勒斯坦人在加沙地带和部分约旦河西岸开始自治，对水资源的治理成为自治的重要内容。巴勒斯坦人的水治理状况反映了以色列与巴勒斯坦人关系的实质，对于理解巴勒斯坦人自治权的内涵具有重要意义。

---

[*] 本文系教育部人文社会科学研究项目（11YJA770002）的阶段性成果。
[**] 曹华，重庆邮电大学国际学院院长、副教授。

一 巴勒斯坦地区水资源的分布

巴勒斯坦地区面积为 2.77 万平方公里，属于典型的亚热带地中海式气候，夏天炎热干旱，冬天凉爽湿润。这种较恶劣的气候和自然环境决定了整个巴勒斯坦地区的一大特征就是缺水。巴勒斯坦整个地区人均每年的可再生水资源量明显低于周边国家。西岸和加沙每年分别只有 75 立方米/人和 125 立方米/人，这仅相当于黎巴嫩的 6% 和 10%，叙利亚的 5% 和 8%。即便是控制水资源较多的以色列，每年也只有 240 立方米/人，仅是黎巴嫩的 20%，叙利亚的 16%。[1] 水资源相对稀缺这一客观现实，是分析巴以关系时不得不考虑的重要因素。

巴勒斯坦地区共有三处主要的水源：包括加利利湖在内的约旦河流域以及两个大的地下蓄水层，即山地蓄水层和沿海蓄水层。山地蓄水层从约旦河西岸延伸至以色列，沿海蓄水层横跨以色列和加沙地带，绵延沿海平原区。由于降水的变化，每年上述水源的水量供应并不稳定。此外，由于巴方和以方公布的数据差别很大，一般学者的数据都是基于正常年份估算。巴勒斯坦地区的年供水量在 20 亿~21 亿立方米，其中约 30% 是来自约旦河的地表水，45% 是来自蓄水层的地下水，25% 为其他来源（主要是循环污水）。[2]

约旦河的流域面积达 1.83 万平方公里，它从北部流经以色列、黎巴嫩和约旦三国的交界地带，最后注入南部的死海。约旦河上游由三个发源于泉水的河流汇集而成：源于黎巴嫩的哈斯巴尼（Hasbani）河年均径流量约为 1.3 亿立方米；源于被以色列占领的戈兰高地的巴尼（Banias）河年均径流量约为 1.2 亿立方米；源于以色列的丹（Dan）河年均径流量约为 2.5 亿立方米。约旦河上游沿途灌溉用水年均达 1 亿立方米，它注入加利利湖的水量年均约为 5.4 亿立方米。虽然约旦河流域是巴勒斯坦地区的主要水源，但 1995 年的《奥斯陆第二阶段协议》却禁止巴勒斯坦人使用

---

[1] The World Bank, *West Bank and Gaza: Assessment of Restrictions on Palestinian Water Sector Development*, Report No. 47657-GZ, April 2009, p. 13.

[2] Alwyn R. Rouyer, *Turning Water into Politics: The Water Issue in the Palestinian-Israeli Conflict*, St. Martin's Press, 2000, p. 19.

约旦河河水。①

为巴勒斯坦和以色列供水的蓄水层主要有两个,其中的山地蓄水层水量最为丰富,每年的供水量约达 6.4 亿立方米。② 它除约 5% 在以色列绿线③一侧外,绝大多数都在约旦河西岸。按照水的流向,山地蓄水层大致分为西区、北区和东区三个部分,其中以西区水量最大,也最富争议。以色列称之为亚孔—塔尼尼姆蓄水层,因为它的水以泉水的形式补给了沿海平原的两条小河亚孔(Yarkon)河和塔尼尼姆(Taninim)河。西区蓄水层每年可以保证供水 3.62 亿立方米,其中 0.4 亿立方米是微咸水。依据《奥斯陆第二阶段协议》,以色列分得了 3.4 亿立方米/年,巴勒斯坦人分得了 0.22 亿立方米/年。

北区蓄水层估计每年可供水 1.45 亿立方米,其中部分也是微咸水。依据《奥斯陆第二阶段协议》,以色列分得了 1.03 亿立方米/年,巴勒斯坦人分得了 0.42 亿立方米/年。

东区蓄水层流向约旦河下流河谷,完全分布于约旦河西岸,每年供水约 1.4 亿立方米,不过,也有 1 亿~1.5 亿立方米不等的估计,它的水部分也是微咸水。东区蓄水层又分为两个层次。较浅水层的水以泉水的形式汇为溪流,由巴勒斯坦的村庄和农民使用。较深的水层是西岸以色列定居点的主要来源,自 1967 年以来,以色列人从这里深达 700 米的井中抽取用水。④ 依据《奥斯陆第二阶段协议》,以色列分得了 0.4 亿立方米/年,巴勒斯坦人分得了 0.54 亿立方米/年。此外,还规定,0.78 亿立方米/年的"剩余量由巴勒斯坦人开采。⑤

沿海蓄水层从北部的卡麦勒山(Mount Carmel)到南部的加沙地带,绵延超过 150 公里,是整个巴勒斯坦地区的第三大水源。在地理上,沿海蓄水

---

① Mark Zeitoun, *Power and Water in the Middle East: The Hidden Politics of the Palestinian-Israeli Water Conflict*, I. B. Tauris, 2008, pp. 45 – 46.
② 对此数据巴方和以方争议较大。以色列官方公布的数字通常低于 6.4 亿立方米,巴勒斯坦水专家认为数字高达 8.3 亿立方米,1998 年巴勒斯坦水务局公布的数字是 6.8 亿立方米。
③ 国际社会把 1949 年 7 月分开以色列与约旦和埃及所占巴勒斯坦土地的停战线称为"绿线"。
④ Tahal Counsulting Engineers, *Israel Water Sector Study*, Tel Aviv and Washington, 1990, pp. 7 – 11.
⑤ Mark Zeitoun, *Power and Water in the Middle East: The Hidden Politics of the Palestinian-Israeli Water Conflict*, I. B. Tauris, 2008, p. 48.

层与西部的山地蓄水层相分离,主要由沙石和沙子构成。其宽度在北部为 3~10 公里,在南部约为 20 公里,主要通过从山丘上流下的雨水补给。一些以色列水专家提出,加沙地带下的蓄水层与以色列国土下的蓄水层互相分离,因而不适用于跨境水源的相关规定。尽管沿海蓄水层分为几个次蓄水层,但在地理上完全是一个整体。以色列每年从沿海蓄水层获得的水约为 2.8 亿立方米,加沙地带巴勒斯坦人获得的不超过 0.6 亿立方米。但据多数专家估计,沿海蓄水层的过度开采率高达 100%。由于以色列和加沙地带的过度开采和污水渗透,从这一蓄水层抽取的水高度盐化,质量很差。

除上述主要水源外,以色列和巴勒斯坦还能从其他水源得到 5.2 亿立方米水。每年,以色列从加利利、卡麦勒山区和阿拉瓦(Arava)山谷的一些小蓄水层获得了 2.5 亿~2.6 亿立方米水。此外,在正常年份,它每年还从暴雨时的径流和巴勒斯坦领土的蓄水池获得约 0.45 亿立方米水。当然,这一数字还随冬季降雨量的变化而变化。巴勒斯坦人则广泛运用屋顶的蓄水池收集雨水。1994 年,在约旦河西岸,由于没有其他水源,大约 53% 的村庄不得不依靠蓄水池获得饮用水。村民们把整个屋顶都用来收集雨水,而后把它引入屋子一角或院子下的金属蓄水池。1994 年,西岸有至少 5 万个蓄水池,蓄水量平均每个为 50 立方米。在西岸的占领区,以色列当局不允许巴勒斯坦人建造小的堤坝拦截雨水径流,因为它认为这样会减少以色列绿线一侧地下水的储量。①

二 巴勒斯坦水资源的控制权之争

由上述可知,巴勒斯坦地区的水资源比较稀缺,在此情况下,水资源由谁控制和使用就成了最关键的问题。2005 年以军撤离以后,加沙地带的水资源处于巴勒斯坦人的控制之下。约旦河西岸的情况则要复杂得多。

在约旦河西岸,目前巴勒斯坦人对水资源的控制主要分为以下三种情况。

(1) 巴水务局的水井。它们由巴水务局拥有和运转,开凿于 1996 年巴

---

① Alwyn R. Rouyer, *Turning Water into Politics: The Water Issue in the Palestinian-Israeli Conflict*, St. Martin's Press, 2000, p. 24.

水务局建立之后。目前，这样的水井只有 4 口，但产量很高，每小时都超过 100 立方米，它们每年的生产总量为 350 万立方米。

（2）农业水井。依据《2002 年水法》，它们应处于巴水务局的法律管辖之下，但按惯例它们由私人拥有。在西岸，这样的水井总数超过 300 口，但产量较低，每年的总产量估计为 3450 万立方米，这一数字是巴水务局水井年产量的近 10 倍。它们大多数都打凿于 1967 年战争之前。水井的主人一直在抵制巴水务局集权化管理的努力，这对后者的合法性构成了一定的挑战。①

（3）市属水井。这些水井依据《2002 年水法》也应该处于巴水务局的法律管辖之下，但实际上它们首先由各市政部门管理。在以色列占领时期，纳布鲁斯和希伯伦等一些市政当局各自发展，当前它们的服务和供水能力比巴水务局还要强。与农业水井一样，巴水务局对这些水井的控制同样受到了一定的抵制。

以色列对西岸水资源的管理同样分为多种形式，主要有如下四点。

（1）西岸水务局的水井。它们包括由西岸水务局运转和维护的 13 口水井。西岸水务局正式建立于 1967 年，直到 1995 年由以色列国防军的民政机构管理。在这一时期，以色列民政机构又通过西岸水务局打造了几十口水井，以供应犹太定居点和巴勒斯坦村民。尽管 1995 年以来西岸水务局就制度而言处于巴水务局的法律管辖之下，但这些水井如何运转（比如犹太定居点、以色列军事营地和巴勒斯坦村民谁将优先得到供水）却由民政机构决定。

（2）西岸内的以色列水井。它们由以色列供水公司麦克洛特拥有和管理。尽管有关这些水井产能的数据并未公布于众。但一般认为，数目超过 25 个，年产量在 0.44 亿~0.59 亿立方米之间。这些水绝大部分被分配给犹太定居者，首先是给约旦河谷的农业用地和以色列军事基地。在上述的水需求得到满足的情况下，其中小部分才会供应巴勒斯坦村民。

（3）巴水务局从以色列购买的水。年购买量在 0.22 亿~0.33 亿立方米之间。② 在此情况下，以色列一方作为出售者对于巴勒斯坦人享有决定权。

---

① 加沙有约 4000 多口私人和农业水井，年产量估计为 1.4 亿立方米，其中大部分出现于《奥斯陆协议》之后，巴水务局对于其无法或者不愿控制。
② Mark Zeitoun, *Power and Water in the Middle East: The Hidden Politics of the Palestinian-Israeli Water Conflict*, I. B. Tauris, 2008, p. 52.

以色列曾多次威胁切断对巴勒斯坦人的水供应。

（4）西岸巴勒斯坦人从犹太定居者那里购买的水。这也是以色列控制的一部分水源。20多万巴勒斯坦人由于没有管道供水，不得不在冬季收集雨水。当这些水在夏季被用完的时候，他们不得不向巴勒斯坦私人的拉水车购买。而这些拉水车由于以色列设置检查点而无法接近巴勒斯坦人的水源，不得不以高价向犹太定居者购买被补贴的低价水，后者以此赚取差价。

衡量巴以对西岸水资源控制数额的多少不能仅基于水井的多少，还要考虑水井的产能。一般而言，以色列水井的年产量要比巴勒斯坦人的高得多。以色列的水利技术世界一流，故以色列在水资源开发能力方面居于明显优势地位。

依据2000年巴水务局公布的数据，西岸共有519口水井，其中42口属于以色列，其余519口属于巴勒斯坦人，它们分别处于巴水务局、地方市政部门、西岸水务局和巴勒斯坦农民的控制之下。巴勒斯坦人控制的519口中，353口可以生产水，总产量达到7230万立方米/年，每口井的平均产量大约只有20.5万立方米/年。以色列控制的42口水井中，38口可以生产水，总产量达到5000万立方米/年，每口井的平均产量高达131.6万立方米/年，这一数字是巴勒斯坦人水井的6.4倍。这样，巴勒斯坦人虽然大约控制着西岸90%的水井，但其产量却不到西岸水井总产量的60%。[①]

总体而言，巴以对水资源的控制量形成了巨大的反差。就三大蓄水层水井[②]的抽取量而言，2001年以色列为6.53亿立方米，巴勒斯坦人为0.723亿立方米，前者大约是后者的9倍。[③] 显然，以色列利用自己的各种优势，控制和获得的水量远远多于巴勒斯坦人。

三　巴勒斯坦地区水资源管理的主要制度

巴勒斯坦水务机构的建设和发展是巴以和谈后所取得的最重要的成果

[①] Simone Klawitter, "Water as a Human Right: The Understanding of Water Rights in Palestine," in Asit K. Biswas, Eglal Rached and Cecilia Tortajada eds., *Water as a Human Right for the Middle East and North Africa*, Taylor & Francis Group, 2008, p. 101.

[②] 指山地蓄水层的西区、东区和北区。

[③] Mark Zeitoun, *Power and Water in the Middle East: The Hidden Politics of the Palestinian-Israeli Water Conflict*, I. B. Tauris, p. 29.

之一。在《奥斯陆第二阶段协议》签署之前，西岸水务局是巴勒斯坦人最重要的水务机构。1995年4月，依据该协议建立了巴勒斯坦水务局，其职责是在外部资金的支持下，开发和管理巴勒斯坦的水资源以及执行水利项目。西岸水务局也被整合到了巴水务局，在《奥斯陆第二阶段协议》之前，它是以色列民政机构的下属机构，经济上与其存在联系。而现在，西岸水务局则归属于巴勒斯坦水务局，负责西岸巴自治区水资源的开发和供应。但其工作人员依然由以色列民政机构支付薪水。在约旦河西岸地区，西岸水务局依然是最重要的水务机构。巴勒斯坦水务局负责监管国际援助的项目，而西岸水务局则负责日常的管理工作。

此外，由西岸水务局供应巴勒斯坦城镇和乡村的大量水资源来自"麦克洛特的管道"。犹太定居点的大部分用水也来自西岸水务局。在加沙，水资源开发和供应由农业部的水文局负责。巴勒斯坦市政水利机构依然是独立的公共单位，但与巴水务局保持着非正式的联系。一旦巴水务局实施某一水政策，将接受巴勒斯坦市政水利机构的约束。1995年9月《奥斯陆第二阶段协议》签订以来，巴勒斯坦水务局官员就和以色列水委员会及其他以色列水机构的成员，通过联合水委员会及其下属委员会保持联络，执行与水有关的条款（第40条）。除此以外，巴勒斯坦水务局还急需为未来的巴勒斯坦国家规划新的水政策，建设新的水利设施。

与巴勒斯坦民族权力机构一样，巴勒斯坦水务局同样需要从头开始制定制度，建设设施。1967年战争以来，许多水井和设施遭到破坏，没有恢复重建。市政局管理的供水系统饱受渗漏之苦，却没有资金进行修理。50%以上的西岸村庄缺乏管道饮用水。以色列民政机构对用水强加配额制，并限制供水设施的建设。巴勒斯坦水务局迫切需要改变这一状况，而最紧迫的是尽快提高向巴勒斯坦人供水的数量和质量。自成立后，增加水供应便被巴水务局视为最优先的目标。大部分工作人员都在规划和执行新的水利项目，让其得到联合水委员会的批准，并争取水利建设的捐助资金。

1994年，在巴勒斯坦解放组织领导人的请求下，联合国开发计划署（简称开发署）启动了"水资源行动方案"（Water Resources Action Programme），旨在为建立巴勒斯坦水务机构奠定基础。在《奥斯陆协议》之前的十多年里，开发署已经在积极努力，争取国际力量改进巴勒斯坦的供水系统。水资源行动方案的主要活动内容为增强巴勒斯坦的监管水供应、建立巴勒斯坦水数据库、规划水开发以及管理基础设施等的技术能力。其活动资金和工作人员的薪水由开发署、加拿大国家开发署、英国海外开发局支付。1995年春季，在巴水务局的倡议下，"水资源行动方案"工作组被迅速整合到巴水务局，专门负责水政策的规划。

巴水务局不属于任何政府部门，而是拥有自己预算的独立机构，其局长由巴勒斯坦民族权力机构主席任命，并向其直接负责。巴水务局由主席副主席管理，他们的办公室分别在加沙和西岸的拉马拉。加沙和西岸地理上的距离不可避免地导致巴勒斯坦水务局内部管理和协调方面出问题，其结果是副主席实际上成为水务局在西岸的实际负责人。

巴水务局的职责非常广泛，主要包括：管理和维护巴勒斯坦民族权力机构控制下的所有水资源；通过颁发许可证规范水利用；参与地区水规划的准备工作和开发新水源的活动；准备水项目的报告，标明费用和其他事项；改善水文数据和其他水信息的发布情况。巴水务局还与规划和国际合作部等部门合作，一起参与双边和多边会谈中与以色列的谈判。最后，巴水务局还负责协调国际社会向巴被占领土所有水项目的经济援助。

巴水务局大部分活动和大部门雇员的薪水都依靠国际社会的资助。①2002年夏天，在巴勒斯坦水务局在西岸和加沙的工作人员中，只有5人由巴勒斯坦民族权力机构支付薪水，其他人都是由国外资金援助下的特定工程雇佣的。巴水务局在组织国际援助机构向巴水务部门捐款方面发挥了有效作用。而且，它是巴勒斯坦人与以色列政府的首要联系通道，通过频繁地与联合水委员会的以方专家和以色列外交部接触，它为双方建立信任提供了可能的渠道。

巴水务局的职能很大程度上是通过协调巴勒斯坦地区各个办公室的活动而实现的。在西岸，每个办公室都有自己的负责人，都各自接受国际援助。鉴于此，他们都尽力表达其对国际援助者的关切。作为一个执行和管理机构，巴水务局几乎没有决策权。以色列对西岸大片土地的继续占领，犹太定居点的活动，以及巴勒斯坦人的水权利没有明确界定，都使得水务局无法承担起巴勒斯坦民族权力机构分配的法定角色。此外，巴水务局难

---

① 1998年夏天，在巴水务局的工作人员（包括局长和副局长）中，只有6位由巴勒斯坦民族权力机构支付薪水。

以控制市属水务部门，后者往往不听前者号令，这使得巴水务局难以对整个水务进行统一规划。巴水务局和巴勒斯坦民族权力机构就无法驯服希伯伦市政部门，后者设法"保护"其所属的重要水资源，这给巴水务局和国际捐助者造成了多种困难。不过，有时巴水务局也成功控制了市属水务部门。1996 年，伯利恒的给水和排污部主任由于腐败指控遭到解职和逮捕，他被当地一个法塔赫成员替代，然而，后者不是水专家或者水务官员，而是一名学校教师。自此之后，巴水务局控制了给水和排污部，伯利恒受国际捐助者资助的工程再也不会因为巴水务局和市政部门的争议而难以进行。

巴水务局还深受水专家缺乏之苦。国际社会常常称赞巴勒斯坦水务领域的专业性堪比周边的阿拉伯国家，然而，大部分水专家不属于巴水务局，而是在众多非政府组织。在 80 年代和 90 年代初，被占领土上曾经建立了几个与水有关的非政府组织和大学研究所，它们通常在进行小型水开发工程和水问题研究，这些组织和机构里面因此有许多一流的水专家。但是，在《奥斯陆第二阶段协议》签订后，这些专家为了保持政治独立和获得更多的经济利益，并没有进入巴水务局工作。①

四 巴勒斯坦地区水资源管理制度及其困境

巴勒斯坦水务机构除了面临以上的问题，还面临三个方面的挑战：宏观的管理与规划；水供应的管理；新的供水设施的建设。

（一）宏观管理与规划

巴水务局下属四个部门，它们分别是：水资源规划部；负责颁发许可证、收税的监督部；负责调查和水务部门能力建设的技术部；负责巴水务局人员和财务管理的行政部。这一制度性框架受到挪威出资的制度建设项目的支持，并在 1996 年写入巴水务局的内部规章。然而，这一结构和巴水务局的实际工作并不相符，水资源规划部与监管部就是如此。就水资源规划部而言，巴水务局应该负责"监测和管理所有的水资源和它们不同的用

---

① Shalif Elmusa, *Water Conflict: Economics, Politics, Law and the Palestinian-Israeli Water Resources*, Institute for Palestine Studies, 1997, p.273.

途"。但实际上，却是西岸水务局通过联合监督执行小组监测和管理着所有的水资源，以色列则控制着所有的水资源。自 1996 年，水资源规划部把西岸水务局递交的数据整理为数据库，但实际上在管理方面它对水资源几乎没有控制权。水资源规划部也确实在进行一些总体的规划工作，但其人员接受的是自己联系的国际援助者的资金。监管部虽然按照其职权开发了一套收取水费的系统，但极少能够得到执行，因为以色列控制下的水资源的价格全部是由麦克洛特确定的。值得注意的是，巴水务局的大部分精力用来协调受援助的技术设施工程项目，然而，这项工作又不在上述四个部门的职责范围之内。这就意味着巴水务局的实际工作与内部的制度安排形成了巨大的分离。

之所以会出现这种情况，是因为巴水务局的内部结构和水政策都反映的是其希望实现的理想。巴方有些人为，当未来巴以双方的协议授予巴勒斯坦民族权力机构在管理水资源、水系统和水供应方面更大的权力和独立性时，这一目标就会成为现实。但是，鉴于矛盾重重的巴以关系，将来是否能有这样的协议实在很成问题。长远而言，巴水务局希望自身成为类似以色列水委员会的规划和监管机构，它既不涉及基础设施的管理，又不负责水供应的分配。然而，鉴于不存在其他全国性的水务机构，巴水务局目前不得不在协调依靠捐助开展的基础设施项目方面发挥主要作用，而这并不在其原本设想和规划的工作范围之内。

巴水务局明知许多制度和政策难以实现，甚至无法实现，却依然投入精力，一个主要原因是捐助者的要求。在世界银行的要求之下，巴水务局才着手制定水务政策，前者把这作为支持在加沙进行供水和排水工程的先决条件。[①] 巴勒斯坦水专家和巴水务局官员经常抱怨，捐助者们由于太过"痴迷"于规划和制度，而忽视了修建基础设施和开发新水源的工作。显然，在巴水务局面对重重困难和不确定性的情况下，相比制定制度，花费捐助者的资金和为巴勒斯坦人提供供水和就业机会是更加重要的事情。

在规划方面也存在类似的问题。自 1995 年以来，巴水务局为水务部门制定了无数的规划。一些有关设施的规划详细建议如何在短期和长期内发

---

① Jan Selby, *Water, Power and Politics in the Middle East: The Other Israeli-Palestinian Conflict*, I. B. Tauris, 2003, p. 158.

展基础设施；一些地方规划详细列出了特定地方需要的供水项目；一些地区规划列出了巴勒斯坦两个"地区"（西岸和加沙）急需的水务项目；一些是为整个巴勒斯坦制定的战略性规划；一些是与以色列、约旦和其他国家有关的多边规划，为地区范围内的水供应和水管理提出建议。这些规划都得到了国际捐助者的资助，大多数都是在和巴水务局合作的情况下，由国际顾问提出的。

但是，这些规划无一例外都面临着制度和政治方面的困难。比如，由于众多政治和技术问题，巴勒斯坦民族权力机构下属的规划与国际合作部（MOPIC）开展的"西岸积水和排污地区规划"，成为规划与国际合作部和巴水务局，以及它们和德国顾问激烈争吵的项目。巴水务局官员反对规划与国际合作部执行这一规划，并断言后者缺乏必要的技术条件，而规划与国际合作部官员则指责巴水务局隐瞒相关的信息。由于国际顾问和巴水务局之间沟通不足，再加上顾问对巴水务部门严重缺乏了解，这一规划缺乏实际内容，它的许多假设具有误导性。① 而且，德国顾问的许多想法由于政治原因而遭到了否决。巴水务局和规划与国际合作部的官员都不愿意认可可能会影响巴方谈判立场的建议。由于这些原因，规划与国际合作部的这一规划就不可能被有效执行。

与规划与国际合作部的项目成为各方冲突的根源不同，为巴水务局制定的规划并没有挑起不同机构的争吵，然而，它们却由于巴水务局面临的巨大的制度性困难而难以执行。国际顾问通常对巴勒斯坦具体的水状况缺乏足够了解，巴勒斯坦官员因此不得不从事大量收集数据的体力活，而顾问们自己则做撰写规划定稿的技术性工作。这自然导致巴方官员的不满，而且，巴水务局的各种规划首先反映的是顾问们的判断和认识，巴水务官员常常不赞同规划的内容，他们不可避免地有了被"喧宾夺主"的失落感。此外，由于前后相继的许多规划由不同的顾问团制定的，这些规划里有大量的重复、矛盾的信息。因此，大量水务规划的产生和众多国际顾问的存在，在很大程度上阻碍而不是促进了巴水务局的制度建设。这些问题的产生并不是信息的匮乏，而是协调和组织方面的原因。

---

① 比如规划的制定者既不了解西岸已有的水井，也不知道西岸南部正在进行的美国国际开发署资助的基础设施工程。

除了与捐助者相关的重复和矛盾，在巴勒斯坦的当前局势下，中长期的规划是否适当也很成疑问。对于中长期规划，巴勒斯坦民族权力机构假设，巴勒斯坦人对整个西岸和加沙都享有主权，巴勒斯坦人将控制领土上的所有水资源，巴勒斯坦人也将控制和居住所有的犹太人定居点。但是显然，这些假设在短期内根本不可能实现，它们也就成为巴勒斯坦人进行水务制度建设和制定有效规划的不可逾越的障碍。鉴于过渡时期时间漫长，鉴于巴水务局仰赖于国际捐助者，巴勒斯坦人几乎不可能构建稳定的管理结构并制定合理的中长期规划和政策。

（二）水供应的管理

如上文所言，西岸水务局是西岸地区最重要的水务机构，但是，它不仅难以处理好与市政部门、乡村委员会、个人的关系，在管理地方水务系统和水供应方面也面临着巨大的困难。市政部门往往彼此争相控制水资源和水供应，与此同时，它们又无法控制消费者个人的行为。

与伯利恒水务部门处在巴水务局的严密控制之下不同，希伯伦市政部门享有极大的独立性，几乎不听从巴水务局的号令，曾与其共事的巴水务局官员和国际承包商都称其为"国中之国"。[①] 希伯伦与周边市政部门和村委会之间就控制地方水资源存在激烈的冲突。长期以来，希伯伦市政部门拥有和控制着该城以南的两个水井，它们除了供应希伯伦外，还向以西10公里的杜拉（Dura）镇提供用水。杜拉镇完全依赖这两口水井的管道供水。然而，在没有全国统一的价格体系的情况下，伯利恒不仅自由地向杜拉镇收取很高的水费，也在觉得合适的时候，随意停止对杜拉镇的水供应。鉴于此，杜拉镇2/3的水供应来自私人的水罐车，他们的水价高达2～4美元/立方米。杜拉镇因此是西岸人均供水最少的地方之一。

在西岸南部，控制大部分水资源的不是巴勒斯坦的市政部门，而是以色列的麦克洛特。西岸水务局从麦克洛特获得水，而后供应市政部门和村委会，后者再向西岸水务局缴纳水费。然而，市政部门和村委会却很不情愿缴纳水费，以至于1995～1998年西岸水务局欠收高达800万美元的水费。

---

① Julie Trottier, *Hydropolitics in the West Bank and Gaza Strip*, Jerusalem, 1999, p. 96.

到 2002 年，西岸水务局背负的债务已达 2400 万美元。① 市政部门和村委会声称，它们无法向西岸水务局缴纳水费是由于拖欠水费的个人比例太高。西岸水务局和巴水务局官员则认为，原因根本不是个人不缴纳的问题，而是地方政府隐藏水费，把这些资金转移到了道路、电力和其他工程，有些钱甚至进入了个人账户。鉴于一方面不愿意切断对市政部门的水供应，另一方面又没有全国性机构强行执行法律，西岸水务局根本无力阻止拖欠水费的事情发生。由于此，希伯伦市政部门成了西岸水务局最大的债务人，1998 年 4 月总额达 350 万美元。

1998 年 7 月名叫杜瓦拉（Duwarra）的村子发生的事情清晰地反映了不同市政部门以及市政部门和巴水务局之间存在的紧张关系。这一村子幸运地处在从希律镇通向基亚特阿巴（Kiryat Arba）定居点和希伯伦城的 16 英寸输水管线的一侧，并不间断地从这一管线获得供水，即便在夏天用水高峰期也是如此。希伯伦在这一管线的末端，因此只有在沿线巴勒斯坦人和基亚特阿巴定居点没有用完的情况下，它才能得到这一管线的供水。每年夏天，希伯伦都长时间忍受着水短缺。与此相反，杜瓦拉村可以得到充足的水供应，但在 1998 年夏天，村子里的几个居民却偷取主管道里的水用来灌溉。这一做法违背了杜瓦拉村与西岸水务局 10 年前达成的一个长期协议，该协议规定只要村民停止偷水的非法活动，杜瓦拉村就可以合法地使用主管道的水。由于协议被破坏，杜瓦拉村招致希伯伦市政部门和西岸水务局的强烈不满。1998 年 7 月 30 日，西岸水务局和希伯伦市政部门的官员来关闭位于村子中心的供水总阀门，陪同的还有基亚特阿巴定居点的官员。② 这些官员很快就被村民驱逐，几小时后，16 人组成的以色列—巴勒斯坦巡逻队和 20 名巴勒斯坦警察随同前来。此时，杜瓦拉村 1500 名村民中有 1/3 的人在等待他们，试图保护供水阀门。双方爆发冲突，几名巴勒斯坦警察因伤住院③，当巴勒斯坦全机构的人员赶来后，秩序才恢复正常。各方协商的结果是，阀门照旧开放，杜瓦拉的村民继续获得水供应。

1998 年 7 月和 8 月，类似的事件在西岸南部地区频频发生。杜瓦拉

---

① Jan Selby, *Water, Power and Politics in the Middle East: The Other Israeli-Palestinian Conflict*, I. B. Tauris, 2003, p. 160.
② 实际上，希伯伦市政部门与以色列当局存在比较稳定的合作。
③ 通常碰到这样的事情，以色列官员和警察都是在一旁观看，警察负责应对巴勒斯坦人。

村事件首先说明了地区水冲突的复杂性以及巴勒斯坦当局、警察力量、安全机构和以色列定居者之间的特殊关系。超越法律之上的安全机构常常是最后的裁决者，因此水冲突的结果往往决定于哪一方有能力让安全机构偏向自己。值得注意的是，杜瓦拉村的几个头面人物恰恰是地方安全机构的成员。此外，冲突的结果也决定于各方的实际力量大小。就此而言，不仅杜瓦拉村民地理上接近于主要供水管道，而且其水阀也在村中心，便于村民保护。在与村民的冲突中，西岸水务局常常显得无能为力。它没有能力强制执行规章和政策，时常不得不涉入地方政治。在巴勒斯坦的特殊环境下，西岸水务局不可能是一个超越于社会之上的纯粹的管理机构，它只能在与各方包括消费者个人的矛盾冲突中部分地实现自身的功能。

实际上，在西岸南部，巴勒斯坦人和以色列定居者都一直在从主供水管道偷水。在杜瓦拉村及其周围地区，村民通向主管道的水管要么埋在地下，要么藏在成堆的垃圾里面。有些人晚上偷水浇灌庄稼，早晨修复主管道。在德黑舍赫（Dheisheh）难民营，有数百个非法的连接处。1998 年之前，杜拉城的主要买水商一般都是用偷自管道里的水灌满他的水罐车，而希伯伦市政部门和以色列当局却容忍了他的这一非法行为。[①] 然而，即便用水合法，且被水表测量，但巴勒斯坦人经常以没钱为由拒绝支付水费。多年以来，作为反对以色列占领的一种办法，巴勒斯坦解放组织支持巴勒斯坦人不要缴纳水费，而如今，他们根本不想改变以前的习惯。因此，巴水务局、西岸水务局和村委会都面临着如何控制和约束巴勒斯坦普通消费者的问题。这在伯利恒地区表现得最为明显。1998～1999 年，伯利恒给水和排水局与其法国承包商计划开展"提高产量"的工程，试图消除偷水行为强制收水费，提高输水网络的运行效率。这项工程的主要内容是安装 1 万个新的家用水表，替换已经使用 30 年的老化水表，以此把未测量的用水比率降到 35%。但这一努力遭到了消费者的极力抵制。由于需要缴纳的水费大幅度攀升，他们更加不愿交费，许多新水表甚至遭到毁坏。显然，仅就收缴水费而言，巴水务机构仅在管理方面就面临着巨大的困难。

---

① Julie Trottier, *Hydropolitics in the West Bank and Gaza Strip*, Jerusalem, 1999, pp. 74-77.

(三) 供水设施的建设与维护

除了制度建设和规划外,大部分国际社会的援助资金用来建设基础设施和扩大水供应。比如,在 1995~1998 年,西岸和加沙有 80 项捐助的工程专门用以改善当地的水供应。① 其中,最大的是美国国际开发署在西岸的水资源方案 (Water Resources Program),它的主要任务是贯彻《奥斯陆第二阶段协议》的相关条款,为西岸南部的巴勒斯坦居民,从东区蓄水层开发新水源。这一大型工程的第一阶段预计完成于 1999 年 6 月,届时将为希伯伦和伯利恒地区提供 720 万立方米/年的用水。鉴于这一地区 1996 年的总用水量只有 1060 万立方米,这一数字如果实现无疑将大大提高这两个城市的水供应水平。然而,由于种种原因,直到 2002 年,这一目标也没有实现。

水资源方案的第一阶段主要包括:在东区蓄水层开凿 4 口深井;修建长度为 32 千米、从上述水井通向希伯伦和伯利恒的运输管道;修建两个大型的蓄水池和一个增压站。在巴勒斯坦人看来,这是一个规模十分巨大的工程。输水管道的直径为 36 英寸,在此之前,西岸南部最大管道的直径为 16 英寸,供水对象是犹太定居点,为巴勒斯坦人直接供水的管道最大直径仅仅为 12 英寸。其中一个蓄水池储水量多达 2.5 万立方米,在此之前最大的蓄水池只能蓄水 3875 立方米。② 整个工程的供水量将达到 8100 万立方米/年,而且,这一工程完成后将成为巴水务局的财产。它将成为第一个"只服务巴勒斯坦人"的工程,并且按照《奥斯陆第二阶段协议》,将完全由巴勒斯坦民族权力机构控制。③ 整个工程将耗资 7200 万美元,其资金由美国国际开发署以赠款的形式解决。④

1996 年 6 月,工程在西岸开始,总体管理工程的合同被授予了名为 CDM 或摩尔甘地 (Morganti) 的主要由美国公司组成的财团。1996 年完成了水井、管道和其他设施的详细设计,联合水委员会也在 1997 年 9 月颁发

---

① Amira Hass, "A Report on Palestinian Water Crisis," in *Al Quds*, June 25 1999.
② USAID West Bank and Gaza Mission, "Water Produced From the First Palestinian Owed and Operated Well in Bethlehem-Hebron Water Supply System", July 26, 1999.
③ Israel and the PLO, "Interim Agreement", Annex Ⅲ, Appendix 1, Schedule 8 (2. a).
④ USAID West Bank and Gaza Mission, "Water Produced From the First Palestinian Owed and Operated Well in Bethlehem-Hebron Water Supply System", July 26, 1999.

了相关工程的许可证，工程建设的分合同再一次给了美国公司。1998 年 1 月，开始开凿水井，建设管道。由于以色列反对几个水井的位置，工程在开始阶段已经被拖延。工程之所以无法按时完成，是三方面原因导致的结果。

首先，巴水务局难以有效监管工程中国际和巴勒斯坦承包商的行动。如上所言，美国公司的财团摩尔甘地获得了管理工程的总合同和分合同，但是，它又将其转包给美国公司 ABB – SUSA，让其修建输水管道、水井和增压站，后者则又把大部分工程转包给了巴勒斯坦人，他们的工作仅由 3 个 ABB – SUSA 的工程师监督。因此，工程建设缺乏足够的监管，ABB – SUSA、摩尔甘地和巴水务局都没有定期监督工程的巴勒斯坦分包商。这直接导致工程并没有按设计的进行。由于在主管道没有安装足够的排气阀，管道内爆的可能性大大增加，而且，在修建过程中，也没有对管道进行充分的测试。工程施工粗制滥造，导致主管道和一个蓄水池严重漏水。水井的水泵质量很差，运行大约一年后，四个水井中的三个水泵就已经坏了。在 2002 年夏天，这三个水井都已无法使用。这样，巴水务局的第一个独立的供水系统问题重重，根本无法有效运转。之所以导致这种后果，一方面是承包商和分包商只是追逐利益，工程项目一再转包，另一方面是巴水务局缺乏必要权威和制度性手段，以约束和控制承包商的活动。

其次，工程遭遇了无数的"土地问题"。为了开凿水井以及修建管道、蓄水池等设施，巴水务局和承包商要么不得不购买土地，要么给土地所有者承受的损失给予补偿。一般而言，土地所有者强烈反对收缴土地和摧毁树木。在整个西岸，树木具有重要的象征意义，摧毁它们会让人想起以色列的占领政策。① 而且，在西岸南部，树木具有重要的经济价值，果树和橄榄树是当地农业经济的支柱。在工程进行的过程中，巴勒斯坦农民们竭力保护他们的土地。此外，修建工程的地方大部分在 C 区，这使得问题更为复杂。C 区处于以色列的全面控制，在巴勒斯坦警察的职权范围之外。因此，建筑工人没有警察的护卫，巴勒斯坦警方几乎无法制止农民阻碍工程的行为。而承包商们对农民的阻碍行为又是"求之不得"，因为他们会因耽误工程获得额外的补偿。② 总之，由于农业土地和树木在巴勒斯坦人的想象

---

① 自 1967 年占领西岸和加沙以来，以色列有意摧毁了大量巴勒斯坦的树木。
② 一次，巴水务局官员亲眼见到承包商试图说服一个没有得到土地补偿款的土地所有者去阻挠建筑工程。巴水务局相信，这样的事情绝非个案。

和经济中扮演着重要角色,相对私人承包商和在以色列控制下的 C 区巴水务局显得十分软弱,巴水务局在控制土地所有方面面临着巨大的困难。

最后,希伯伦和赛伊尔(Sayyir)的市政部门之间及其和巴勒斯坦民族权力机构之间在地方上存在政治冲突。① 在 1995 年《奥斯陆第二阶段协议》签订之前,在以色列民政机关许可的情况下,希伯伦市政部门已经和德国国家发展银行(KfW)签订协议,投资 1100 万马克,开凿两口水井,并修建一条从这两口水井通向希伯伦城的 16 英寸的输水管道。这两口水井都位于希律地区,离计划中的美国国际开发署资助的水井不远。这条管道将经由赛伊尔镇通向希伯伦,这与美国国际开发署资助的管道线路一样。然而,与美国国际开发署资助的供水系统不同,德国开发银行资助的设施将由希伯伦市政部门拥有和控制。德国开发银行的两口井开凿于 1995 年和 1996 年,这比美国国际开发署的水井早两年。巴水务局想对这两个工程进行协调,主张只修建一条从希律到希伯伦的管道,它运输的水既来自希伯伦市政部门的两个水井,来自美国国际开发署为巴水务局开凿的水井。这一建议不仅有利于统一管理,也便于节省成本。但是,希伯伦市政部门和德国开发银行对此予以拒绝,其原因不仅是它们的工程早于后者,更重要的是出于政治的考虑。德国开发银行想通过这一工程扩大自身的声誉,希伯伦市政部门则试图单独拥有和控制这一新的基础设施,因为这不仅将使其确保自身的水供应,也将使其具有相对其他市政部门和巴勒斯坦民族权力机构更加有利的政治地位。然而,建筑工程却遭到萨伊尔镇居民的抵制,他们反对只有希伯伦的居民使用这一工程的供水,拒绝城镇里仅有的几条道路遭到挖掘。工程在整个 1997 年停滞不前,到 1998 年情况更加糟糕。当美国国际开发署资助的 36 英寸的管道在顺路铺设的时候,德国开发银行却依然在计划铺设 16 英寸的管道。萨伊尔镇的道路将被挖两遍,两条管道分别铺设在道路的两边,居民们以石头抗议。希伯伦和萨伊尔的市政部门、巴勒斯坦水务局、美国国际开发署、德国开发银行以及各自的承包商进行了长时间的艰苦谈判,冲突以两条管道埋入同一条沟渠的方式获得解决。1999年夏天,德国开发银行的一口井开始向希伯伦供水,但美国国际开发署和

---

① Julie Trottier, *Hydropolitics in the West Bank and Gaza Strip*, Jerusalem, 1999, pp. 94 – 97; Julie Trottier, "Water and the Challenge of Palestinian Institution Building," *Journal of Palestine Studies*, Vol. 29, No. 2, 2000, pp. 46 – 47.

德国开发银行的工程因为两个市政部门的矛盾而大大拖延了。最终，希伯伦市政部门维护了对供水设施的拥有权和控制权，这不仅清楚地表明了巴勒斯坦民族权力机构和巴勒斯坦水务局相对市政部门的弱势地位，也说明国际捐助者和承包商使得巴勒斯坦供水设施和国家的建设过程更为复杂化了。

可见，巴勒斯坦水务局之所以无法实现自身功能，远非其经验不足所能解释。正如巴勒斯坦民族权力机构无法有效行使权力一样，巴勒斯坦水务局也不可能树立应有的权威。巴勒斯坦水务局对外遭受着以色列的各种限制，对内面对着高度碎裂化的社会和政治体系。经济上它几乎完全仰赖国外捐助，政治上又极大地受制于巴勒斯坦以和平进程。因此，巴勒斯坦水务局对于水状况改善起到的作用十分有限。

五　巴勒斯坦水务局的水政策及其缺陷

在巴勒斯坦水务局成立后，巴勒斯坦的水政策也开始形成。由于在多年占领之后缺乏自己的水务制度，巴勒斯坦水务局不得不依赖已有的规章和政策。这包括约旦（西岸）和埃及（加沙）占领时期实行的政策，有些还追溯至土耳其人统治时期。当然最多的还是1967年之后以色列强加的军事法令。直到1998年，巴勒斯坦水务局收取的水价还是与占领时期以色列民政机构的一样。巴勒斯坦控制区水价的公平化受到多种因素的影响和制约。以色列的麦克洛特水务公司依然是西岸巴勒斯坦城镇和乡村用水的主要供应者。1967年之前由约旦打凿的13口水井继续处在以色列的控制之下，它们向巴勒斯坦人和犹太定居点供水。依据《奥斯陆第二阶段协议》，麦克洛特也向加沙每年供应500万立方米，但巴勒斯坦人同样认为其价格太高。在联合水委员会之下，专门建立了费率委员会，但其成员一直无法就麦克洛特的水价和如何处理饱受争议的西岸13口水井的归属问题达成一致意见。此外，由于多种原因，限制水开发的政策也迟迟无法出炉。虽然巴勒斯坦水务局强烈支持安装水表和实行水配额制，以防止水资源遭到过度开采，但巴勒斯坦民族权力机构并没有制定相关法律。

2002年《第3号水法》的通过是巴勒斯坦水务管理走向制度化和正规化的一个重要标志。其目的在于"开发和管理水资源，扩大供应能力，提高水质量，保护其免于污染和枯竭"。① 它明确规定，水是公共财产，每个人都有权获得足够的饮用和生活用水，但又称影响水资源数量或质量的利用和开采等活动都必须获得许可证。而且，该法律还明确了巴水务局等相关机构的职责。依据该法，建立了国家水委员会（National Water Council），以批准与水资源相关的政策、规划和方案。巴勒斯坦民族权力机构总统是其主席，巴勒斯坦水务局局长是其秘书长，此外成员还包括 5 位部长以及 6 位代表政府和非政府组织的人员。②

这样，自 1996 年巴勒斯坦水务局建立以来，巴勒斯坦民族权力机构逐步形成了自己的水政策。它有两大原则，一是所有水资源都是国家的财产，这一规定与以色列没有差别。在水资源稀缺的情况下，只有国家才能保证水资源的公平和公正的分配。二是家庭、工业和农业用水的开发和投资必须与水资源的数量相适应。这意味着经济发展必须考虑水资源的可持续利用，避免对环境造成不可逆转的破坏。根据学者的总结，这一原则主要包括以下方面。③

（1）水是一种商品，因此造成破坏（比如污染）的人必须对此做出赔偿。

（2）水的供应必须建立在所有水资源可持续开发的基础之上。

（3）被占领土水资源的开发必须在地方上以合理的方式进行，并在全国进行协调。

（4）全国水务部门的管理应由具有独立政策制度和管理功能的机构负责。

（5）为了有效协调各部门的利益，政府内部应以最高层次处理水务问题。巴勒斯坦水务局在开展工作时应和相关部门密切合作。

（6）应确保公众参与水务部门的管理。这意味着地方部门应该参与水务的规划、运转和管理，而且，公众应该知晓水在公共和私人领域的作用

---

① Fadia Diabes, *Water in Palestine. Problems, Politics, Prospects*, PASSIA Publications, 2003.
② Simone Klawitter, "Water as a Human Right: The Understanding of Water Rights in Palestine," in Asit K. Biswas, Eglal Rached and Cecilia Tortajada eds., *Water as a Human Right for the Middle East and North Africa*, pp. 110 – 111.
③ Abdallah Abu-Eid, "Water as a Human Right: The Palestinian Occupied Territories as an Example," in Asit K. Biswas, Eglal Rached and Cecilia Tortajada eds., *Water as a Human Right for the Middle East and North Africa*, pp. 91 – 92.

及其社会、环境和经济价值,这对于决策的信息透明是十分重要的。

(7)各个层次的水管理应该同等重视水的质量和数量。

(8)水的供应和污水的处理在各级部门应该协调一致。

(9)应该保护水资源,控制水污染。应该采取一切措施预防水污染,应该以法律手段处理违反者。

(10)应鼓励和促进保护与有效利用水资源。

(11)政府应该与各国各方合作,有效利用水资源,开发新水资源,以及收集重要信息和数据。

可见,可持续地管理和开发水资源是巴勒斯坦民族权力机构水政策的主要目标。但是,一个无法回避的矛盾是,被占领土大部分水资源的控制、水井的管理和开凿、发放许可证等一系列权力依然在以色列当局手中。因此,巴勒斯坦人的水政策很大程度上是空中楼阁,缺乏实践和执行的条件与基础。巴勒斯坦自治区的水治理清楚地表明,巴勒斯坦人与以色列之间处于实力极度失衡的状态。以色列对巴勒斯坦人的种种控制和限制,是巴勒斯坦人水治理无法实现目标的根本原因。长远而言,巴勒斯坦自治区的水治理困难重重,难以为巴勒斯坦人提供充足的水供应。

[责任编辑:李福泉]

"伊斯兰国"对以色列的威胁评估

——意识形态、组织活动与社会基础层面的分析*

王 晋**

内容提要 "伊斯兰国"对以色列的国家安全造成了一定的威胁。以色列国内的巴勒斯坦人以及约旦河西岸和加沙地区的巴勒斯坦民众之中,出现了"伊斯兰国"的支持者,一些巴勒斯坦人甚至前往叙利亚和伊拉克参加"伊斯兰国"。此外,以色列北部的戈兰高地叙利亚一侧、临近加沙和以色列边界的埃及西奈半岛,也出现了"伊斯兰国"分支机构,并且向以色列境内发动袭击。尽管"伊斯兰国"对于以色列存在安全威胁,但是从当前看,其威胁程度并不明显。绝大多数的巴勒斯坦人并不支持"伊斯兰国",无论是以色列国内的巴勒斯坦人,还是约旦河西岸和加沙地区的巴勒斯坦人,都极少受到"伊斯兰国"的影响。从"外部"来说,以色列强大的国防军实力,有效地阻止了"伊斯兰国"从境外向以色列发动的袭击行动。从多方面综合来看,"伊斯兰国"对于以色列的威胁有限。

关键词 伊斯兰国 以色列 巴勒斯坦 西奈半岛 戈兰高地

在 2014 年 6 月"伊斯兰国"建立以来,国内学术界对于"伊斯兰国"的关注度不断提升,主要关注"伊斯兰国"崛起的国际地区背景,及其产

---

* 本书系 2016 年国家社科基金重大项目"全球伊斯兰极端主义研究"(16ZDA096)和上海市教委智库建设项目"中东伊斯兰极端主义研究"(KY01C0222016013)的阶段性成果。
** 王晋,以色列海法大学博士研究生。

生后所带来的国际和地区影响。① 与之相对的是，国外学界针对"伊斯兰国"内部情况展开讨论，有的学者关注"伊斯兰国"在叙利亚和伊拉克的发展和扩展状况，及与其他极端组织的关系②；有的学者关注"伊斯兰国"与"基地组织"的关系，以及为西方世界带来的挑战③；有的学者关注"伊斯兰国"如何利用网络社交进行宣传和招募活动④；有的学者关注"伊斯兰

---

① 国内相关成果可大体可以分为三类，首先是从国际和地区影响的视角观察"伊斯兰国"，比如王雷《"伊斯兰国"极端组织兴起与中东政治变迁》，《亚非纵横》2014 年第 6 期；严帅：《伊拉克和黎凡特伊斯兰国》，《国际研究参考》2014 年第 7 期；董漫远：《"伊斯兰国"崛起的影响及前景》，《国际问题研究》2014 年第 5 期；田文林：《"伊斯兰国"兴起与美国的中东战略》，《现代国际关系》2014 年第 10 期；李绍先：《"伊斯兰国"因何而来？》，《现代国际关系》2014 年第 9 期；刘乐：《"伊斯兰国"兴起对国际安全新挑战》，《国际政治研究》2015 年第 3 期。第二类侧重观察"伊斯兰国"自身的相关特点，比如孙冉、唐恬波《"伊斯兰国"极端组织的特点》，《现代国际关系》2014 年第 9 期；龚正：《"伊斯兰国"冲击美国中东战略》，《现代国际关系》2014 年第 9 期；王黎、王英良：《"伊斯兰国"的威胁与对国际安全的思考》，《中东问题研究》2015 年第 1 期；周鑫宇、石江：《"伊斯兰国"最新发展趋势探析》，《现代国际关系》2015 年第 5 期；曾向红、陈亚洲：《"伊斯兰国"的资源动员和策略选择》，《国际展望》2015 年第 3 期；王晋：《"伊斯兰国"与恐怖主义的变形》，《外交评论》2015 年第 2 期；曾向红、梁晨：《从"基地组织"到"伊斯兰国"——国际恐怖主义组织结构的演化》，《中东问题研究》2016 年第 1 期；贾春阳：《试析"伊斯兰国"对中国周边的渗透和扩张》，《现代国际关系》2016 年第 10 期；董漫远：《"伊斯兰国"外线扩张：影响与前景》，《国际问题研究》2016 年第 5 期；贾春阳、龚正：《"伊斯兰国"当前活动最新态势及影响》，《现代国际关系》2016 年第 7 期；张金荣、张欣月、杨尧：《"伊斯兰国"向东南亚渗透剖析》，《当代世界》2016 年第 6 期；柳思思：《"伊斯兰国"的互联网攻势及其影响》，《现代国际关系》2016 年第 2 期；王文俊：《论"伊斯兰国"对东南亚地区的影响、原因及对策》，《云南社会科学》2016 年第 1 期。第三类则从理论视角剖析"伊斯兰国"，比如章远《"伊斯兰国"："准主权"与地区安全》，《国际安全研究》2016 年第 6 期；刘中民、余海杰：《"伊斯兰国"的极端主义意识形态探析》，《西亚非洲》2016 年第 6 期。

② 这方面的学者包括布鲁金斯多哈中心的查理斯·李斯特（Charles Lister）和华盛顿研究所（Washington Institute）的阿隆·泽林（Aaron Y. Zelin）等人。

③ Alvi Hayat, "The Diffusion of Intra-Islamic Violence and Terrorism: The Impact of the Proliferation of Salafi/Wahhabi Ideologies," in *Middle East Review of International Affairs*, Vol. 18, No. 2, 2014, pp. 38 – 50; Eric Anderson, "Confusing a 'Revolution' with 'Terrorism'," in *Small Wars Journal*, Vol. 1, June, 2015; Gary Anderson, "Abu Bakr al-Baghdadi and the Theory and Practice of Jihad," *Small Wars Journal*, Vol. 8, August, 2014; Anthony Celso: Zarqawi: Al-Qaeda's Tragic Antihero and the Destructive Role of the Iraqi Jihad, in Anthony Celso eds., *Al-Qaeda's Post-9/11 Devolution: The Failed Jihadist Struggle against the Near and Far Enemy*, New York: Bloomsbury Academic, 2014, pp. 105 – 128.

④ James Farwell, "The Media Strategy of ISIS," in *Survival*, Vol. 56, No. 4, 2014, pp. 49 – 55. Ali Fisher, Swarmcast: How Jihadist Networks Maintain a Persistent Online Presence, *Perspectives on Terrorism*, Vol. 9, No. 3, 2015, June, pp. 3 – 20; Abdel Bari Atwan, *Islamic State: The Digital Caliphate*, London: Saqi Books, 2015.

国"在伊拉克和叙利亚的医疗、教育、保障、宣传和社会管理情况[①];有的学者关注"伊斯兰国"外籍武装人员的来源及其相互关系[②];此外还有学者关注"伊斯兰国"占领区内妇女和其他少数群体保护方面的问题[③]。

当前,无论是国内还是国外学术界,都还没有针对以色列面临的"伊斯兰国"安全威胁进行针对性的分析。以色列也面临着"伊斯兰国"的威胁:在以色列国内、约旦河西岸和加沙地带的巴勒斯坦人[④]因巴以问题长期未决,容易受到"伊斯兰国"极端思想的蛊惑;由于临近叙利亚、埃及、约旦等阿拉伯国家,以色列也容易受到这些国家境内"伊斯兰国"分支及其支持者的攻击。

本文试图通过分析分析"伊斯兰国"的意识形态,来评估以色列所遭遇的"伊斯兰国"威胁。后文将会分为五个部分。第一部分简述宗教极端主义思想对以色列/犹太人的敌视渊源,分析以色列为何会成为"伊斯兰国"的袭击目标;第二部分关注"伊斯兰国"巴勒斯坦(包括以色列巴勒斯坦人以及约旦河西岸和加沙地区巴勒斯坦人)支持者的情况,梳理以色列面临的"内部"安全威胁;第三部分探讨巴勒斯坦人对"伊斯兰国"的态度;第四部分概述"伊斯兰国"分支机构在以色列周边的戈兰高地和西奈半岛的活动情况,及其对以色列的安全威胁;第五部分结合"伊斯兰国"的意识形态和战略目标,解释为何以色列所受"伊斯兰国"安全威胁较小的原因。

[①] Malcolm Nance, *The Terrorists of Iraq: Inside the Strategy and Tactics of the Iraq Insurgency 2003 – 2014*, Boca Raton: CRC Press, 2015. 此外以色列青年学者贾瓦德·阿尔·塔米米(Jawad al-Tamimi)也在"中东论坛"(Middle East Forum)发表了一系列关于"伊斯兰国"在伊拉克和叙利亚进行教育和民政事务的文章,参见 http://www.meforum.org/4997/research-on-the-islamic-state。

[②] Basit Abdul, "Foreign Fighters in Iraq and Syria- Why so many?" in *Counter Terrorist Trends and Analysis*, Vol 6, Issue 9, 2014 October, pp. 4 – 8; Azzam Chantal, Australian Foreign Fighters: The Long Reach of the Syrian Conflict, Counter Terrorist Trends and Analysis, Vol. 6, Issue 9, October 2014, pp. 9 – 13; Daymon Chelsea, From the Guy Next Door to the Fighter Overseas: A Look at Four Foreign Fighters who Joined the Islamic State of Iraq and Syria, *Small Wars Journal*, Vol. 8, August, 2014, pp. 27 – 35.

[③] Ahram Ariel, Sexual Violence and the Making of ISIS, *Survival*, Vol. 57, No. 3, 2015, pp. 57 – 78; Bradford Alexandra, Western Women who join the Islamic State, *Terrorism Monitor*, Vol. 13, No. 9, June, 2015, pp. 3 – 5.

[④] 本文中的"以色列巴勒斯坦人",特指拥有以色列国籍的以色列巴勒斯坦公民;而"巴勒斯坦人",则指的是在约旦河西岸和加沙地带居住的、没有以色列国籍的巴勒斯坦人。

一 "伊斯兰国"对以色列的认知

包括"伊斯兰国"在内的伊斯兰极端组织往往将犹太人和以色列作为袭击的目标。伊斯兰教的教义并未将犹太人作为敌对方,历史上双方的关系相对和谐。但当前中东许多宗教极端分子将犹太人和以色列视为"恶魔"而加以攻击:"'圣战'就是要以真主的名义,与那些掠夺巴勒斯坦人土地、强迫巴勒斯坦人离开故土的犹太复国主义者做斗争,这是巴勒斯坦穆斯林的义务,也是巴勒斯坦邻国每一个穆斯林的义务。我们需要团结起来,共同抵御犹太复国主义者的进攻,都要与以色列做斗争直至将其驱逐。"① "伊斯兰国"前身"伊拉克伊斯兰国"(the Islamic State of Iraq)的领导人穆哈利布·祖布里(Muharib al-Juburi)也错误地将穆斯林与犹太人和基督徒的矛盾追溯到先知时代:"尽管偶像崇拜者、犹太人和基督徒曾经合力与先知作对,但是先知却离开麦加前往麦地那,并在那里建立了伊斯兰国家,这就是我们的典范。"② "伊斯兰国"支持者也宣称:"我们认为有经之人(犹太人和基督徒)、示巴人③以及其他人如今与'伊斯兰国'为敌,不再受'伊斯兰国'的保护。他们多次破坏了和穆斯林达成的协议。因此如果他们想要安全与保护,就必须依照《欧麦尔协议》④与'伊斯兰国'订立新的保护协议。"⑤

---

① See Cuermantes Lailari, "The Risk of and Countering the Islamic State Use of Chemical Weapons against Israel," *ICT Working Paper*, No. 37, p. 5.
② Cole Bunzel, "From Paper State to Caliphate: The Ideology of the Islamic State, The Brookings Project on U. S. Relations with the Islamic World," *Analysis Paper*, No. 19, March 15, 2015, p. 18. 转引自刘中民、余海杰《"伊斯兰国"的极端主义意识形态探析》,《西亚非洲》2016年第3期。
③ 古代非洲埃塞俄比亚一族,善于经商,贸易货物包括黄金、香料、宝石等,十分富有,历史上曾在阿拉伯半岛南端建立政权。
④ 《欧麦尔协议》是沙姆(Sham)地区的穆斯林与基督徒和犹太人订立的关于各个宗教相互关系的约定,确立了伊斯兰教相较其他宗教的优势地位。关于协议的签订时间和具体内容一直存在争议,主流观点认协议签订于为7世纪第二任哈里发欧麦尔·伊本·哈塔卜时期,也有人认为协议签订于9世纪倭马亚王朝的欧麦尔二世时期,还有观点认为该协议根本就是伊斯兰教法学者所伪造。
⑤ Cole Bunzel, "From Paper State to Caliphate: The Ideology of the Islamic State, The Brookings Project on U. S. Relations with the Islamic World," p. 40.

有以色列学者认为，以"伊斯兰国"为代表的宗教极端组织对以色列的敌视，更多是源于历史上穆斯林对于犹太人的"轻视"，以及近代现实政治中对于以色列国家的不满。① 从历史上看，中东地区的犹太人长期臣服于所在的伊斯兰国家。在穆斯林政府统治下，犹太人是"被保护人"（dhimmis），需要通过向穆斯林统治者缴纳"人头税"（Jizyah）才能保证自己的安全。在现实中，现代以色列国家的建立以及随后的数次中东战争，深深地刺痛了阿拉伯国家。大批因战火而被迫离开故土的巴勒斯坦难民（al-Hijra al-Filasteeniya）造就了巴勒斯坦民众的"苦难"（Nakba）回忆，以及对于国际社会的不信任。埃及穆斯林兄弟会领导人萨义德·库特布（Said Qutb）在美国总统杜鲁门宣布承认以色列建国之后说："我痛恨并且谴责所有的西方国家，他们所有人，无论是英国人、法国人、荷兰人，以及后来不少人信任的美国人，都是一丘之貉。"② 对于阿拉伯知识分子来说，以色列建国与数次中东战争的失败，是阿拉伯世界的巨大屈辱。随着1956年、1967年、1973年和1982年四次中东战争的爆发以及以色列的军事胜利，阿拉伯世界对于巴勒斯坦民族运动的失望之情和对美国与以色列的仇恨，在很大程度上催生了宗教极端主义。

"伊斯兰国"也将以色列视为袭击目标和攻击对象。在2014年10月，"伊斯兰国"极端分子用希伯来语发布了两条针对以色列的视频。一条名为"斩首犹太人计划"，另一条则为"送给耶路撒冷圣战者的信息"。在这两条视频中，一名蒙面男子，用希伯来语威胁道："这是一条送给穆斯林头号敌人——犹太人的视频，真正的战争还未开始，你们至今所经历的恐惧只是小儿科，很快你们就会看到前所未有的事件，真主保佑！"视频中的蒙面男子声称将会"杀光耶路撒冷所有的犹太人"，并威胁道："我向你们保证，很快所有在耶路撒冷以及以色列的犹太人都会被杀光……赛克斯—皮科的兄弟们③不会再来保护你们，我们已经消除了伊拉克和叙利亚的边境线，我们也将会消除约旦和叙利亚以及巴勒斯坦和叙利亚的边境线，我们并不是空谈，我们将会持续向你们进攻，从南到北，从西奈，从一切地方发动进攻。"

---

① See Ofir Winter, "The Islamic State, A Controversial Consensus," in Yoram Schweitzer and Omer Einav eds. , *The Islamic State: How Visible Is It*? Institute for National Security Studies, 2016.
② Lawrence Wright, *Al-Qaeda and The Road to 9/11*, New York: Alfred A. Knopf, 2006, p. 9.
③ 《赛克斯—皮科协议》，在此指的是西方国家。

"伊斯兰国"极端分子还号召巴勒斯坦人反抗以色列统治:"我的兄弟们快拿起武器,别再等那些阿拉伯领导人帮助你们。"在视频最后,"伊斯兰国"极端分子甚至号召反抗巴勒斯坦的政治和军事派别:"我们将会彻底推翻巴勒斯坦世俗团体和哈马斯……我们将会带领你们反抗,哈马斯和其他世俗主义团体都将被我们的意志和伊斯兰教法击败。"① "伊斯兰国"领导层也发布讲话,号召攻击以色列。"伊斯兰国"领导人巴格达迪在2015年12月发布讲话声称:"犹太人觉得我们已经将把巴勒斯坦兄弟遗忘了……但是在真主的指引下,你们并没有被遗忘,你们很快就会听到'圣战者'的脚步声,我们离你们也越来越近。犹太人,你们不会再在巴勒斯坦作威作福,巴勒斯坦将不再是你们的土地和家园,而会成为你们的坟墓。真主让你们犹太人聚集在巴勒斯坦,这样穆斯林就可以将你们一举消灭。"②

客观上看,以色列国内、约旦河西岸和加沙地区,以及周边地区,确实容易受到来自"伊斯兰国"的渗透。以色列的巴勒斯坦公民人数约为138万,占据以色列人口总数的20%左右,另有30万居住在东耶路撒冷的巴勒斯坦人拥有以色列永久居留权(非以色列国籍)。此外在约旦河西岸和加沙地区,则有约410万巴勒斯坦人。在以色列国内,犹太极端分子和巴勒斯坦人关系紧张,"阿拉伯人去死""巴勒斯坦人滚开"这样的犹太极端言论在社交网络平台上经常出现。已故以色列最高法院法官艾德蒙德·勒维(Edmund Levy)曾经表示:"预防和消除这些极端言论的措施没有受到重视,这很让人惋惜。"③ 每当巴以暴力冲突发生,以色列国内的巴勒斯坦极端分子极易成为以色列的"潜在威胁"。而在约旦河西岸地区,巴勒斯坦人主要居住在A区和B区(这两个区域集中了约旦河西岸95%的巴勒斯坦人口),C区则由以色列完全控制。C区聚集了数百个犹太定居点和40多万犹太定

---

① Ricky Ben-David, "Watch: Islamic State Threatens Israel in New Hebrew Video," *Times of Israel*, October 23, 2015, http://www.timesofisrael.com/watch-islamic-state-threatens-israel-in-new-hebrew-video.
② Yossi Melman, The truth behind ISIS leader's threats against Israel and Jews, *Jerusalem Post*, December 27, 2015, http://www.jpost.com/Arab-Israeli-Conflict/Analysis-The-truth-behind-ISIS-leaders-threats-against-Israel-and-Jews-438547.
③ Ephraim Lavie, Meir Elran, and Muhammed Abu Nasra, "Hatred and Racism between Jews and the Arab Palestinian Minority in Israel: Characteristics, Consequences, and Coping Strategies," in Anat Kurz and Shlomo Brom eds., *Strategic Survey for Israel*, 2016-2017, Tel Aviv: Elinir, 2016, p. 226.

居者。这些犹太定居点，往往占据水源地、交通要冲和历史遗迹附近，因此极易点燃巴勒斯坦人的民族主义情绪，也为巴勒斯坦极端分子提供了袭击目标。错综复杂的政治社会环境和紧张的民族关系，给约旦河西岸伊斯兰极端分子提供了良好的土壤。

巴以和谈长期陷入僵局，巴勒斯坦人对于巴勒斯坦民族权力机构和主流派别法塔赫的失望，以及对于以色列的仇恨，为"伊斯兰国"在当地渗透提供了可能。尽管加沙地区受到由"巴勒斯坦伊斯兰抵抗运动"（以下简称"哈马斯"）的控制，但是其他巴勒斯坦伊斯兰极端组织在加沙也有不小的影响。一些加沙地区的伊斯兰极端组织，一方面通过向以色列发射火箭来实施攻击；另一方面则挖掘地道，力图潜入以色列内部实施袭击。此外哈马斯所宣扬的宗教极端主义思想，容易使一些巴勒斯坦民众同情"伊斯兰国"。事实上，在加沙地区的"伊斯兰国"组织也与当地的几个极端组织相互勾结，对以色列构成了一定的安全威胁。以色列—埃及的陆地边界漫长且荒芜，人口较少，因此较难进行边境管控。而埃及自从2011年穆巴拉克下台之后，国内秩序并不稳定。尽管2014年后，塞西政府逐渐恢复了政治秩序，但是西奈半岛的安全形势仍然严峻，活跃于当地的"伊斯兰国西奈分支"，时常向以色列境内发射火箭弹，威胁以色列南部的安全。以色列北部的戈兰高地叙利亚一侧，则活跃着多个叙利亚反政府武装组织，这些武装组织在与叙利亚政府军作战的同时，彼此之间也相互敌视。活跃在当地以及叙利亚南部的"伊斯兰国"武装团体，也很可能会对戈兰高地停火线附近的以色列军事目标造成威胁。

二 "伊斯兰国"在巴勒斯坦的渗透

根据以色列安全机构的报告显示，截至2015年年底，共有52名以色列巴勒斯坦人前往叙利亚，参加了当地的宗教极端组织武装。其中32人参加了"伊斯兰国"，7人在战场上被击毙。前往叙利亚参加"伊斯兰国"的以色列巴勒斯坦人，大多通过非法途径穿越以色列—叙利亚的停火线。例如，2015年一名来自以色列中部加拉茉莉亚（Jaljulia）镇的巴勒斯坦青年，操纵"滑翔伞"穿越戈兰高地以色列—叙利亚停火线，加入"伊斯兰国"组织。而在2015年8月，以色列安全机构在土耳其安全机构的协助下拘捕了一名女性极端分子。这名女性被捕时 44 岁,曾是以色列北部城市海法郊区巴勒斯坦人村镇沙法阿姆(Shfaram)镇的一名社区积极分子,同时也是一名"伊斯兰法学研究"专业的博士生。该名女性思想较为保守,在被捕前长期宣扬伊斯兰教法(Sharia),并且号召当地穆斯林民众要响应"哈里发的号召",迁徙到叙利亚和伊拉克去支持"圣战"。

除了前往叙利亚直接参战外,一些以色列巴勒斯坦人也在以色列境内组织自己的"地下分支"。从传播途径上看,以色列的"伊斯兰国"支持者大多通过网络途径接触并传播"伊斯兰国"信息。"伊斯兰国"善于利用网络社交平台传播思想和宣传物,这一手段被学者称为"新极端主义"(new radicalism)的重要途径。[1] 比如一名来自拿撒勒的以色列籍巴勒斯坦青年就因在自己的"脸书"(facebook)账号中分享来自"伊斯兰国"的宣传资料和视频,于 2015 年 1 月被以色列安全机构逮捕。另一名以色列巴勒斯坦青年阿布·尤素福·阿布·侯赛因(Abu Yusuf Abu Hussein)则在自己的"脸书"账号上张贴了"伊斯兰国"领导人的图片,并且发布留言表示支持"伊斯兰国"。2015 年 6 月,以色列安全机构捣毁了一个设立在以色列南部内盖夫沙漠小镇胡阿(Hura)的"伊斯兰国"地下分支。该组织由 6 人组成,他们通过网络获取"伊斯兰国"的宣传品,随后打印并秘密地在周边地区散发。

支持和加入"伊斯兰国"的以色列巴勒斯坦人大多数以青年男性为主,年纪大多在 30 岁以下,而且受教育程度往往较高。2015 年 7 月的一起诉讼案件中,以色列检察机构指责 6 名以色列巴勒斯坦人在以色列境内散发和传播"伊斯兰国"的宣传资料。在这 6 名被告人中,其中 4 人曾经是以色列境内巴勒斯坦乡镇学校的老师。以色列的"伊斯兰国"支持者所建立的"地下组织",往往是以家庭和亲友为纽带。在 2015 年 5 月,一位名叫阿德里斯·阿布·阿尔齐扬(Adris Abu al-Qiyan)的以色列巴勒斯坦青年被以色列检察机构以涉嫌"密谋和协助非法出境"起诉。阿布·阿尔齐扬被以色列检方指控帮助自己的亲友穿越以色列—叙利亚边境,协助他们加入"伊斯兰国"组织。在 2015 年以色列情报机构破获的一起"伊斯兰国"地下组织中,7 名以色列巴勒斯坦极端分子都来自拿撒勒,因清真寺礼拜而相识,

---

[1] See Haim Malka and William Lawrence, *Jihadi-Salafism's Next Generation*, Center for Strategic and International Studies, Analysis Paper, October, 2013.

并最终成为好友。2015 年 8 月，以色列安全机构破获了一起"伊斯兰国地下机构"，该组织的 3 名"伊斯兰国"支持者居住在拿撒勒以西的雅菲（Yafi'a）镇，彼此是中学同学。他们通过网络，根据叙利亚境内"伊斯兰国"分子的建议，密谋使用自制的酒精炸弹和刀具，计划袭击以色列检查站和"亵渎伊斯兰教"的巴勒斯坦酒贩子。

除了以色列国内的巴勒斯坦公民之外，一些来自加沙和约旦河西岸的巴勒斯坦人加入"伊斯兰国"的行列。截至 2015 年年底，大约有 200 名来自约旦河西岸和加沙地区的巴勒斯坦人前往叙利亚和伊拉克参加"伊斯兰国"。这些参与者大多数来自加沙地区。约旦河西岸的"伊斯兰国"支持者，则大多来自希伯伦、杰宁和纳布卢斯等地。同参加"伊斯兰国"的以色列巴勒斯坦极端分子类似，这些来自约旦河西岸和加沙地区的"伊斯兰国"支持者，往往都很年轻，而且受过良好教育（几乎都是高中以上学历）。前往伊拉克和叙利亚之前，大多对外谎称将会前往国外"接受高等教育""留学"或"经商"。这些约旦河西岸的"伊斯兰国"支持者认为，"在伊拉克和黎凡特的'伊斯兰国'分支机构点燃了全世界每一个穆斯林心中的梦想……今日，所有穆斯林青年都期待加入'伊斯兰国'或者'沙姆征服阵线'（Jabhat Fateh al-Sham）①，追随先知和圣者的事迹，追随那些占领黎凡特的战士和烈士们，从黎凡特向约旦进发，最终会光复圣城耶路撒冷"。②

相较约旦河西岸的"伊斯兰国"支持者，加沙地区的巴勒斯坦极端分子对于以色列的威胁更大。以色列一直担心加沙地区的哈马斯会和"伊斯兰国"组织"同流合污"。对于以色列来说，"加沙地区临近以色列南部的农业地区……因此该地区形势的恶化，将会极大影响以色列社会稳定"。③"伊斯兰国"在加沙地区的扩张主要通过一些当地的宗教极端组织实现。在 2014 年之前，就有一些加沙地区的小规模宗教极端团体支持"基地组织伊拉克分支"及其领导人扎卡维。比如在 2013 年 6 月"圣战者协商委员会"

---

① 原名为"沙姆人民胜利阵线"（Jabhat an-Nuṣrah li-ahli ash-Sham），2016 年该组织宣布脱离"基地"组织并更名"沙姆征服阵线"。
② Jonathan D. Halevi, "Hamas Embraces the Path of The Islamic State," *Jerusalem Issue Briefs*, Vol. 14, No. 38, p. 21.
③ Kobi Michael and Gabi Siboni, "The First Circle of Military Challenges Facing Israel: Multiple Arenas and Diverse Enemies," in Anat Kurz and Shlomo Brom eds., *Strategic Survey for Israel*, 2016 – 2017, Tel Aviv: Elinir, 2016, p. 209.

组织的游行中，就有极端分子挥舞支持"基地"组织和扎卡维的标语。在 2014 年巴格达迪宣布建立"哈里发国家"之后，这些加沙地区的宗教极端组织，如"圣战者协商委员会"（Majlis Shura Mujahidin）、"伊斯兰国家支持者"（Ansar al-Dawla al-Islamiya）、"圣城伊斯兰教法支持者"（Ansar al-Sharia Bayt al-Maqdis）、"神圣胜利者"（al Nusra al Maqdisi）以及"伊斯兰国家"（al-Dawla al-Islamiya）等，纷纷宣布向"伊斯兰国"及其领导人巴格达迪"效忠"。

在具体行为上，加沙地区"伊斯兰国"支持者的活动可以分为两个方面。一方面，策划针对哈马斯领导人的袭击行动，试图颠覆哈马斯在加沙的主导权。2015 年 4 月，叙利亚"伊斯兰国"武装突入叙利亚首都大马士革附近的耶尔穆克（Yarmouk）难民营①，随后杀害了大批难民营内的哈马斯成员和支持者。在 2015 年 7 月，一名来自加沙地区的"伊斯兰国"支持者②公开发布视频，指责哈马斯在推行伊斯兰教法上"太过软弱"，威胁要"杀光所有哈马斯成员"，发誓要"扫除以色列、哈马斯和法塔赫……伊斯兰教法将会在加沙施行，我们发誓如今在叙利亚和亚尔穆克难民营发生的一切，终有一日也会发生在加沙"。③ 另一方面，加沙地区的"伊斯兰国"支持者直接袭击以色列目标。"伊斯兰国"支持者往往在靠近以色列边境的加沙一侧设置火箭发射架，向以色列境内发射火箭弹。而在发射之后，以色列也往往会对发射点附近的哈马斯军事目标进行报复，这些袭击很可能挑起两者冲突。这些"伊斯兰国"极端分子希望通过挑起以色列—哈马斯的冲突，扩大自己在加沙地区的影响，最终取代哈马斯独占加沙。

"伊斯兰国"在以色列和巴勒斯坦的渗透与巴以问题相关。以色列占领巴勒斯坦土地，宣布耶路撒冷为首都，在东耶路撒冷和约旦河西岸大规模扩建犹太定居点，这些敏感议题都点燃了巴勒斯坦人的怒火。比如以色列情报部门在雅菲逮捕的 3 名以色列籍巴勒斯坦人中，一位名叫艾德南·阿丁

---

① 耶尔穆克难民营是叙利亚境内最大的巴勒斯坦难民营，也是哈马斯组织在叙利亚境内的重要据点。
② 视频发布者名叫伊萨·阿拉科塔（Issa a-Lakta），在前往叙利亚加入"伊斯兰国"之前，曾经是一名哈马斯组织成员。
③ Islamic State Militant was Booted from Hamas, *Times of Israel*, July 5, 2015, http://www.timesofisrael.com/islamic-state-militant-was-booted-from-hamas.

(Ednan Al-adin)的律师在被捕后向媒体表示:"当我们看到'伊斯兰国'的残暴时,我们也不应忘记,美国和他们中东盟友的所作所为,作为一个虔诚的穆斯林,我必须支持'哈里发国家'的建立。"① 在耶路撒冷老城归属问题上,大约有90%的以色列籍巴勒斯坦穆斯林受访者认为以色列是在"亵渎圣地"。巴勒斯坦民族权力机构的机关报《新生活报》(al-Hayat al-Jadida)主编哈菲兹·巴尔古提(Hafez Barghouti)就表示,如果巴勒斯坦政府解体,巴以和谈以及巴勒斯坦建国问题长期得不到突破,那么"伊斯兰国"在巴勒斯坦人中的影响力将会不断加大,因为"伊斯兰国"希望通过袭击以色列目标而谋求其在巴勒斯坦民众中的支持。② 而巴勒斯坦民族权力机构的首席谈判代表埃雷卡特也强调,如果以色列在巴以和谈中继续强硬立场,那么很可能会导致巴勒斯坦民族权力机构的解体,客观上帮助"伊斯兰国"在约旦河西岸的滋长,最终威胁以色列的安全。

除了巴以和谈僵局之外,广大的以色列籍巴勒斯坦人对于以色列的"种族主义政策"也心存不满。根据2015年的一项调查显示,有53%的以色列籍巴勒斯坦受访者认为,以色列政府机构对以色列巴勒斯坦人存在"部分歧视",只有9%的受访者认为"完全公平"。③ 而在2012年的阿拉伯—犹太关系调查中,有大约70.5%的受访者认为巴勒斯坦人是以色列社会的"二等公民"。有大约86%的以色列巴勒斯坦受访者认为以色列社会和其他犹太社群对于巴勒斯坦公民存在"歧视",甚至认为以色列对巴勒斯坦人施行"种族歧视"。在对待恐怖袭击的态度方面,尽管有70%的受访者谴责巴勒斯坦极端分子发动的恐怖袭击活动,但是30%的受访者认为以色列警察对待巴勒斯坦人的态度,才是促成恐怖袭击频发的"根本原因"。④

---

① Linda Lovitch, "Weekend Edition: Islamic State Cell in Israel," *Jerusalem Online*, January 31, 2015, http://www.jerusalemonline.com/news/in-israel/local/islamic-state-cell-in-israel-11361.
② Adnan Abu Amer, "Are Warnings About Islamic State in Palestine's Empty Threats?" *Al-Monitor*, January 4, 2016, http://www.al-monitor.com/pulse/originals/2016/01/palestine-israel-warn-isis-emergence-west-bank.html.
③ Itamar Radai, Meir Elran, Yousef Makladeh, and Maya Kornberg, "The Arab Citizens in Israel: Current Trends According to Recent Opinion Polls," *Strategic Assessment*, Vol. 18, No. 2, July, 2015, p. 104.
④ Sammy Smooha, *Still Playing by the Rules: Index of Arab-Jewish Relations in Israel 2012*, Israel Democracy Institute and University of Haifa, http://www.idi.org.il/media/2522696/Arab-Jewish-Index-2012-ENG.pdf.

三 巴勒斯坦人对"伊斯兰国"的态度

尽管巴以和谈以及巴勒斯坦建国问题困难重重,巴勒斯坦人对以色列也存在诸多的不满,但是绝大多数的巴勒斯坦人并不支持"伊斯兰国"。在以色列国内,不少巴勒斯坦政界领导人就纷纷表示对"伊斯兰国"的反对。以色列阿拉伯地方政府协会主席马赞·加纳伊姆(Mazen Ghanaem)① 就将"伊斯兰国"称为"滥杀无辜"和"诋毁伊斯兰价值观"的恐怖组织:"我们反对阿拉伯人加入'伊斯兰国'。我们的宗教与犯罪活动完全不同。"以色列巴勒斯坦裔议员阿赫马德·提比(Ahmad Tibi)认为"伊斯兰国"根本就不是穆斯林团体,所有的伊斯兰世界都应当与"伊斯兰国"进行斗争。② 2015年成立的以色列阿拉伯政党联盟"联合名单"(HaReshima HaMeshutefet)领导人艾曼·乌达(Ayman Odeh)③ 也公开谴责"伊斯兰国"以及参与"伊斯兰国"的极端分子,认为这些极端分子"是全人类的公敌,所有阿拉伯人都必须抵制他们,都必须支持打击'伊斯兰国'的努力,实现地区的和平和民主"。④ 即使以色列国内相对激进的"伊斯兰运动"(Hatanuah Haislamiyat)的领导人阿伊德·萨拉赫(Raed Salah)⑤ 也呼吁广大的巴勒斯坦穆斯林不要与"伊斯兰国"为伍,认为"伊斯兰国"及其成员根本不是穆斯林。萨拉赫声称,"伊斯兰国"破坏了地区秩序,尤其是在加沙地区挑起事端,极易引发巴勒斯坦人的内部争斗。"伊斯兰国毁坏了穆斯林的形象,他们的行径是穆斯林信仰所坚决反对的。如果他们继续这样作恶,而美国也视而不见,那么我相信所有以色列阿拉伯公民都将准备前

---

① 马赞·加纳伊姆同时也是以色列北方城市沙赫宁市(Sakhnin)的市长。
② 提比谴责暴力团伙(希伯来语),Arutz 7, March 21, 2016, http://www.inn.co.il/News/News.aspx/318799。
③ 艾曼·乌达同时也是以色列阿拉伯政党"争取和平与平等的民主阵线"(HaHazit HaDemokratit LeShalom uLeShivion,希伯来语缩写为"新党",Hadash,)的主席。
④ 议员艾曼·乌达:"伊斯兰国"是全人类公敌(希伯来语),Maariv, March 22, 2016, http://www.maariv.co.il/breaking-news/Article-532607。
⑤ 阿伊德·萨拉赫是以色列巴勒斯坦穆斯林政治群体的强硬派人物,曾经多次抨击以色列和犹太人群体。

往叙利亚,并与'伊斯兰国'血战到底。"①

以色列国内的巴勒斯坦民众对"伊斯兰国"同样十分反感。在得知加拉茱莉亚(Jaljulia)有极端分子参与"伊斯兰国"组织后,当地民众纷纷表示:"这里没有人支持'伊斯兰国',每个人都知道'伊斯兰国'与伊斯兰教义相悖",当地民众甚至将"伊斯兰国"支持者形容为"蠢驴"。② 根据以色列海法大学 2015 年发布的民调显示,大约有 82% 的以色列籍巴勒斯坦民众将"伊斯兰国"等同于"恐怖组织",并且为此"感到羞愧","所有的阿拉伯政治团体和伊斯兰组织都反对'伊斯兰国'"。③

事实上,以色列籍巴勒斯坦人已经将自己视为以色列社会的一部分。绝大部分以色列巴勒斯坦人反对暴力,倾向于通过选举政治表达自己的声音。根据 2014 年 12 月以色列民调机构的调查结果显示,77% 的以色列籍巴勒斯坦受访者认为自己"归属于"以色列社会,不少受访者表示,巴勒斯坦群体"在以色列已经生活了 65 年,已经成为以色列社会的一个组成部分",并且"希望能够继续生活在这里"。只有 23% 的受访者表示,希望"生活在巴勒斯坦政府治下"。而在受访者群体内部,巴勒斯坦穆斯林群体对于以色列身份不满程度较高,有大约 27.3% 的穆斯林受访者表示愿意放弃"以色列公民"身份而成为"巴勒斯坦公民",而这一比例在巴勒斯坦基督徒和德鲁兹人中的比例只有 7.4% 和 2.6%。在政治上,巴勒斯坦人更希望通过选票来表达自己的呼声,在选举中以色列籍巴勒斯坦民众倾向于左翼阵营和阿拉伯党派。在 2015 年 2 月以色列大选前夕的选民调查中,大约 78% 的以色列巴勒斯坦受访者表示将会投票给"联合名单",而 11% 的选民倾向于将选票投给左翼的"工党"和"力量党"(meretz)。④

---

① 谢赫·萨拉赫抨击"伊斯兰国"(希伯来语), *Arutz 7*, July 5, 2015, http://www.inn.co.il/News/News.aspx/301674。
② Raf Sanchez, How Israel Confronts Islamic State, The Telegraph, December 1, 2015, http://www.telegraph.co.uk/news/worldnews/islamic-state/12025475/How-Israel-confronts-Islamic-State.html.
③ 17% of Israeli Arabs support ISIS, expert says, *The Jerusalem Post*, November 22, 2015, http://www.jpost.com/Arab-Israeli-Conflict/Parts-of-Arab-population-support-ISIS-despite-official-opposition-expert-says-434969.
④ Itamar Radai, Meir Elran, Yousef Makladeh, and Maya Kornberg, The Arab Citizens in Israel: Current Trends According to Recent Opinion Polls, *Strategic Assessment*, Vol. 18, No. 2, July 2015, pp. 101 – 116.

在约旦河西岸，"伊斯兰国"支持者受到来自巴勒斯坦民族权力机构以及巴勒斯坦解放运动主流派别"法塔赫"的打压。"法塔赫"中央委员会委员穆罕默德·什塔伊耶赫（Mohammed Shtayyeh）就表示，约旦河西岸并不存在"基地组织"或者"伊斯兰国"的分支机构。① 一些约旦河西岸的"伊斯兰国"的支持者，也受到了来自巴勒斯坦安全部门的打击。2015年2月，巴勒斯坦安全部门在约旦河西岸逮捕了17名"伊斯兰国"支持者，其中大部分支持者涉及向"伊斯兰国"捐助资金。在2015年12月，巴勒斯坦安全部门在盖勒吉利耶和伯利恒逮捕了22名"伊斯兰国"支持者，其中一些人试图前往叙利亚参加"伊斯兰国"组织。

活跃在加沙地区的"哈马斯"，一直以来以其极端的宗教思想和坚决的暴力抵抗原则闻名于世。因此当"伊斯兰国"兴起之后，以色列一直担心哈马斯会和"伊斯兰国"合作，共同策划针对以色列的袭击行动。以色列总理内塔尼亚胡就声称："哈马斯和'伊斯兰国'是同一棵毒树的不同枝杈而已。"② 但实际上，"伊斯兰国"和哈马斯之间的关系并不融洽。从理念上讲，哈马斯作为"穆斯林兄弟会"在巴勒斯坦地区的分支机构，秉持相对温和的政治伊斯兰理念，与"伊斯兰国"所秉持的激进和极端的宗教观念无法相容。③ 从现实上讲，在经历了多年同以色列的对抗之后，哈马斯的政策也由过去激进的暴力反抗，转变为较为理性和现实的政策。哈马斯的目标始终是谋求建立一个由"伊斯兰政治力量"占据主导地位的、独立的巴勒斯坦国家，而这一目标并不为"伊斯兰国"支持者所认同。"伊斯兰国"极端分子就坦言："哈立德·马沙尔④曾经说过，哈马斯是为了巴勒斯坦自

---

① Adnan Abu Amer, "Are Warnings About Islamic State in Palestine's Empty Threats?" *Al-Monitor*, January 4, 2016, http://www.al-monitor.com/pulse/originals/2016/01/palestine-israel-warn-isis-emergence-west-bank.html.
② Edith M. Lederer and Mohammed Daraghmeh, Netanyahu: Hamas, Islamic State Group Share Creed, *Huff Post*, September 29, 2014, http://www.huffingtonpost.com/huff-wires/20140929/un-united-nations-israel-palestinians.
③ 哈马斯长期以来反对更加激进的伊斯兰政治力量在加沙地区扩张，比如在2009年8月，一群伊斯兰极端分子创立了"真主追随者战士"（Jund Ansar Allah），以"哈马斯未能在加沙实行伊斯兰教法"为名，号召加沙地区的巴勒斯坦民众反抗哈马斯，并声明在加沙建立"伊斯兰国家"。此举导致了哈马斯和"真主追随者战士"之间的严重冲突，最终"真主追随者战士"组织被哈马斯铲除。
④ 哈立德·马沙尔系巴勒斯坦抵抗运动哈马斯领导人，哈马斯政治局主席。

由和独立而奋斗。我们'伊斯兰国'则为了伊斯兰教和真主而奋斗。"① 哈马斯领导人马沙尔也公开指责"伊斯兰国"是"一个宗教暴力组织……哈马斯谴责针对记者和平民的杀戮,将'伊斯兰国'和哈马斯相提并论,是对哈马斯的亵渎和侮辱"。马沙尔表示,与"伊斯兰国"利用极端伊斯兰教义滥杀无辜不同,哈马斯的袭击对象仅是那些巴勒斯坦领土上的"犹太定居者"以及占领巴勒斯坦土地的"以色列军警",其目标是反抗以色列对巴勒斯坦的占领。如果有更为先进的武器,那么哈马斯的袭击对象就会更加"准确"。② 哈马斯领导人马哈茂德·扎哈尔(Mahmoud Al-Zahar)更是表示,"将哈马斯等同于'伊斯兰国'……是一种欺骗……哈马斯是一个民族解放运动,最终目标是促成巴勒斯坦的解放"。③

在 2014 年 11 月,"伊斯兰国"领导人巴格达迪正式宣布建立"伊斯兰国西奈分支",并鼓励巴勒斯坦极端分子向以色列、法塔赫和哈马斯发动袭击,"将异教徒剁成碎片,让他们生活在地狱之中,在真主的指引下,伊斯兰卫士们很快就会到达"。④"伊斯兰国西奈分支"领导人则将哈马斯描述为"穆斯林的叛徒",指责哈马斯扣留了从加沙地区运送到西奈"圣战者"手中的武器装备,并且威胁称将会袭击从埃及驶向加沙地区的人员和车辆,并声称"如果'伊斯兰国'有朝一日在西奈崛起,我们必然与加沙地区那些离心离德的叛徒们决一死战"。⑤ 2015 年 7 月,哈马斯安全机构对加沙地区的"伊斯兰国"地下组织进行了打击,抓捕了数名"伊斯兰国"在加沙的分支机构成员,并且封锁了一个设在加沙地带中部城镇代尔巴拉赫(Deir al-Balah)与"伊斯兰国"有染的清真寺。"伊斯兰国"西奈分支随后发表

---

① Ali Mamouri, "Why Islamic State has no Sympathy for Hamas," *Al-Monitor*, July 29, 2014, http://www.al-monitor.com/pulse/originals/2014/07/islamic-state-fighting-hamas-priority-before-israel.html.

② Adnan Abu Amer, "Are Warnings About Islamic State in Palestine's Empty Threats?" *al-Monitor*, January 4, 2016, http://www.al-monitor.com/pulse/originals/2016/01/palestine-israel-warn-isis-emergence-west-bank.html.

③ Al-Zahar: Comparing Hamas with Islamic State "a deception", *Middle East Monitor*, August 21, 2014, https://www.middleeastmonitor.com/20140821-al-zahar-comparing-hamas-with-islamic-state-a-deception.

④ Abdallah Suleiman Ali, "Baghdadi Welcomes New Pledges of IS Allegiance," *Al-monitor*, November 14, 2014, http://www.al-monitor.com/pulse/politics/2014/11/baghdadi-speech-islamic-state-pledges-of-allegiance.html.

⑤ Rami Galal, Security expert: Ansar Bayt al-Maqdis "Gasping for Breath", *Al-monitor*, November 19, 2014, http://www.al-monitor.com/pulse/originals/2014/11/sinai-ansar-bayt-al-maqdis-egypt-praise-army-achievements.html.

声明，要求哈马斯在 72 小时之内释放被关押的"伊斯兰国"极端分子，否则将会对哈马斯发动"全方位的报复行动"。加沙地区的"伊斯兰国"支持者也对哈马斯表示出失望和不满，认为巴勒斯坦人"根本就是异教徒，其所作所为根本就不是'圣战'，而是对于民主①的保护"。②

尽管得到来自"伊斯兰国"西奈分支的支持，但加沙的"伊斯兰国"支持者并未成功建立分支机构。这除了受到哈马斯的打击之外，加沙地区的"伊斯兰国"支持团体之间的重重矛盾，使其难以形成令行统一的整体。这些团体的力量相对弱小，比如其中规模最大的"圣战者协商委员会"，其成员也仅数十人而已，孱弱的实力使得这些团体难以在加沙地区与哈马斯抗衡。③

四 "伊斯兰国"戈兰高地和西奈分支的威胁及以色列的回应

除了面临来自巴勒斯坦"伊斯兰国"支持者的威胁，来自北部的叙利亚戈兰高地以及南部埃及的西奈半岛地区的"伊斯兰国"极端分子同样对以色列形成了安全威胁。戈兰高地的"伊斯兰国"分支对以色列的威胁主要有两个方面。一方面，"伊斯兰国"极端分子的残暴行径，使得戈兰高地以色列一侧的德鲁兹人对于"戈兰高地"叙利亚一侧出现的"伊斯兰国"分支十分惊慌，害怕"伊斯兰国"极端分子会伤害高地另一侧的德鲁兹社团。2015 年上半年，"伊斯兰国"极端分子出现在戈兰高地叙利亚一侧附近，戈兰高地以色列控制一侧的德鲁兹长老主动约见以色列国防军北部军区负责人，向以色列军队表达了对于"伊斯兰国"在戈兰高地附近扩张的

---

① "民主"，历来被伊斯兰极端思想家和极端分子反对，比如约旦籍的伊斯兰极端主义思想家（也被称为扎卡维的精神导师）阿布·穆罕默德·马克迪西（Abu Muhammad al Maqdisi）就认为，民主制度促使民众远离"真主独一"的思想，因此应该摒弃。

② Adnan Abu Amer, "Are Warnings About Islamic State in Palestine's Empty Threats?" *Al-Monitor*, January 4, 2016, http://www.al-monitor.com/pulse/originals/2016/01/palestine-israel-warn-isis-emergence-west-bank.html.

③ 关于"圣战者协商委员会"的信息，可以参见 Aymenn Jawad Al-Tamimi, Majis Shura al-Mujahidin: Between Israel and Hamas, *Middle East Forum*, May 6, 2013, http://www.meforum.org/3500/majlis-shura-al-mujahidin-gaza。

忧虑。尤其在 2015 年下半年随着"伊斯兰国"不断在叙利亚和伊拉克败退，关于"伊斯兰国"将会报复以色列和叙利亚德鲁兹人的传闻也不时出现，以色列参谋总长贾迪·艾森考特（Gadi Eizenkot）在 2016 年 1 月指出："我认为（在叙利亚和伊拉克）打击'伊斯兰国'不断取得成功，使他们调转枪口瞄准我们和约旦的可能性增加。"①

另一方面，"伊斯兰国"在叙利亚的武装组织也对以色列边境军警构成了直接的威胁。"伊斯兰国"在以色列—叙利亚边境地区的渗透可以追溯 2014 年。活跃在戈兰高地附近的主要是"伊斯兰国"分支机构"哈立德·伊本·阿尔·瓦利德军"（Khalid Ibn al-Walid Army，以下简称"哈立德军"）。"哈立德军"主要由两个下属分支机构组成，其中一个是叙利亚南部的"耶尔穆克烈士旅"（Liwa Shuhada'al-Yarmouk），另一个则是"穆特哈纳军"（Muthanna）。"哈立德军"的主要活动在戈兰高地以东地区，从塔西尔（Tasil）镇以南一直到叙利亚—约旦边境附近。尽管与以色列边防部队在戈兰高地对峙，但是以"哈立德军"为代表的"伊斯兰国"武装对于以色列的直接威胁有限。首先，"哈立德军"在战场的主要对手是该地区的叙利亚政府军和其他的叙利亚反政府武装，对于袭击以色列境内目标兴趣不大；其次，"哈立德军"的控制区远离以色列—叙利亚停火线，无法直接对以色列边防部队构成威胁。

除了活跃在戈兰高地附近的"伊斯兰国"极端组织分支，活跃在埃及西奈半岛的"伊斯兰国西奈分支"（Wilayat Sinai）也对以色列构成了一定的安全威胁。"西奈分支"原名为"圣城守卫者"（Ansar Bait al-Maqdis），成立于 2011 年的西奈半岛。2014 年 4 月，开罗紧急事务法院（The Cairo Court for Urgent Matters）将"圣城守卫者"认定为"恐怖组织"。起初"圣城守卫者"主要是破坏西奈半岛地区的输油管道和交通设施，在 2013 年埃及军方罢黜穆尔西之后，开始大规模地袭击埃及境内尤其是西奈半岛地区的军队和政治目标。从 2014 年初开始，不少"圣城守卫者"分子开始前往叙利亚寻求"伊斯兰国"的资金支持。2014 年 10 月"圣城守卫者"宣布加入"伊斯兰国"，成为"伊斯兰国"版图中的"西奈行省"（Wilayat Si-

---

① 艾森考特是在出席由"以色列国家安全研究所"（INSS）组织的 2016 年年会上发表上述观点的。

nai)①。"伊斯兰国"最高领导人巴格达迪在 2014 年 10 月的讲话中号召西奈地区的极端分子"就近加入组织",并且扬言要"向埃及独裁者发动袭击,让犹太人恐怖的颤抖"。

2011 年,"圣城守卫者"刚刚成立之时,其袭击目标主要是针对西奈本地输往以色列和约旦的油气管道,并且从西奈地区向以色列境内发射火箭弹。应当指出的是,从 2011 年到 2013 年,"圣城守卫者"并不是当时埃及国内甚至西奈半岛地区极端组织的"主力军",当时西奈半岛还活动着其他一些极端组织,这些极端组织无论从人员规模还是袭击事件造成的影响都远大于"圣城守卫者"。2012 年 11 月底,针对以色列发射的 99 枚火箭弹中,"圣城地区圣战者协调委员会"(Majlis Shura al-Mujahidin fi Aknaf Bayt al-Maqdis)所发射的火箭弹约有 72 枚,对于以色列构成的威胁最大,"圣城守卫者"仅发射了一枚针对以色列南部海滨城市埃拉特的火箭弹。在 2014 年,"圣城守卫者"宣布加入"伊斯兰国"组织之后,"西奈分支"对以色列的袭击次数大大减少,其针对埃及西奈驻军的袭击大大增加。有学者就认为,埃及政府才是"西奈分支"真正的攻击目标。②

面对"伊斯兰国"分支机构在戈兰高地附近的活动,以色列国防军和情报机构始终密切关注,并且通过强力的军事回击,保持对于戈兰高地附近"伊斯兰国"组织的高压态势。以色列总理内塔尼亚胡表示,要对极端分子进行更加严密的监控,尤其是应当注意那些从伊拉克和叙利亚回到以色列的伊斯兰极端分子,"欧洲国家知道这些人(伊斯兰极端分子),知道他们去了土耳其和叙利亚,但是他们什么也没有做",并指出以色列有必要通过坚决的回击来保卫戈兰高地以色列一侧的安全。③ 对"伊斯兰国"极端分子发动的攻击,以色列军队在第一时间反击,震慑"伊斯兰国"极端分子。比如 2016 年 11 月,一伙"耶尔穆克烈士旅"武装分子,向一队在戈兰高地以色列—叙利亚停火线上巡逻的以色列士兵发动袭击。以色列军队

---

① 本文将"伊斯兰国"组织的"西奈行省"统一称为"西奈分支"。
② See Yoram Schweitzer, "The Weakening of Islamic State in Sinai", *INSS Insight*, September 2, 2016, http://www.inss.org.il/index.aspx? id = 4538&articleid = 12297.
③ Raf Sanchez, How Israel Confronts Islamic State, The Telegraph, December 1, 2015, http://www.telegraph.co.uk/news/worldnews/islamic-state/12025475/How-Israel-confronts-Islamic-State.html.

迅速还击，摧毁了这伙武装人员的车辆，击毙 4 名"耶尔穆克烈士旅"武装分子。以色列军方随后还出动了战机，对叙利亚境内戈兰高地附近的"耶尔穆克烈士旅"营地进行了轰炸，震慑"伊斯兰国"武装人员。以色列国防部随后宣布，以色列将毫不犹豫地回击任何袭击以色列的武装组织。① 总的来说，戈兰高地附近并没有出现严重的"伊斯兰国"威胁，以色列—叙利亚停火线附近也大体上保持了平稳态势。

面对活跃在西奈半岛的"西奈分支"极端分子，以色列一方面通过直接的军事回击，尤其是发动针对边境地区极端分子的空中打击，来震慑极端组织；另一方面，以色列也积极地通过外交途径，敦促和协调埃及打击极端分子。根据《埃及—以色列和平协定》（以下简称《和平协定》）的规定，西奈半岛依据允许驻扎埃及部队数量的多少，被分为了由 A 到 D 四个区域。其中 A 区包括西奈半岛的西部沿苏伊士湾，B 区包括西奈半岛中部，C 区是西奈—加沙边界以西部分，D 区则包含亚喀巴湾以西以及西奈半岛东北角。

《和平协定》规定，埃及在 A 区可以驻扎机械化部队，B 区可以驻扎至多两个边防营，C 区只能驻扎警察机构，而 D 区则成为非军事区，埃及空军飞机和侦察机也不许从 B 区和 C 区上空飞越。由于《和平协定》的限制，埃及政府无法在西奈半岛全境部署足够的军队，因此无法对西奈半岛的"伊斯兰国"极端组织进行有效打击。在 2011 年穆尔西执政时期，埃及—以色列关系出现危机，以色列曾经反对埃及在西奈半岛增兵；而在 2013 年 6 月塞西执掌政权后，埃及和以色列之间的政治互信增强。以色列也和埃及进行了协调，"从 2015 年 7 月之后，以色列已经默认了埃及在西奈半岛的一切军事部署行动"，允许埃及陆军调集埃及空军在西奈半岛中部和东部执行任务。② 以色列前驻埃及大使艾力·沙克德（Eli Shaked）就表示："我们十分期待埃及能够赢得战争胜利，他们必须要取胜，这事关以色列的利益。"③ 而以色列与埃及也加强合作，分享管控边境等方面的信息和情报，共同打击"伊斯兰国西奈分支"。

---

① 以色列袭击叙利亚境内"伊斯兰国"目标，《人民日报》2016 年 11 月 29 日 21 版。
② See Andrew McGregor, Why Are Egypt's Counter-Terrorism Effort Failing in the Sinai Peninsula?, *Terrorism Monitor*, Vol. 14, Issue 24, pp. 24 - 25.
③ Neville Teller, Israel and Islamic State, *The Jerusalem Post*, July 21, 2015, http://www.jpost.com/Blogs/A-Mid-East-Journal/Israel-and-Islamic-State-409652.

结论 "伊斯兰国"意识形态与对以色列的威胁

长期以来,"伊斯兰国"的首要敌人是被巴格达迪称作"萨法维叛徒"(Safavid rafida)的什叶派,以及那些反对"伊斯兰国"的逊尼派团体。① "'伊斯兰国'的首要目标是重新吸引那些'误入歧途'的穆斯林'走上正道'。'伊斯兰国'认为这些'叛教者'没有能够接受真正的伊斯兰教义。第二个目标是与什叶派斗争,这些什叶派在'伊斯兰国'看来是'反对者'和'抵抗者',紧接着是阿拉维派教徒,随后是针对基督徒、土库曼人、雅兹迪教徒、库尔德人、德鲁兹人,最后其目标才是犹太人。"② "伊斯兰国"的战略目标,是在伊拉克和叙利亚建立"哈里发国"。从根本上讲,以"基地组织"为代表的传统恐怖组织网络,是以打击美国和西方的"远敌"为目标,通过渐进的方式,实现"伊斯兰大同世界";而"伊斯兰国"则以直接占领和吞并土地,直接建立国家,推翻中东穆斯林社会所在国"近敌",最终建立"哈里发国家"为目标。打击以色列,则被纳入"伊斯兰国"实现"哈里发国家"的大目标之下。

"伊斯兰国"对于以色列的威胁,实际上体现了"伊斯兰国"的意识形态和战略目标。因此对于以色列面临的"伊斯兰国"威胁的研究,离不开对于"伊斯兰国"意识形态及其所代表的伊斯兰极端主义思想的概括与剖析。大体上看,"伊斯兰国"本身的意识形态可以分为三个部分,即强烈的"复古秩序"的价值观、"激烈对立"的世界观以及对"极端暴力"的推崇。

首先,"伊斯兰国"推崇"复古秩序"价值观。"伊斯兰国"所代表的意识形态是对现有国际和地区政治秩序和准则的否定。"伊斯兰国"一名所使用的"al-Dawalah"一词,在伊斯兰文化语境之中具有"兴替"的意思。"伊斯兰国"所高举的黑色旗帜,容易让人联想到阿拉伯阿巴斯王朝,即中

---

① "伊斯兰国"的建立并未得到所有伊斯兰极端分子的认同,包括"基地组织""穆斯林兄弟会"在内的伊斯兰团体都认为,"伊斯兰国"设立的"哈里发国"并没有获得穆斯林社会的"共识"(ijnas),并没有与其他的穆斯林群体进行"协商"(shura),而"伊斯兰国"的暴力和血腥也并不代表伊斯兰教的精神。

② Orit Perlov, "A Hitchhiker's Guide to the Islamic State Galaxy, in Yoram Schweitzer and Omer Einav," *The Islamic State: How Viable Is It?* Institute for National Security Studies, 2016, p. 108.

国史书中的"黑衣大食"。"伊斯兰国"宣传材料中的"版图",也正是当年伊斯兰教兴起初期阿拉伯帝国极盛时期的控制地域。"伊斯兰国"意识形态的核心概念就是重建"哈里发帝国"。① "哈里发"在阿拉伯语中为"代治者""代理人"或"继承者"。穆罕默德及其以前的众先知,即被认为是安拉在大地上的代理人、代治者。在阿拉伯帝国时期,"哈里发"为阿拉伯帝国最高的统治者称号,其拥有世俗和宗教两个层面的最高统治权。② 以"哈里发"作为统治基础,一方面从宗教极端教义上讲,意味着"伊斯兰国"具有超越一切当代民族国家和其他政治团体的"优越性"。"哈里发"意味着真主唯一合法的统治者和代言人,因此推行极端伊斯兰教法是建立人间秩序的唯一依据,任何现行的社会、政治、经济和文化制度都应当接受极端伊斯兰教法的审查并予以推翻和改造。另一方面从伊斯兰教本身发展历史上看,"伊斯兰国"强调阿拉伯帝国的历史,必然将中东、北非、中亚和伊比利亚半岛等广大地区视为"领地"。这也就意味着,"伊斯兰国"必然将"消灭以色列"让位于建立"哈里发国家"这一战略目标之下。

其次,"伊斯兰国"推崇"激烈对立"的世界观。一方面从空间上,"伊斯兰国"设置了"异教徒"和"伊斯兰国"对立的现实二元世界。"伊斯兰国"将现实世界视为"不公平"的世界,主张开展"圣战"来推动理想的"伊斯兰国"最终建立。"伊斯兰国"认为,当前世界的"异教徒"在羞辱穆斯林群体,控制穆斯林的地区、掠夺这些地区的资源,并且运用各类意识形态如"民族主义""世俗主义""民主自由"等名义分裂伊斯兰世界。因此穆斯林群体已经成为"受害者"群体。另一方面从时间历史叙述上,"伊斯兰国"将意识形态的重心放在伊斯兰教兴起的"纯洁时代"和复兴"乌玛"并且建立"伊斯兰国"的美好憧憬之上。"伊斯兰国"声称,

---

① 应当指出的是,"伊斯兰国"被绝大多数穆斯林所抨击和反对。"穆斯林兄弟会"的领导人尤素福·阿尔·卡拉达维(Yusuf al-Qaradawi)就以国际穆斯林学者联盟的身份,质疑"伊斯兰国"的合法性,认为绝大部分伊斯兰国家还没有实行"伊斯兰教法"(Sharia),穆斯林世界的内部纷争仍然很严重,"伊斯兰国"领导人巴格达迪"自立为哈里发"也没有获得穆斯林世界的广泛认同,因此是非法和无效的,玷污了"哈里发"的称号,危害了穆斯林世界的团结。

② Ofir Winter, "The Islamic State, A Controversial Consensus," in Yoram Schweitzer and Omer Einav eds., *The Islamic State: How Visible Is It?*, Institute for National Security Studies, 2016, pp. 31 - 32.

多年以来穆斯林群体已经忘记了自己所承担的传播伊斯兰教的使命,"伊斯兰国"将自身塑造成了"真主赋予的光荣骄傲"的群体,并且通过圣战来最终实现伊斯兰大同社会。① "伊斯兰国"领导人巴格达迪在 2014 年 7 月摩苏尔演讲中,首先运用空间上的"对立性"来描述当前世界,认为世界已经划分为了由穆斯林真正信仰者组成的阵营,以及由"异教徒"和"伪善者"组成的另一个阵营,并有犹太人和十字军鼓动和支持;随后巴格达迪运用时间上的"二元性"来号召极端分子发动"圣战":"效忠哈里发是每一个穆斯林的责任,而这种责任已经被丢失了好几个世纪……这种责任的丢失是穆斯林的罪过,我们必须重拾这种责任!"②

最后,"伊斯兰国"崇尚"极端暴力",将之作为实现"哈里发国家"的途径。这是"伊斯兰国"挑战现实世界、颠覆现有体系和制度的唯一选择。在"伊斯兰国"的话语体系之中,暴力和杀戮是扩张教法的重要方式,而对于其他的非穆斯林"异教徒"不能有丝毫怜悯,只能通过极端的暴力手段威慑和消灭敌人。巴格达迪就要求号召针对什叶派的"圣战":"我号召全世界的穆斯林——年轻人及男子,行'迁徙'(Hijrah)加入我们,巩固'伊斯兰国',进行'圣战'。"③ 因此对于暴力的崇尚,成为"伊斯兰国"重要的特征。

另一方面,对于"异教徒"和"叛教者"不加区分地使用暴力,成为"伊斯兰国"区别于"基地组织"的重要特点。"基地组织"尽管也对于当前世界进行着"激烈对立"的描述,但是认为穆斯林的首要敌人应当是"西方世界和以色列",其次才是阿拉伯世界内的各国统治者,这些统治者是"美国的盟友",因此"基地组织"认为打击西方目标才是第一位。"伊斯兰国"则将"内斗"(al Adou al Qareeb)作为第一要务。④ "伊斯兰国"

---

① Yosef Jabareen, The Emerging Islamic State: Terror, Territory, and the Agenda of Socual Transformation, Geoforum, Vol. 58, 2015, pp. 51 – 55.
② Graeme Wood, What ISIS Really Wants, *The Atlantic*, March 25, 2015, http://www.theatlantic.com/magazine/archive/2015/03/what-isis-really-wants/384980.
③ Seth G Jones, *A Persistent Threat*, *The Evolution of al Qa'ida and Other Salafi Jihadists*, Rand Corporation, 2014, pp. 12 – 13, http://www.rand.org/content/dam/rand/pubs/research _ reports/RR600/RR637/RAND_ RR637. pdf.
④ "西方目标"还是"攘内"优先,在伊斯兰极端组织内部一直存在争议。最为著名的事件是"基地组织"领导人扎瓦赫里曾给"伊拉克基地组织"领导人扎卡维写信,在信中扎瓦赫里提出,扎卡维所推行的对什叶派进行攻击有损伊拉克穆斯林社区对"基地"的支持,要求停止袭击什叶派转而专注袭击美国和西方驻军。

的组织前身、"基地组织伊拉克分支"领导人扎卡维就将攻击目标定为"什叶派"和与自己政见不一致的逊尼派团体。2005 年,扎卡维为此曾遭到时任"基地组织"二号人物扎瓦赫里的批评。扎瓦赫里强调,"圣战者"最为重要的武器就是广大穆斯林民众的支持。因此,扎瓦赫里要求袭击场所不应当选择在平民众多的地点,以免造成无辜人员的伤亡。扎瓦赫里告诫扎卡维,要谨慎对待什叶派信众以及避免发布血腥的"砍头"视频,因为这样可能会造成民众恐慌。①

在强烈的"复古秩序"的价值观、"激烈对立"的世界观和"极端暴力"这三个因素共同主导下,"伊斯兰国"更倾向于攻略土地,在控制区内建立组织,强化自己的统治。在扎卡维看来,伊斯兰世界的中心应该在"黎凡特"和埃及地区,因为"阿拔斯帝国"的首都就在巴格达。早期"基地组织伊拉克分支"的规划中,就将伊拉克和叙利亚作为未来"圣战"的核心区域,在不断发动进攻迫使美国撤离伊拉克后,在伊拉克某地建立一个"伊斯兰公国"(Emirate),随后再发动"一波波圣战"来击败阿拉伯世界的世俗政府,最后与以色列"决战"②。因此对"伊斯兰国"来说,攻城略地,维护"哈里发帝国"才是关键。事实上"伊斯兰国"建立以来,除了军队之外,"伊斯兰国"曾建立了各类安全、司法、教育、税收、货币和经济体系,已经实现了占领地区的"国家化"。而与此同时,"伊斯兰国"提出"哈里发"为领袖,则意味着"伊斯兰国"具有超越其他一切群体的最高地位。"伊斯兰国"官方发表的《不要效忠国家,而要效忠伊斯兰》的文章明确表示,伊斯兰教义中唯一的效忠对象只能是"哈里发",全世界范围内的穆斯林,甚至包括西方世界的穆斯林少数群体,都应当效忠哈里发,也就是"伊斯兰国"。③ 在这种意识形体的影响下,"伊斯兰国"极端分子一方面试图招募和发展以色列国内和被占领土上的巴勒斯坦伊斯兰极端分子,另一方面则将"攻击以色列"作为一个建立"哈里发国家"大目标下的小目标,认为"伊斯兰教法的全面建立,将会清除以色列,最终解决巴

---

① Devin R. Springer, James L. Regens, and David N. Edger, *Islamic Radicalism and Global Jihad*, Washington DC: Georgetown University Press, 2008, p. 124.
② 参见扎瓦赫里 2005 年写给扎卡维的信件,2005 letter to Al-Zarqawi, *Counter Terrorism Center*, https://www.ctc.usma.edu/posts/zawahiris-letter-to-zarqawi-english-translation-2。
③ Yossef Bodansky, The Rise of the Caliphate Ⅱ, *ISPSW Strategy Serious*, No. 373, Sep 2015, p. 7

勒斯坦问题"①。

然而，正如上文所述，在以色列社会和巴勒斯坦人内部，绝大多数的穆斯林群体和巴勒斯坦各个政治派别并不认同"伊斯兰国"所推崇的极端暴力思想。从根本上讲，"伊斯兰国"追求建立泛伊斯兰世界政治实体"乌托邦"的设想，与巴勒斯坦人谋求民族独立和建立民族国家的期望完全相悖。"伊斯兰国"将巴以问题的最终解决，系于未来建立的一个"哈里发国家"或者"伊斯兰大同"（umma）到来。② "伊斯兰国"所宣扬的"重点不应是解放土地，而应该是为了实施真主的意志去战斗"认为当前巴勒斯坦民族运动的"规划是错误的"。③ 在2014年，一些加沙的"伊斯兰国"支持者甚至焚烧了巴勒斯坦国旗，来表示对于巴勒斯坦民族独立事业的反对，以及对于创立一个"哈里发国家"治下"巴勒斯坦行省"的热情。有巴勒斯坦学者就表示："'伊斯兰国'的言论只是夸夸其谈而已……他们在巴勒斯坦人心目中根本得不到支持。"④

在以色列周边，"伊斯兰国"极端分子的袭击目标集中在当地，并未将以色列作为直接的袭击对象。与此同时，以色列则通过军事报复来震慑"伊斯兰国"极端分子所发动的袭击活动。在外交层面，以色列也积极与周边邻国保持沟通，努力通过外交途径保证以色列免受"伊斯兰国"境外分支的攻击。因此，以色列国内所面临的"伊斯兰国"威胁仍然较小，以色列的安全环境仍然较为稳定。

[责任编辑：闫伟]

---

① Islamic State Militant was Booted from Hamas, *Times of Israel*, July 5, 2015, http://www.timesofisrael.com/islamic-state-militant-was-booted-from-hamas.

② 关于"乌玛"的理念和论述，参见刘中民《伊斯兰的国际体系观——传统理念、当代体现及现实困境》，《世界经济与政治》2014年第5期。

③ Neville Teller, Israel and Islamic State, *The Jerusalem Post*, July 21, 2015, http://www.jpost.com/Blogs/A-Mid-East-Journal/Israel-and-Islamic-State-409652.

④ Jonathan D. Halevi, "Hamas Embraces the Path of The Islamic State," *Jerusalem Issue Briefs*, Vol. 14, No. 38, p. 20.

中东社会史

中东的部落主义与国家*

〔英〕欧内斯特·盖尔纳 著   姜欣宇 译**

内容提要   欧内斯特·盖尔纳（Ernest Gellner，1925—1995）是当代西方著名的哲学家、社会人类学家、民族学家。盖尔纳生于巴黎一个捷克裔犹太家庭，在大学期间主攻哲学、政治学和经济学。1962年，成为英国伦敦经济学院教授。之后，他渐渐对文化、社会、民族学问题产生浓厚兴趣。1979年起，盖尔纳开始在剑桥大学任社会人类学教授。他在本文中指出，有八种主要因素影响了中东部落国家（或准国家）的形成。在这些因素的作用下，中东出现了五种主要的部落国家（或准国家）类型：纯部落模式、沙特模式、阿汗索模式、混合模式以及马穆鲁克模式。最后，他以独特的视角分析了中东部落国家（或准国家）相较同时期欧洲（尤其是意大利）的政治优势。

关键词   中东   部落因素   部落国家   马穆鲁克

一   中东部落社会的构成要素

中东地区典型部落准国家（tribal quasi-state）由如下因素共同构成。

（1）世系分支结构①（segmentary-lineage organization）。这意味着在实际中存在一种内部的凝聚力，使其成员可以共同保障群体中的社会秩序。参

---

*   本文原发表在 Ernest Gellner, "Tribalism and the State in the Middle East," in Philp S. Khoury, Joseph Kostiner eds. , *Tribes and State Formation in the Middle East*, Oxford：University of California Press，1990。

**   姜欣宇，西北大学中东研究所硕士研究生。

①   人类学术语，指较大的群体分裂成若干氏族，而这些氏族又分化为若干世系群的政治组织形式，其中的成员具有（或想象出）共同的祖先。——译者注

照斯坦尼斯拉夫·安德烈斯基（S. Andreski）的标准①，这种群体往往具有极高的军事参与度；事实上，几乎所有成年男性都参与了有组织的暴力活动，并且共担风险。

血亲复仇（feud）是这种社会最典型的机制。具体来说，如果 A 群体的某个成员攻击了 B 群体的某个成员，那么接下来，B 群体的任何成员都将对 A 群体的任何成员发起反击。如果双方达成和平协议，并且 A 群体同意做出补偿，那么 A 群体的每个成员都要为此做出贡献，而 B 群体的每个成员皆可分享这份补偿。这种集体责任制促使每个群体都积极监管自己的成员，因为除群体外，不存在其他的监管机构；而一旦监管失效，其后果将由群体成员共同担负。

这种群体组织形式也存在消极的一面，即在群体中，很少或是不存在中立的、专门的命令执行机构，缺乏来自外部或上层的管理。因此，在这样的群体中，循环的、自我延续、自我修补的内在机制显而易见（强大的个体自我监管和自行管理导致中央机构的虚弱或缺失；而虚弱的中央机构是对自我保护、共同保障的强大群体的需要？）。

"嵌套"（nesting）结构是这种分支社会（segmentary society）的关键特征。一个群体包含多个次群体，这些次群体同样又包含其他更低一级的群体，这样的关系对于彼此是相似的。其中不存在超群决断的社会组织或等级。也就是说，在某个群体内部运行的权力平衡模式同样运用于不同群体之间。在文献中，这种群体被冠以部落联盟、部落或氏族分支（segments）这样的名称，因为他们都以大致相同的方式进行运转。在任何层级中，难以避免的冲突随时可能发生，进而刺激相应的群体，他们要么立即采取行动，要么先是隐忍，等到节日、季节性转场或其他活动结束后，再爆发出来。

在中东，这些部落群体常常对其自身加以识别和界定，但辨识的标准并非完全是谱系（genealogical）或父系（patrilineal）的。如果在群体中，成员间的关系依照血统而定，并且仅存在一条世系，就会自然形成一种被社会秩序所需的、平滑且清晰的嵌套型族群体系（nested groups）。当在摩洛哥的阿特拉斯中央高地（central High Atlas）进行田野调查的时候我们发现，与其他部落中的圣裔体系（holy lineages）不同，在谱系方面，普通的

---

① S. Andreski, *Military Organisation and Society*, Berkeley: University of California Press, 1968.

世俗部落民是典型的奥卡姆（简单有效）主义者①，他们记忆中（或虚构的）祖先的数目几乎与部落中群体的数量一致（为进行自我界定，他们需要一位处于各自谱系顶端的先祖）。

事实上，这些部落群体不仅是单系的（unilineal），而且也是父系的（patrilineal）。这种现象的产生，可能源于中东及地中海地区盛行的男系风气（agnatic ethos），或是这种模式刚好满足了游牧社会的需要。不过，撒哈拉的图阿雷格人是一个有趣的例外。他们与中东的其他部落相似，但与众不同的是，他们具有一种母系（matrilineal）意识，并且（尽管未得到深入研究）他们曾经拥有一种母系社会组织。另外，在图阿雷格人的部落群体中，等级次序（hierarchical ranking）高度发展；尽管这种现象也在其他地区也偶尔出现，但并不显著。

与普遍的观念相反，中东的这些部落群体并非完全依照血统进行自我定义。在山区的农业部落中，至少在拓展的家庭组织（extended families）②这一微观层面，他们在对自身群体的范围加以界定时，常常以地域而非血缘为标准。此外，即便将血统作为界定标准，部落中也存在一种公认的仪式，可以使个人或群体得以摆脱"血"（"肉"或"骨"）的宿命，加入新的群体。

部落的集体责任体制要求其成员必须具有明确的身份。不过，当个体或群体的血统被公认的仪式"调整"后，其结果仍可满足该体制的需要。因此，在一个所谓的按照血缘对自身加以定义的群体中，常见的情况是，其次级群体通过仪式而不是血缘结成实际上的同族。

（2）由选举或准选举赋予的、不稳定的领导权。最普遍的模式是，在部落（或其他层级）中存在一个首要分支（chiefly segment）或世系。传统上，他们有权为包含其他世系和分支在内的更大的部落群体提供首领。同时，缺乏清晰与明确的继承规则也是这种体系的重要特性。

这种特性所带来的后果是，当首领位置发生更替，继任者的选择更多基于权力与声望的平衡，而非简单应用一种继承规则。儿子、兄弟、

---

① 或称奥卡姆剃刀原理，由14世纪逻辑学家、圣方济各会修士奥卡姆的威廉提出。——译者注
② 或称扩大家庭，大家庭指通过血缘纽带联系在一起，住在同一家户中的若干核心家庭的集合。——译者注

侄子或表亲皆拥有继承权,而且"表亲"与其后代所涵盖的范围比这些术语在英语中所对应的意义更加广泛。因此,继任者的确立要么通过非正式的选举(以证明其获得部落中其他分支的支持),要么通过血腥的争斗。

这样的社会群体必须面对两难选择:一方面,为了抵御外敌、掠夺资源、处理与外部的关系,他们需要得到领导权;另一方面,部落内部组织的形成更多依赖彼此间权力的制衡,而不是围绕一个权利核心加以构建。因此,大致存在这样一种规律——部落中某个群体的外部关系越强大,那么其在部落中的统治就越为集中和有效。①

(3)牧民与农民共生。上文提及的社会组织类型对于过着畜牧生活的牧民,尤其是游牧民来说尤为合适。游牧民以及他们的财产(牲畜等)都是可移动的,因此他们倾向且能够抵抗或逃避来自中央集权政府的管控。然而,我们经常发现,这种类型的组织也存在于一些由农民组成的群体中,他们往往定居在外人难以到达的区域。这种地理位置对他们造成的政治影响,与畜牧生活带给游牧民或半游牧民的影响相似。不过,由于定居农民组织受限于绿洲,且严重依赖灌溉,他们更为脆弱,生存前景也更加渺茫。

脆弱的农民与侵略成性的牧民互为补充,并在经济方面相互依赖。② 在一种缺乏管理,或没有管理的状态下,农民与牧民交换各自的产品(如农民用谷物和椰枣交换牧民的肉制品或奶制品)。只不过,产品的交换并不只依照市场原则进行。产品交换或上交的比率被视作混合了产品自身的价值,以及须交纳的贡赋、保护费和保险(在灾荒发生时,牧人会为农民提供帮助,以防他们被饿死)等相关因素。

牧民与农民之间稳定关系的确立,可能有助于产生一个稳固的领导阶层与一位强大的首领,从而推动部落准国家的形成。因此,这是一个敏感的政治话题。农民更愿意与一个单独的权威打交道;反过来,对于其自身,他们更关注自己的生存与发展之道。因此,他们更愿意接受上述安排,而不希望遭受这样一种突然袭扰:由若干自称开荒者、组织松散的群体发动,

---

① A. M. Khazanov, *Nomads and the Outside World*, Cambridge: Cambridge University Press, 1984.
② R. Dunn, *Resistance in the Desert: Moroccan Responses to French Imperialism, 1881 – 1812*, Madison: University of Wisconsin Press, 1977.

其中一些人希望一次性获取大量战利品，而不顾这种毁灭性的掠夺将会减少未来的收益与持续的贡赋。即便这种袭扰是一次性的，农民也不愿接受，毕竟，他们将来可能还要向其他人交纳贡赋。

农民和牧民都希望接近并利用工匠和商人。同时，与农民们一样，这些绿洲的原始资本家（proto-bourgeoisie）也希望得到强大保护者的持续庇护。而对于牧民来说，他们希望得到一个补给充足、价格合理，并且可以安全进入的市场。

（4）与圣裔相互依赖。尽管并不普遍，但在中东存在这样一种正式机制，即地位上有所差别的圣裔散布在各个分支型部落（segmentary tribes）之中。这些圣裔通常声称其血统来自先知。他们崇高的地位（尤其是如果他们同时能够保持节制，在原则上避免卷入世俗部落间的冲突，从而使其成为一种稀缺的、具有特殊角色的和平主义典范）使他们（至少是他们中部分杰出成员）有资格去担任普通部落民的仲裁者。他们也提供一种松散的领导，但其命令是否有效则取决于被领导者的意愿。

（5）对外贸易与朝觐路线。一个强大的酋长或原始部落国家愿意居住在贸易路线、朝觐路线（二者经常重合）附近，甚至居住在可能的哈吉（麦加朝觐）路线上。旅途中的商贩和朝觐者需要运输工具、住所与安全保障。与在当地定居的工匠和商贩一样，他们也更愿意与一个单独、有效的保护人打交道，而不希望与若干保护者相处（他们可能既不可靠又十分贪婪）。贸易通畅是必须的，它并不是一种可有可无的奢侈品。恶劣的生态环境与气候条件，以及干旱迫使社会生产趋向专门化（specialization）。这反过来迫使他们开展贸易活动；不过，对于贸易的需要，有助于推动这种社会采取一些政治性治理措施。

（6）外来思想的输入。对于伊斯兰平等主义（Islam-egalitarian），经训主义（scripturalist）、清教式（puritan）、法治主义（nomocratic）等高级文化的崇敬之情已经遍及伊斯兰世界。而对于以研究社会组织机构为导向的社会科学家来说，很难理解是何种原因造成了这一现象。这些社会思潮似乎具有一种自身特有的生命与权威，并不因任何具体组织形态的变化而发生明显的改变。在正常情况下，这些理念至少在一些小规模的穆斯林社会领域内被城市学者及其有身份的主顾应用。实现这些理念的先决条件是文化素质的养成，以及遵守由规则产生的伦理道德，而非遵循个人忠诚（personal loyalty）的原则。同时，这些理念坚决谴责任何试图对圣事加以干涉的行为（什尔克①的罪行），因此它们似乎与未受教育的部落群体并不相配。部落群体对仲裁者（mediators）有着巨大的需求，他们需要其作为人与神之间的中介在社会群体中实施仲裁。尽管如此，在部落中，排他性权威与唯一神论理念（unitarian ideal）仍备受尊重，即使部落民未能或不能在大多数时间里遵守它。此外，这些理念时不时便会被激活，从而成为一种极有效力的情感，进而在国家构建中扮演重要角色。

（7）宽广的政治舞台。虽然部落地区处在中东的边缘地带，但在国际上却占有重要位置。在石油财富出现之前，很少有人关注他们到底生产或控制了什么，但是这些部落的确具有战略上、有时是象征性的重要价值。这使各种外部势力急欲控制他们，或阻止敌对势力操纵他们。这些强权相互倾轧，并在部落地区培植自己的势力。例如，在19世纪，形式上中央集权的奥斯曼帝国，实际上通过两个相互独立的权力中心（一个在埃及，另一个在伊拉克），对阿拉伯半岛的部落地区加以操控。

（8）可选方案：招募雇佣军或建立马穆鲁克机制。部落首领本身并不具有创建职业军队或官僚机构的资源基础。部落本身就是他们的武装力量，对于争斗和战利品的渴望，以及领导者的激励会把他们动员起来。这种特性既具优势也存在弱点。其长处是，军事单位本身就是部落既有的社会群体，因此其拥有与生俱来的凝聚力（因为他们有着共同的经历并且彼此关心）。此外，他们平时的生活环境使其习惯于战时移动、暴力与艰苦的作战条件。由于这种战时与平时一体的行动特性，使部落武装常常成为一种令人生畏的力量。他们不需要像普通新兵一样接受特殊训练，便天然具有一种类似军队的精神（esprit de corps）。他们得到充分且模式化（encadré）的训练，由公认的领袖率领，在熟识的地理环境中展开战斗，这正是他们的优势所在。

然而，其劣势也同样源于他们具有的部落社会特质。也就是说，这种社会组织既能带来强大的凝聚力，也会导致严重的离心倾向。由于在公民角色与军事角色之间缺乏界限，因此他们总是在压迫他人方面反应积极，但对最高长官的长远战略置若罔闻。只要他们感到合适，便会将战略考量

---

① 什尔克：本意为"合伙"，通常用来指偶像崇拜者，神灵崇拜者。——译者注

抛之脑后，立即动身返回家乡。而对于他们来说，季节性的各种义务和传统（如进行季节性转场）差不多就是一种长远战略。因此，对于每个部落酋长来说，只要其统治范围可以超越单纯的部落基础，自然想要通过招募由雇佣兵和奴隶组成的职业私人武装力量以扩充和平衡他的部落力量。并且对于酋长们来说，这种做法也并非独创，因为自从伊斯兰哈里发国家衰落之后，这样的社会组织模式便在中东地区快速发展。① 马穆鲁克体制一直在运行，而且在某些时期它还运转得相当出色。

二 诸要素的综合探讨

虽然，马穆鲁克体制的最初发明者不大可能研读过柏拉图的《理想国》，但这些穆斯林却潜在践行了柏拉图的相关理念。正是由于以下原因，这样的社会才得以避免堕落与衰退：统治阶层的精英成员自幼接受系统的军事训练，并学习行政管理技能，同时也被灌输了一种忠于国家的理念。此外，他们与其亲族和财产之间的联系被切断，因为这些诱惑会干扰他们履行职责。

尽管这些精英被称为奴隶而不是护卫者（guardians）②，但这并不重要。国家拥有他们，同时也被他们所掌控。职业精英的统治模式强化了他们服务国家的信念；同时，他们从不同地区招募而来，地区间地理环境、民族，甚至宗教和种族的差异提高了他们的忠诚度，或者至少减少了他们试图谋反的邪念。像那些"野心膨胀"的酋长所最初依靠的权力基础——部落民一样，这些精英出自艰苦的生活环境，并且被隔绝在那些令城市统治者堕落的温柔陷阱之外。不过，与聚集在一起生活的部落民不同，他们还被割断了与亲属之间的联系。

如果这样的体制没能持续运转下去，那么它衰败的原因可能正如柏拉图所预见的那样：尽管这一统治集团最初的凝聚力通过有意地严苛训练锻造而成（而不像部落民那样，其凝聚力因共担沙漠中的风险而产生），但最

---

① P. Crone, *Slaves on Horse: The Evolution of the Islamic Polity*, Cambridge: Cambridge University Press, 1980.
② 出自柏拉图在《理想国》中提出的三个社会等级（执政者、护卫者、生产者）。——译者注

终他们还是拜倒在了荣誉、亲属关系，以及财富的诱惑之下。这是一种像柏拉图所预测的、如同在其他政治体的交替衰败中所展现的那样，由诱惑而左右其命运的规律。当然，真实的衰败过程不会像理论中那样规整。印度的种姓制度可能是另一种践行柏拉图主义（Platonism）的社会实践，并由此形成了一个具有学识、实行高压统治、并能自我延续的固定阶层，不过其完全屈服于血缘关系原则。因此，马穆鲁克体系应该是唯一的柏拉图主义的变体：柏拉图主义的关键要素——教育、隔离、隔绝财产、断绝亲属关系，全部存在于该体系。

从另一种视角来看，在官员产生方式上，马穆鲁克体系是一种非凡的、超越其时代的尝试。由于传统社会中总是存在一种试图攀附地域与亲属关系的积习，使人们逃避责任、漠视法令，并且导致国家分裂成自治的地域单元。因此，传统国家在其中央集权化道路上倍受阻碍。只有在现代社会，由于众多因素［社会总体的原子化（atomization）①、广泛的工作与职业方向、人们在学校而不是在地方团体中得到社会化］的共同作用，才能在本质上把每一个人转化成潜在的官僚。就总体而论，在当前人们可以通过官僚组织的方式执行各自的任务，而不会为了讨好他们的亲属而使规则发生扭曲。可以说，现在我们都是马穆鲁克。然而，传统社会并不具有这样的优势，为此他们不得不依靠奴隶、阉人、教士、或外国人，以实行有效的行政管理。②

当马穆鲁克原则及其修正形式取得大规模的显著成功时，或许应当反思是在大多数时间里，我们所谈论的政治体是否可以归类为部落国家。例如，以"部落国家"这一术语来称呼鼎盛时期的奥斯曼帝国就确实是一件荒谬的事。那是奥斯曼帝国的开端，但是其并没有一直保持此种形式。马穆鲁克原则是一种可以代替部落社会的方案，两者的纯粹版本构成了一种社会形态的两端。但在中东，恰好位于两端的社会形态十分罕见，而许多政治体处于这一范围中的某个位置。

这样便存在另外一个问题。奥斯曼国家的出现是否意味着伊本·赫勒

---

① 社会原子化指取消国家与个人之间的中间人，从而形成"国家—个人"两极结构的过程。——译者注

② K. Hopkins, *Conquerors and Slaves*, Cambridge: Cambridge University Press, 1978.

敦①有关中东社会的理论（我已深深依赖这种理论）已经失效，是否已经无法作为一种适用于干旱区域的伊斯兰世界的总体理论而存在？对此，我并不这样认为，理由如下：毫无疑问，在中东，两种因素（伊本·赫勒敦所论述的部落基础范式与其对手奴隶官僚范式）能够并且确实以不同的比例混合在各种国家形态之中。

在初始阶段，奥斯曼帝国不过是安纳托利亚的一群典型部落政治结合体，仅当其中某一部落取得突出成就时，两件至关重要的事情才得以发生：其一，奥斯曼帝国在巴尔干和安纳托利亚西部，之后又在尼罗河谷，获取了一个由顺从的定居农民组成的特殊统治基础；其二，马穆鲁克因素疯狂生长，不断消除与其竞争的部落因素。这两种变化无疑紧密相关。大批可供征税的农民维持了非部落国家机构的运转，而农民不适合由部落民来治理。然后，这种体系以一种自发的形式在突尼斯、阿尔及利亚以及其他可能的地区进行自我复制。

然而，在更为广阔的区域里，应用旧有部落因素的伊本·赫勒敦模式依旧保持着生机。大部分中东人正常的政治生活恰恰处于这种模式，尽管在名义上，奥斯曼帝国拥有最高统治权。在适当的时候（随着阿尔及利亚的阿布德·卡迪尔起义②、苏丹的马赫迪运动、阿拉伯半岛的瓦哈比运动、昔兰尼加的赛努西运动的兴起，以及哈伊勒的拉希德国家③、东安纳托利亚小规模的部落酋长国、阿曼的伊巴底伊斯兰教长国、也门的栽德派国家的建立），它可以重新站到历史的前台，被世人瞩目。因此，在广阔的区域里，部落因素从未被真正隐藏。

以上提及的部落因素，以不同比例加入国家构建，形成各种不同的国家模式。请设想这样一个情景，典型的、处于酋长松散管理下的部落民，在一片荒芜的山地放养着自己的牧群，同时这片山地也掩蔽着一处绿洲，而这些部落民有可能对其加以控制，从而为部落中的首要世系提供另一种

---

① 伊本·赫勒敦（Ibn Khaldun），1332年出生于突尼斯，是中世纪阿拉伯西部地区（马格里布）最后一位著名的哲学家，还是一位历史学家、社会学家和宗教学者，著有《历史绪论》。——译者注
② 阿布德·卡迪尔（1808—1883），阿尔及利亚民族英雄，在法国征服阿尔及利亚后，被奥兰省的阿拉伯部族选举为埃米尔，坚持抗法斗争多年。——译者注
③ 拉希德酋长国，是一个位于内志地区的酋长国，建立于1836年。——译者注

经济基础。自此以后，首领将自己的部分精力投给绿洲城镇，而为了使城镇更加繁荣，他可能会邀请手工业者和商贩来此定居；同时，他也要对其留在牧场的同族给予关注，促进他们季节性生活的发展。他把更受宠爱的妻子们留在城镇，同时通过与各分支首领的联姻（婚姻可能是短暂的）巩固他与部落同族间的联系。他平衡部落中不同阶层的关注焦点，并鼓励牧民们去掠夺，但不要针对他的属地，而是去攻击合适的外人。不过，有时他也不得不权衡利弊，是允许其旧部和同族享受劫掠带来的好处，以换取他们的忠诚，还是通过禁止劫掠以收取更多的保护费。理想的解决方案是：允许刚好充足的劫掠以获取部落分支的忠诚，同时，保证保护费得到最大程度的支付。在一个完美协调的酋邦（chiefdom）中，劫掠的临界值应当恰好与贡赋的临界值相等。

同时，酋长不得不去提防部落分支中的背叛行为，他给予部落成员更多补助以换取他们的忠心，并时刻准备着以高官厚禄拉拢一些摇摆不定的追随者。所有这些都需要钱。因此，他身处市场以聚敛财富，并且接受外部势力的武装；反过来，这些外部势力利用他的战略位置确保自身交通线路的安全，同时破坏其竞争对手的线路和相关利益诉求。每个外部势力都有其当地的委托人，但这种联盟总是不稳定的。因为，背叛正是这些地区的通病。

对于酋长来说，同样难以处理的还有贸易与朝觐路线问题。要求过多的安全保障可能会引起部落成员的敌意而得不偿失。而权力斗争也在首要世系内部同时展开：在这场复杂的、永不止息的斗争中，彼此敌对的兄弟、表兄和侄子们积极谋取外部参与者的帮助，或者被外部势力加以扶持。在外部势力的参与下，新的参与者相继而来，一些旧的势力则被淘汰出局。在这场权斗游戏中，没有注定不会遭遇失败的一方，也没有任何势力可以永远终结这一游戏；在分支社会（segmentary society）中，领导权就是争斗之源（dragon's teeth）。我在巴列维王朝时期的德黑兰（Pahlavi Tehran）听到过这种抱怨：无论你杀掉多少部落首领，新的首领总会在首要世系中出现。被处决的或被暗杀掉的首领或谋求权力者自然不能重夺其位，但他的兄弟、儿子或侄子将继续争夺这一位置。①

---

① M. Al Rasheed, "The Political System of a North Arabian Chief-dom," Ph. D. diss., Cambridge University, 1988.

接下来，我们将设想另一种可能的场景，这个故事仍然包含之前提到的所有部落因素，不过加入了一个更深层次的参与者：基要主义（fundamentalism）①与宗教复兴运动。伊斯兰教一直具有宗教改革（reformation）②倾向，甚至其常被描述为处于永恒的教改。信徒们总是愿意去响应宣教者有关清除所有可疑与准异教的因素，回归信仰最初版本（假设他们或他们的祖先曾真正了解它）的呼吁。其产生的影响也常在部落公社（community-polity）③中产生效应，从而推动这些宣教者成为政治人物。

什叶派信徒有意识地对其特殊信仰的起始——殉道进行重新演绎，而其他派别的穆斯林则更倾向于重新演绎或体验信仰建立与之前蒙昧时代之间最初冲突的过程。——这种冲突现在仍广泛存在并具有威胁性。在部落中，这种被清教主张点燃的激情可能会带来额外的凝聚力，并且有助于接受清教思想的首领组织更大规模的集团，这是仅依靠亲族基础所无法办到的。这种行为赋予这些首领一些优势，这原本是需要更大的国家通过收取农业地区的大量贡赋，并用这些贡赋召集雇佣兵和马穆鲁克才能获得的。这种在部落基础上加入宗教复兴因素的特殊模式，可能带来更大的政治财富，尤其是在一场世界大战中，交上与胜利者结盟的好运。与信仰相连的酋长进而可以击败在其他方面与其类似的对手。实际上，这就是沙特（Saudi）战胜拉希德（Rashidis）的故事。

还存在其他值得注意的部落国家类型，其中的一种建立在世俗部落领导与圣裔结合的基础之上。在这种情况下，社会被分成人口占多数的世俗部落民与少数世袭圣裔两部分。圣裔们环绕一个或多个公认的圣所（shrines）而居。世俗部落民的行为则符合众所周知的、支配一个分支社会的有关规则：集体责任、权力分散、脆弱的领导权（选举或准选举产生的），以及家庭中男性首领广泛参与所有政治或其他活动。在各个层级群体中产生的冲突都可以在圣所中被世袭圣裔仲裁或调停。圣裔因其出身而定，而不是通过任何一种人类选举产生。或许出于战略性的考虑，圣所常被置于最有可

---

① 或译原教旨主义。——译者注
② 本文宗教改革的含义与16世纪欧洲宗教改革（reformation）一词的本义相同，并不具有明确的进步或改良意味。——译者注
③ 公社（community）指原始社会中，社会成员共同生产、共同消费的社会结合形式。——译者注

能发生冲突的地点——例如主要部落派系间的边界或临近牧场的位置（因为这些牧场需要被季节性的重新占领并进行周期性的重新分配）。虽然具有圣人血脉的男性数量远少于世俗男性的数量，但又远多于主持圣所事务和担任有效仲裁人所需要的数量。因此，从实际效用的角度来说，真正的圣裔是从那些潜在的、拥有圣人血脉的人群中挑选出来的。

根据本地区可接受的理论，这种选择是由神做出的。但实际上，天听自民听（vox Dei vox populi）。一种持续很久且心照不宣的过程，决定了谁能拥有这份幸运（baraka）。在这一过程中，神圣恩惠的归属，通过世俗部落民给予这个或那个圣裔以支持的方式来运作。而正是这种支持，有效赋予了一些圣裔"神授的能力"（charisma）。因此，被当作圣者对待的人最终成为"圣裔"。人们展现出来的对于他的尊敬，使他得以有效地施行仲裁，并以此显示或证明他的神圣性。他收到的捐赠使他似乎能够不计花销，慷慨地招待他人，并因此一次又一次证明他的神圣地位。

尽管世俗部落民有义务进行复仇，而对于圣裔，由于其角色的特殊定位，他们被迫放弃暴力与争执，但复仇行为仍在他们当中继续，只是通过其他更为隐秘的手段。一些圣裔因其举止吸引到人们特别的尊崇。他们在一些诉讼委托人中所激发的尊敬之情，使他们进而对其他潜在的教民产生吸引力；一位广受尊敬、其判决得到服从的仲裁者，比一个对于冲突的裁决可能被当事人唾弃的同行更能派上用场。通过这种方式，一种准国家的体制得以成形。在该体制下，暴力的、经选举产生的世俗部落酋长与平和的、世袭的圣裔互为补充。一种典雅、稳定且令人满意的内部权力平衡体系得以发展。在阿特拉斯中央高地，这种类型的体系大约持续了三百年。在这段时间里，它提供了一个运转良好却成本低廉的准政府。①

具体到阿汗索地区②（Ahansal）的圣裔，有两件事情值得特别注意：他们在当地权力中的稳定性，以及在大多数时间里他们对更广的政治野心保持节制。总的来说，他们没有介入更广阔的摩洛哥历史。仅有一次，他们中的一名成员展现了更大的野心，而他为此付出了生命的代价。但他被杀害这件事被当地传统所否认，他们相信他具有一种隐遁的能力，在最需

---

① E. Gellner, *Saints of the Atlas*, Chicago: ACLS History E-Book Project, 1899.
② 摩洛哥地区名，也作姓氏名。——译者注

要的时候他将重回人间。到目前为止，这种预言还没有被证实。然而对于历史学家来说幸运的是，实在是巧合，他的死亡竟恰好被托马斯·佩兰（Thomas Pellow）亲眼看到了。托马斯·佩兰是个英国人，他在被俘后变节，为当时的素丹服务，最后，他设法返回英国并且出版了他的冒险报告。① 由此，当地到现在都一直坚信的关于托马斯·佩兰具有隐遁能力的说法，被独立的外部文件推翻。

这种部落国家（或准国家）类型，或许可以被称为阿汗索模式，其与之前所提及的沙特模式不同。伊斯兰教的不同类型涉入这两种模式。在每个案例中，我们所探讨的都是部落国家，但是宗教在其中所起到的黏合作用却十分不同。受到伊斯兰教影响的具体社会分布在一个范围之内，其一端是具有学者风范、清教徒式、平等主义的高深理论；另一端则是偏向人类学研究领域的、具有心醉神迷仪式的、层次各异的民间宗教。而每一种宗教形式都为部落国家（或准国家）的形成做出了各自的贡献。世袭的圣裔以什尔克原则（调解神圣或是神意的折射）为基础，尽管该原则往往被笃信正统教理者强烈地斥责，且其仅能够提供最小限度的中央集权式的管理，然而在处理大量人口的政治问题方面，它的表现却令人十分满意。它能够完成同样的事情，却不用过多使用强制性的中央集权。换言之，我们可将其称为通向真正国家的道路。它能够利用一种复杂的手段管理季节性的放牧活动——这要求将大量畜群和人口季节性地从撒哈拉沙漠迁徙到高山地带；而且它还能够帮助季节性放牧者与定居者保持和平。

相反，清教徒式的、唯一神论（unitarian）的伊斯兰教能够赋予一位领袖充分的合法性，以克服部落的分裂倾向，并帮助他建立一个更为有效的国家。在这种模式下，宗教所明文规定的相关内容可以得到更为严格的执行。同时，宗教人士则被官僚化，成为有理念的、具有判决权的（judicial）国家公职人员，而不是成为少数高压政治执行者的平等（甚至高于他们的）伙伴。倍受尊崇的伊斯兰教士（marabout）在各分支首领中进行裁决，并且帮助各分支（segments）在政治上融为一体，因为记录在案的裁决（scribe-

---

① T. Pellow, *The History of the Long Captivity and Adventures of Thomas Pellow*, in *South-Barbary*, New York: Garland Pub., 1973.

judge）为他们提供了适当的合法性与基本的官僚机构，以帮助他们从部落的谢赫（shaykh）成为国家的埃米尔（amir）。

除了以上两种模式（沙特模式与阿汗索模式），作为政治黏合剂的宗教因素还有助于形成其他模式。兼有政治中央集权与世袭宗教仲裁的中间模式也是存在的。例如，传统的也门国家融合了一位伊玛目（其合法性来自什叶派的栽德派①）的中央权威与由萨达家族（Sadah familes）执行的地方仲裁，② 他们的权威（源于部落分支体系之外的世袭—宗教身份）被来自部落"内部"的谢赫们，以及各合法家族（legal families）所分享。这种混合形式的一个有充分资料证明的实例出现在意大利殖民下的昔兰尼加（Cyrenaica）。③ 赛努西教团（Sanusiyya）将一种苏菲［调解主义者（mediationist）、教团（religious order），或塔里卡（tariqa）④］的组织形式与一种相对的（宗教）改革主义的思想（换言之，原则上承诺为缺乏教育的贝都因人提供一种更纯正的信仰版本）结合起来。

在正常情况下，伊斯兰教改革派（Reformist Islam）与教团组织处于敌对状态。但是在部落地区，由于完全缺乏城市地区的社会结构基础，苏菲教派的组织原则提供了唯一一种可供持续开展传教工作的制度工具。当一种原则（doctrine）被赋予不适合的社会基础上时，原则也必须做出让步。由于当地的社会生态环境决定只可采取这种政治组织形式，这样的前提条件最终推动赛努西人（Sanusi）朝向阿汗索模式进发。以此形式，神圣的居所（saintly lodges）得以嵌入分支部落体系（segmentary system）的关键裂隙。在那里，他们能够提供调解（mediation）与仲裁。与此相反，由于需要团结广阔的区域，以及证明其宗教合法性（其有效性超过传统、原生的那种 marabtion-bil-baraka，即数量稀少的圣裔附着在一些小规模部落分支上的模式）的需要，他们同时也倾向于遵循一种更加唯一神论（unitarian）和

---

① 栽德派（Zaidi）是什叶派的一个支派，形成于 8 世纪中叶，由什叶派第三位伊玛目侯赛因的孙子栽德·伊本·阿里的拥护者组成，该教派规定伊玛目必须是圣裔，即阿里与法蒂玛的后裔。——译者注
② 公元 9 世纪末，栽德派开始在也门北部的萨达地区传教，其领袖哈迪·叶海亚·伊本·侯赛因成功调解了当地部落的矛盾，因而被他们拥戴为伊玛目，萨达从此成为栽德派的永久立足地。——译者注
③ E. E. Evans-Pritchard, *The Sanusi of Cyrenaica*, Oxford: Oxford University Press, 1949.
④ 伊斯兰教苏菲派术语，另译道乘、途径。——译者注

经训主义（scripturalist）的宗教版本。

这两种合理原则［平等主义－经训主义（egalitarian-scripturalist）与以亲族关系为基础的调解主义（kin-baesd mediationist）］之间始终存在着一种张力。前者的具体化身是神学家们，但单凭他们自己的力量几乎没有可能缔造一个国家，因为他们既不能组织也不熟悉高压政治。然而，他们能为一位君主（或立志成为君主的酋长）提供所需的合法性与官僚机构。而在第二种国家建构原则中，其基础——部落的众分支（segments）生来便在暴力环境中得到训练；但以更广的穆斯林社会视角来看，他们总是缺乏合法性。事实上，即便是他们平时的生活模式也不符合道德逻辑。他们被视为是愚昧与放荡的，既不愿也过不了一种良好的穆斯林生活。假如社会中充满为伊斯兰教献身的激情，上述问题便不再无关紧要。因为，只有与那些以正统为名的强大集团（units）相结合的群体才能进而去劫掠那些剩下的罪人（这些人仍保持碎片化的状态，并且未能加入滚雪球般的宗教复兴运动）。

此外，也可以视马穆鲁克体系为一种部落国家体制，尽管这是其一种极端的版本。这种模式尽一切可能去除亲族（kin）或部落因素，虽然这样的因素仅在其顶端出现。个体被以一种原子化（atomized）的方式招募进国家公务机构。他们被除去各自的亲族背景，以及（并非全部）非穆斯林出身，从而成为有专业技能的奴隶。持续的宗教和军事训练（注意这是非部落的）成为一种引发战斗团体精神的手段。人们既能够把马穆鲁克当成一种由教育产生的人形成的部落，又可以视他们为一种由宗教精英（通常在政治上无用武之地）转变而来的、可执行高压统治的高效团队。这是因为穿礼袍的马穆鲁克（mamlucks de robe）同样也是佩剑的马穆鲁克（mamluks d'epée）。当这一体系运转良好的时候，其中的个体能够在其职业生涯的不同阶段有效履行每一种职责——他们在年轻的时候是士兵，而在之后的阶段成为教士—行政官员（cleric-administrators）。因此，他们才是真正践行柏拉图有关护卫者（guardians）的相关理念的人。

总之，建立一种社会与政治秩序的前途是什么？或者说，是否存在一种政治体制，使人们能够在其中开展创造性工作并且安全享有劳动果实，而那里既存在文明又能保持稳定？在这些方面，穆斯林的中东与欧洲相比会怎样？

伊本·赫勒敦与尼可罗·马基雅维利①是对各自体系进行过系统论述的著名人物。不论其他方面，他们的伟大之处在于，其作品更倾向于不带感情的理性分析，而不是道德说教。然而讽刺的是，相比伊本·赫勒敦，反倒是常被扣上犬儒主义恶名的马基雅维利更加频繁地放弃"无涉价值"原则（Wertfreiheit），并且展现出更多对道德的关切与懊悔之情，而伊本·赫勒敦的分离则更为彻底。

伊本·赫勒敦与尼可罗·马基雅维利有关社会凝聚力与秩序的解释可以相提并论，尽管他们并非同时代的人物：伊本·赫勒敦于1406年逝世，与马基雅维利出生的年份相隔整整一代人，或者确切地说是66年。分隔两者生死的那段时间里，至少发生了一场重大事件，那就是君士坦丁堡的陷落，以及随后奥斯曼帝国的最终出现。这一事件造成的巨大差异，反映在他们各自的作品中——马基雅维利仔细思考了奥斯曼国家，而伊本·赫勒敦已无法这样做。

尽管如此，两者的世界相距并不遥远，并且可以有效加以比较。马基雅维利对奥斯曼帝国印象深刻，并认为（如亚历山大帝国那样）中东公民社会②的虚弱是奥斯曼帝国具有牢固权威的根本原因。一旦你击败其核心，整个社会就不会再反对你，并且拜倒在你的膝下。这与欧洲是如此的不同。在欧洲，起初男爵们可能会背叛他们的领主，协助你的入侵行动，但即使你已成功击败他们的国王，之后他们也将给你带来永无止境的麻烦。马基雅维利的这种论断被后来的"东方学者"斥责为西方对东方进行诋毁的异端邪说。不过，马基雅维利确实没有注意到，在中东，尽管你已击败并取代了他们的素丹，部落也将给你带来同样的麻烦。在中东，同样存在一条通向政治碎片化的特殊路径。

一个使用两位思想者的作品作为其主要参考材料，并调查过当时人类政治生活的外星观察者可能将得出这样的结论：中东的政治前景远好于欧洲。在另一篇体现马基雅维利政治思想的散文中，我们很容易发现间歇性爆发出的难以抑制的悲哀与厌世之情。

---

① 尼可罗·马基雅维利，意大利佛罗伦萨的政治家、外交家、政治思想家，著有《君主论》、《论提图斯·李维著〈罗马史〉前十卷》（简称《李维史论》、《罗马论》或《论说集》）、《曼陀罗华》（喜剧）等。——译者注

② L. Valensi, *Venise et la Sublime Porte: La naissance du despote*, Paris: Hachette, 1987.

而在伊本·赫勒敦的世界里，存在三种用以维持秩序的有效政治原则（概述在其文章较前的部分）：部落生活的天然凝聚力，军事—行政奴隶制以及宗教。这三者中没有一个单独的原则是完美无缺或能免于衰亡的；但是如果各原则彼此结合，就有希望至少出现一个能带来短暂和平、稳定政治，以及有效管理的政府。因为一个因宗教因素团结在一起的部落联合体或许可以建立一个国家，而一个被宗教学者指引与服务的国家能够持续运转，维护权利并抑制恶行，同时还可以遵守并执行已包含（甚至法理上已预先构建）在信仰之中的根本的、已确立的政治章程（即宪法）。

在逻辑上，伊斯兰国家不需要宪法，因为宗教已经建立了一种（并且提供了牢固的道德与政治条款）道德与政治秩序。虔诚且受到训练的奴隶能够赋予这个国家以力量，并推动一个著名的公平合理的循环，在其中公民社会（civil society）（尽管其公民权已被剥夺）能够生产维持这个国家的足够财富，反过来也得到所需的保护。因此，即使基本的人类困境——产生凝聚力的条件与产生文明的条件是不相容的——不能被完全克服，但在某种程度上文明与凝聚力还是有可能融合的。一个人要么生于城市，要么生于部落，城市与部落各自的美德不可能同时出现在一个人身上；但是各自美德的载体，部落民与学者，能够偶尔联合并共同建立和运转一个国家。

然而，据马基雅维利观察，以上这些因素以较低的水平存于意大利和欧洲。下文我们将逐一分析其中的每一个因素。

（1）部落主义。马基雅维利注意到，在欧洲只有瑞士人仍像古人那样生活。他的意思是，这是一种有着极高军事与政治参与度，并信仰一种维持公民道德的宗教，使其免于外部干扰，且内部盛行平等主义的社会："瑞士人则是彻底武装起来，从而享有完全的自由"[①]；"瑞士人……是现在唯一的，既对宗教又对军事组织怀有敬意的人群，他们如古人那样生活"（《李维史论》）。这无疑符合伊本·赫勒敦通过族亲意识（'asabiyya）[②] 一词所表达的意蕴；当一个群体不得不自己进行管理与防卫时，天然的凝聚力出

---

① 即《君主论》第十二章"论军队的种类与雇佣军"。〔意〕尼科洛·马基雅维里：《君主论》，商务印书馆，1986，第 57~63 页。——译者注
② 族亲意识（'asabiyya），是阿拉伯语 "al-'asabiyyah" 一词的意译，具有集体感或群体凝聚力的含义，又译宗族主义、宗派主义等。——译者注

现了。这种形势造成的军事影响无论在何种国际体系中（被赋予族亲意识的部落或城市中的这些人）都是一致的，而伊本·赫勒敦早已认定这对全人类皆可适用。在战争中，瑞士人击败了每一个对手，并且没有人，甚至是法国的君主，能够在没有他们帮助的情况下取胜："法国人就没有能力对抗瑞士人，而且没有瑞士人就不敢对抗别人。"① 从城市公民社会中招募来的军队是无用的，例如来自意大利的那些例证。（马基雅维利由此写到，只有当敌人由于某种原因主动撤退时，他们才能取胜。）

马基雅维利的假定并非完全正确，瑞士人并非欧洲仅存的、全体参与且自我管理的武装公社。然而，他已极其接近真相了，尽管也能在其他地方发现一些这样的人群，但他们处于欧洲的边缘地带，如黑山（Montenegro）或苏格兰高地（Scottish highlands）这样的地方。在近代早期的欧洲，无论作为一种威胁还是救星出现，野蛮人确是供不应求的。迟至18世纪，爱德华·吉本（Edward Gibbon）才困惑地感到，是否罗马的命运也降临到了奥古斯都时期的欧洲，他惊讶地写道：欧洲已经用尽了野蛮人。

（2）马背上的奴隶。由于种种原因，欧洲已经失去了奴隶制。尤其是在意大利，令人感到惋惜的是，一种遵循自由劳务市场的原则在其尤为不适合的领域——军事领域兴旺发达，而其结果是灾难性的。马基雅维利控诉道，雇佣军是没有用处的，遇到危险他们便抛弃你，得胜之时他们则骑在你的头上，成为你的主人。事实上，很难说能给其雇主招致巨大的风险是他们的成功或失败之处。由同盟提供的外部援军怎么样？更糟的是，请他们出场要花更大的价钱。怎么办？公民社会只能提供当敌人主动逃跑时才能取胜的军队，而雇佣兵与同盟者在他们占上风时反过来会对抗你。更加令人绝望的是，马基雅维利所给出的建议仅是配置一种"混合"的武装力量。这样做的目的大概是你可以期待在同一时间，他们不会同时背叛你。

相比之下，伊斯兰世界具有更好的优势：在他们的世界遍布没有布谷鸟钟的瑞士，充满自由的乡野公社几乎环绕了每一个国家，这片土地如同一座蕴含天然政治与军事才能的永不枯竭的水库。伊本·赫勒敦在他的自传中预言，未来属于突厥人和阿拉伯人，因为他们人口稠密且具有凝聚力。

---

① 《君主论》第十三章"论援军、混合军和本国的军队"。〔意〕尼科洛·马基雅维里：《君主论》，第64~68页。——译者注

中部阿尔卑斯山相对狭小的土地难以比得上浩瀚的中亚旷野与布满群山峻岭与稀树草原的中东大地。未来或许属于突厥人和阿拉伯人，但肯定不属于瑞士人。马穆鲁克很大程度上是从高加索与中亚的"水库"中抽取出来的，之后是从巴尔干地区，他们是穆斯林宫廷的瑞士卫队。"我的瑞士人在哪？让他们来守卫大门"，在《哈姆雷特》（*Hamlet*）中国王这样喊道。但是，他将很快惊呼，"门被攻破了！"因为，克劳迪亚斯（Claudius）带来了更为可靠的土耳其亲兵（janissaries）。依据柏拉图给出的处方，通过持续训练，深度教化，并以精英模式管理的马穆鲁克无疑对机会主义的、反复无常的雇佣兵（其可疑的动机必定把他们变成靠不住的随从）有着巨大优势。

（3）宗教。如果我们求助宗教，与期待的相反，这对欧洲更加不利。伊本·赫勒敦十分清楚信仰的政治潜能。当宗教热情与全体参与式的群体所具有的天然凝聚力相叠加时，将产生大规模的政治集团与更为有效的纪律。伊本·赫勒敦没有过多地讨论由小部分圣裔提供的微观组织，尽管他对其十分熟悉；但他仍详尽阐释了宗教所能提供的、有助于扩大政治单位的能力。相反，在欧洲，宗教所扮演的角色，据马基雅维利所说是阴暗的。在《君主论》中，他先是断言讨论教会国家毫无意义："由于这种国家是靠人类智力所不能达到的更高的力量支持的，我就不再谈论它了；因为这种国家显然是由上帝树立与维护的，如果议论它，就是佞妄的冒失鬼的行为。"①但是，他很快就将上述原则抛之脑后，紧接着就描述了三位相继的教宗是通过何等狡诈手段使教皇国（Papal States）变得强大。在《李维史论》中，他更为直白地咒骂道："由于罗马教廷树立的恶劣先例，意大利已经失去了全部忠诚与宗教信仰。正是教廷曾经维持，并且继续维持意大利的分裂局面……意大利……现在已经成了牺牲品……任何人都可以随意宰割它。对此，我们意大利人不得不去'感谢'教廷，并且全部'归功于'它。"马基雅维利说，瑞士人是唯一保持祖先美德的欧洲人；但是，如果教廷从罗马迁到了瑞士，瑞士人将很快被拉入彻底的无序。不过，所幸的是，这种独创性的实验从未被尝试过。

因此，在欧洲，没有部落（除了被祝福的瑞士人），没有由受过良好训练的国家公仆组成的军团，也没有能在社会中发挥效用并鼓舞人心的信仰。

---

① 《君主论》第十一章"论教会的君主国"。——译者注

那么，还有什么能给意大利和欧洲带来希望？相反，在中东的部落—城市复合体中，部落凝聚力与城市文明的混合至少可以周期性地复兴。信仰与美德总会复现。人们期望在政治的车轮再一次回转之前，过一段和平而稳定的生活。然而，对于地中海北岸，那里似乎根本没有希望。

基于当时可以利用的证据，得出上述结论再合理不过了。当然，历史已经发生相当不同的改变。有关欧洲，甚至最后至意大利，是怎样摆脱上述政治僵局的问题，已不在本文的讨论范围。在欧洲，一种新的中央集权化的官僚国家得以产生。其中，每一个人都被转化成了士兵和官僚，也就是说，他们都成了"马穆鲁克"；国家与公民社会之间的关系得到转换，公民社会参与政治进程而国家参与经济建设；此外，宗教以新的形式恢复了其社会潜能——所有这些则是另一个话题。

但是，对中东部落世界后来的命运加以简要观察还是合适的。许多人认为奥斯曼帝国的建立已使伊本·赫勒敦的有关理论不再适用于解释近几个世纪的历史进程。对此，我并不赞同。在表面之下，伊本·赫勒敦的世界仍然在运转，并且随着帝国的衰落而复现。只有当新的军事和行政技术被引进，且权力的天平倒向国家时，它才最终走向终结。后来的新秩序带有许多显著特征：在国家面前，公民社会继续保持虚弱状态；国家机构内的冲突总是呈现出一种地方派系色彩，即使名义上是意识形态间的斗争——这是一种新的政治环境与话语权下的部落主义。与世界上的其他地区明显相反，在中东，宗教保持或者提升了其作为政治催化剂的能力，而世俗化力量的缺失则备受瞩目，这也使其在政治上频繁呈现出基要主义色彩。强大的宗教、强大的国家、虚弱的公民社会，以及准亲族间脆弱的族亲意识和强大的地方派系——所有这些似乎都是历史留下的遗产。

［责任编辑：刘金虎］

论利比亚部落社会的结构及其特征*

王金岩**

内容提要 部落及其宗族谱系长期以来一直维系和规范着利比亚社会，民众的部落意识浓重。利比亚的部落按照其族裔主要分为阿拉伯谱系、柏柏尔谱系和少数民族部落。部落社会可分为六个层次，一部落内部又分为部落长老和部落民众两个层级。同一部落成员相对聚居分布，部落长老拥有最高权威，成员间权利和义务均等。利比亚部落具有相对固定的构成要素和运行机制，也已形成稳定的文化与认同。随着国家的现代化和城市化进程的加速，传统的部落组织结构受到一定冲击，部落成员与部落之间的依附关系出现松动。但从整体看，利比亚社会经济仍不发达，文化落后，全国性的政治民主化进程刚刚起步，部落势力依然具有较大影响力。

关键词 利比亚 部落 宗族谱系

"部落"（tribe）一词源于拉丁文的"tribus"，指早期罗马人的三个族体（卢塞里斯人、拉姆尼斯人和蒂提斯人）。① "部落"一词在现代汉语词典中的释义为：由若干血缘相近的氏族结合而成的集体。② 在人类学理论中，部落是一种社会组织类型，形成于原始社会晚期（即旧石器时代的中晚期）。进入原始公社后期，战争日益频发，血缘联系逐渐被地域联系所取代，出现了由若干部落结合而成的部落联盟。这是原始公社瓦解和新的民族共同体出现的前提。③ 但在一些国家，部落这种社会组织形式，并未随着

---

* 本文系国家社科基金重大项目"中东部落社会通史"（15ZDB062）的阶段性成果。
** 王金岩，中国社会科学院西亚非洲研究所助理研究员。
① 〔英〕约翰·麦克里兰：《西方政治思想史》，彭淮栋译，海南出版社，2003，第597页。
② 中国社会科学院语言研究所词典编辑室编：《现代汉语词典》，商务印书馆，1976，第112页。
③ 李安山：《非洲民族主义研究》，中国国际广播出版社，2004，第3页。

时代变迁、历史的演进而消亡，而是与社会中的各种族群和其他社会组织共生并存。利比亚就属这种情况。

长期以来，国内外学术界关于部落的描述与界定一直存在着理论上的分歧。这种分歧又导致了有关部落的称谓和概念上的混乱。另则，由于译文方面的原因，以及部落始终处于动态的变化过程中，增大了人们对部落概念界定的困难。喀麦隆学者埃朗加·姆布因加甚至认为，有关部落的严格定义是不存在的。① 在学术界，中外学者将"部族"与"部落"混用，或将"部族"与"民族"等同的现象比比皆是。联合国教科文组织在《非洲通史》总论中写道："如有可能，'部落'这一词，除了北非的某些地区的情况外，在这本书里将不再使用，因为这个词含有诬蔑和许多错误的思想内容。"民族学家皮埃尔·范·登·伯格说："部落"一词及其派生词在社会科学词汇中最好不要再使用了。② 基于此，我国的一些非洲学学者喜欢用"部族冲突"或"部落主义"代替"部落问题""部落矛盾"的表述。研究非洲的著名人类学家范西纳曾尝试给"部落"下定义，他认为部落是下述的共同体，即认为自身的文化与其他相邻的共同体不同，其他相邻的共同体对此亦认可。正是因为"部落"实在难以界定，上述概念只是简要描述。同时，他还指出部落不断地产生和消亡，所谓"永恒的部落"的概念是毫无意义的。③

利比亚部落众多、分布广泛，这是利比亚社会一大显著特征。利比亚自石器时代就以部落为社会单位，其现有部落都是由原有部落繁衍而来，是基于血缘而结合起来的群体。因此，本文仍选用部落这一称谓。国内外学界对于利比亚的部落数量一直有不同看法，有人认为利比亚共 130 多个部落，也有几百个部落之说，还有学者认为利比亚存在数千个部落。本文对利比亚部落的界定和统计依据利比亚出版的相关书籍中的阿拉伯文表述④，其中使用 قبيلة 一词，视为部落，قبائل 一词，视为部落联盟，بطن 一词，视为分支。

---

① 张宏明：《多维视野中的非洲政治发展》，社会科学文献出版社，2007，第 36 页。
② 李安山：《非洲民族主义研究》，第 195 页。
③ J. Vansina, *Kingdoms of the Savanna*, Madison: University of Wisconsin Press, 1966, p.14.
④ 笔者参阅了大量利比亚出版的阿拉伯文书籍、文献，他们对部落相关词汇的表述是一致的，因此将其作为本文的表述。

一　利比亚部落的谱系及构成

长期以来，部落及其宗族谱系维系和规范着利比亚社会。阿拉伯人、柏柏尔人，以及二者混合血统后裔以血缘为纽带结成的部落。为了争夺有限的资源，保护本部落成员并为受害者履行复仇义务，部落之间频繁地争斗仇杀，彼此没有是非对错，只有"胜王败寇"的丛林法则，只有彻底打败对方才能免遭报复。换言之，真主之外，部落就是人们效忠的最高对象。部落成员对本部落的效忠，或者说对部落长老的效忠，远远大于对国家和军队的效忠。部落意识在利比亚根深蒂固，延续至今。

（一）利比亚部落的谱系

利比亚的部落按照其族裔主要分为阿拉伯谱系、柏柏尔谱系和少数民族部落。其中，柏柏尔部落和少数民族部落是利比亚的本土部落。而阿拉伯部落则是来自历史上阿拉伯半岛移民以及阿拉伯人与当地人混血的后裔。

第一，利比亚阿拉伯部落的谱系。

公元7～11世纪，阿拉伯人入侵北非地区，将阿拉伯语言和文化带到利比亚，土著民接受了伊斯兰教和阿拉伯语，阿拉伯人同柏柏尔人和当地其他民族之间的通婚，历时百年产生了混合血统人种，即操阿拉伯语的兼有阿拉伯人和柏柏尔人或其他少数民族血统的穆斯林，约占总人口的90%[①]，即是当前利比亚的阿拉伯谱系和阿拉伯—柏柏尔谱系。利比亚当前的阿拉伯谱系大部落联盟分为三大类：萨阿迪（السعادي）谱系、希莱勒谱系（بنو هلال）和护卫谱系（المرابطون）。

萨阿迪谱系是萨利姆谱系中的萨阿迪分支后裔，是利比亚东部最大的部落联盟，他们有共同的阿拉伯祖先。希莱勒谱系于11世纪迁至利比亚，同萨利姆谱系一样源自阿拉伯半岛，不同的是，希莱勒谱系的多数部落后迁至突尼斯定居，少数留在利比亚，并与当地的柏柏尔部落融合，现主要分布于利比亚西部。护卫谱系也曾是萨阿迪谱系的分支，后从萨阿迪谱系中分离出来，特指最早到达利比亚的阿拉伯拓疆者的后裔。另有说法，护

---

① 潘蓓英编著：《利比亚》，社会科学文献出版社，2007，第19页。

卫谱系的命名源于伊斯兰教中的词（الرباط），是当时的一种军营。伊斯兰教创立初期，拓疆者到达利比亚及北非各地，捍卫并传播伊斯兰教，曾居于各地的军营中，以此得名。护卫谱系是萨阿迪谱系中的特殊部分，他们虔诚地信仰伊斯兰教，在所到之处宣扬伊斯兰教，建立远离城市及娱乐场所的军营以做宗教用途，并以此净化宗教，远离舶来品中的污秽之处。也有阿拉伯学者又将居于利比亚的圣门部落后裔单独划分出来，并命名为圣门谱系。

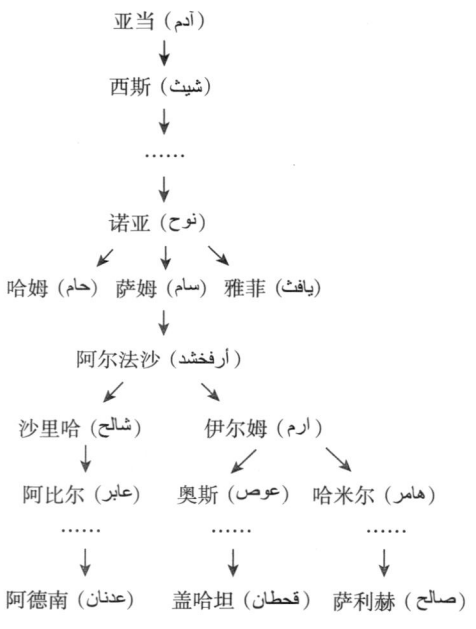

图1　利比亚阿拉伯部落的谱系

第二，利比亚柏柏尔部落的谱系。

利比亚的原住民为柏柏尔人。"柏柏尔"一词是外来者对柏柏尔部落人的蔑称。柏柏尔一词是阿拉伯语的音译。最早来自古希腊人对柏柏尔人的称谓——"巴巴卢"（barbaroi），罗马人沿袭称之为"巴巴里"（barbary）。① "柏柏尔"泛指北非地区操某种特定方言的民族。柏柏尔人自称为"埃玛齐恒"（أمازيغ），意为"自由幸福的人"。语言和文化是柏柏尔人具有

---

① 潘蓓英编著：《利比亚》，第17页。

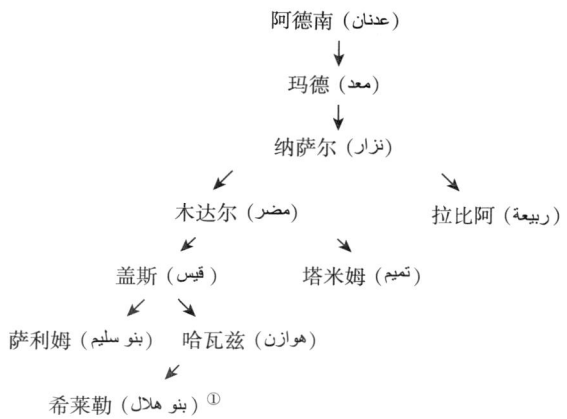

图 2　阿德南谱系至萨利姆和希莱勒谱系的衍生过程

的共同特点。柏柏尔语与阿拉伯语同属闪含语系，但没有形成文字，更没有书面文字。目前，大部分柏柏尔人都能说柏柏尔语和阿拉伯语两种语言。柏柏尔人同阿拉伯人基本可以友好相处，但也时有摩擦和纠纷发生。在争取利比亚独立的斗争中，柏柏尔人的领袖人物曾经起过重要作用。柏柏尔人多为穆斯林，属哈瓦利吉派。利比亚的柏柏尔人从石器时代就以部落或部落联盟为社会单位，分为许多分支。

柏柏尔人认为本民族具有两大谱系，即白朗斯谱系（برانس）和玛达吉斯谱系（المداغيس）（也有将其命名为巴特尔البتر谱系的说法）。历史上，两者分别分布于利比亚的西部和东部。阿拉伯历史学家伊本·赫尔敦认为，利比亚的主要柏柏尔部落有如下 14 个：白朗斯谱系下的 10 个部落，即伊兹达加部落（ازداجة）、玛斯穆达部落（مصمودة）、乌尔巴部落（اوربة）、阿吉萨部落（عجيسة）、哈斯库拉部落（هسكورة）、凯祖莱部落（كزولة）、哈瓦拉部落（هوارة）、凯台玛部落（كتامة）、萨海加部落（صنهاجة）、莱玛塔部落（لمطة）；马达吉斯谱系下的 4 个部落，即内富萨部落（نفوسة）、阿达萨部落（اداسة）、道利萨部落（ضريسة）、拉瓦台部落（لواتة）。这些部落有的移居北非其他国家，有的已消亡或是融入阿拉伯部落。

当前利比亚柏柏尔人主要分为三大部落。(1) 瓦法拉部落（ورفلة）：人

---

① محمد عبد الرزاق مناع، "الأنساب العربية في ليبيا"، بنغازي: دار الوحدة- مؤسسة ناصر للثقافة، 1975 م، ص 2.

口逾100万，约占利比亚总人口的1/6，广泛分布于利比亚境内。该部落中也包含少数阿拉伯人。(2) 泰尔胡奈部落（ترهونة）：由约60个柏柏尔谱系分支构成，主要分布在利比亚西部黎波里塔尼亚地区，其人口约占西部总人口的1/3。该部落与瓦法拉部落从人口数量到影响力都不相上下，尤以拥有强大的武装力量著称。(3) 宰奈塔部落（زناتة）：广泛分布于马格里布地区，主要位于利比亚境内的津坦地区。

第三，利比亚其他少数民族部落的谱系。

除阿拉伯人和柏柏尔人外，利比亚南部沙漠当中还有图阿雷格人、图布人等少数民族。它们大都保持部落组织状态。

图阿雷格人（الطوارق）是北非的原住民，可能是历史上兰塔（Lemta）人的后裔。除利比亚外，还分布于阿尔及利亚、尼日尔、马里和毛里塔尼亚。阿拉伯人征服后，图阿雷格人大批移居撒哈拉沙漠成为游牧民。目前，利比亚的图阿雷格人仅1万左右，主要居住在费赞地区以及西部沙漠中的加特、木祖克和古达米斯等地周围的绿洲上。① 上述地区尤其是古达米斯城是一些古代商道的要冲。图拉雷格人的主要谋生手段就是随驼队前往突尼斯、苏丹、乍得、尼日尔、加纳、几内亚、刚果和尼日利亚等地贩运商品，或是向过往商队征收过境费。如今，图阿雷格人仍以此为生。

类似于柏柏尔人的称谓，"图阿雷格"也不是图阿雷格人的自称，而是源于阿拉伯语中الطوارق的译音，该词意为"家族、部落、灾难"。图阿雷格人虽然认同了这个称呼，但也会以"埃玛齐恒"自称。并且，图阿雷格人说的塔马哈克语属于闪含语系柏柏尔语族，实际上是柏柏尔语的一种方言。故一种说法认为：图阿雷格人也是柏柏尔谱系的分支。但图阿雷格人有其独特的生活方式和习惯，被视为利比亚的民族之一。

图阿雷格女性的社会地位和文化水准都高于男性。一般只有妇女能读能写，部落间的争端也往往由妇女进行调解。图阿雷格女性通常不带面纱，而男性则须戴蓝色面纱并穿蓝色长袍。由于皮肤易被颜料染成蓝色，图阿雷格人又有"撒哈拉的蓝色人"之称。利比亚的图阿雷格人多数信奉伊斯兰教，属逊尼派伊巴德分支，同相邻国家的图阿雷格人有比较密切的联系。卡扎菲统治的几十年间，图阿雷格人受到严重压制，身份不被承认。他们

---

① 潘蓓英编著：《利比亚》，第21页。

在利比亚战后竭力为自身争取更多的权力和地位。

图布人居住于利比亚东南部与乍得交界地区，约有 2600 人。在乍得、尼日尔和苏丹等国也有图布人，总人数有 21.5 万左右。图布人操泰达加语，属尼罗—撒哈拉语系，无文字。① 图布人饲养骆驼、山羊，也从事农业耕作和商业活动，深受 19 世纪塞努西教派的影响。在利比亚历史上，图布人受各种政治动荡影响较小，依然保持原有生活方式。利比亚战后，图布人居住区域受到动乱波及，当地人抱怨过渡政府对该区域及民众的保护不够，曾提出独立要求，但最终没有实现。

耕种者（الحراث）是几百年来生活在撒哈拉沙漠绿洲中的黑人。一般认为，他们是费赞地区图阿雷格人的奴隶的后代，社会地位很低。第二次世界大战期间，他们中的一些人曾移居至的黎波里等沿海地区。② 当前在西部和南部地区都有分布，数量和影响都很小。

第四，利比亚的跨界部落。

利比亚的阿拉伯、柏柏尔、图阿雷格部落很多皆跨界分布，主要有如下三个地区。

（1）的黎波里塔尼亚地区

穆宰瓦部落、哈马德部落、萨赫布部落都分布于利比亚和突尼斯。

（2）昔兰尼加地区

贾瓦兹部落、夏希白部落、哈布部落、胡塔部落、祖瓦拉部落都分布于利比亚和埃及。

（3）费赞地区

图阿雷格部落分布于利比亚、阿尔及利亚、尼日尔、马里和毛里塔尼亚；图布部落分布于利比亚、乍得、尼日尔和苏丹等地区。

（二）利比亚部落的构成要素

自古至今，利比亚民众绝大多数有部落归属。③ 在文化人类学理论中，部落是一种社会组织类型，由有共同血统的氏族组成，在政治上暂时或永

---

① 潘蓓英编著：《利比亚》，第 22 页。
② 潘蓓英编著：《利比亚》，第 22 页。
③ أ.د.عبد العزيز طريح شرف، جغرافيا ليبيا، الإسكندرية: مرآز الإسكندرية للكتاب، 2008م، ص 20.

久结成一体,有共同的语言、文化和意识形态,可以聚集成更高级的群集——部落联盟乃至民族。利比亚的部落,包含以下基本构成要素:部落名称、相对固定的部落领地、血缘和共同的文化心理。

1. 部落名称

利比亚各部落都有历史上形成的、沿用至今的固定名称。名称的形成都具有历史渊源。通常情况下,部落名称的来源可能是以部落中某个德高望重的长老或骁勇善战的勇士名字命名,也可能是以部落曾居处的某个地点或其环境特征命名,还可能源于某次偶然事件,或某一个杰出的部落成员。① 以利比亚东部地区最强大的萨阿迪部落联盟的名称为例,该部落联盟起源于萨利姆谱系中杰出的部落联盟首领,即宰艾卜·阿布·莱勒(ذناب أبو ليل)。他于1051年到达利比亚后,娶了名为萨阿黛(سعدة الزنانية)的女子,并生育了三个儿子。多年后,三个儿子的后代分别衍生出利比亚主要的部落、家族。后者结成的萨阿迪(ال سعادي)部落联盟,源于萨阿黛的名字。

部落名称可用作每个人的家族名。利比亚人的名字都由至少三个名词组成,依次为:本人名字、父亲名字和家族名称,三个名称之间用分隔号隔开。其中,家族名称是从本人所属部落或氏族的名称派生而来。当提到一个人的时候,有时为了方便,只称呼其全名中的一个或两个,如果提到两个名字,即是其本人名字和家族名字;如果只提及一个名字,则多为本人名字。有些利比亚人的绰号也加入其全名,一般称呼其绰号和家族名。这样从名字即可知晓每个人的部落或氏族归属。例如,利比亚前领导人穆阿迈尔·卡扎菲(معمر القذافي),即出自卡达法部落(القذاذفة);利比亚新总理阿里·扎伊丹(علی زیدان),即出自扎耶德部落(الزيادي)等。

2. 相对固定的部落领地

部落领地是每个部落生活且有管辖权的地区,包括他们实际居住的区域、从事劳作的范围。历史上,利比亚部落都以游牧为生,利比亚人一般选取熟悉且符合自身习性的地区定居,从而形成了相对稳定的部落领地。未经部落允许,其他部落不得进入。利比亚的部落处于农耕或游牧生存状况时,土地是最主要的生产和生活资源。部落领地包括的水源、牧场和可耕地等皆为本部落的公共财产。每个部落的领地界限分明。通常情况下,

---

① كامل مصطفى الهنداوي:" في معرفة قبائل العرب"، بيروت: دار الكتب العلمية، 2009 م، ص 19.

如果一个部落与操不同方言的部落毗邻，两者领地之间存在不属于任一方的缓冲地带。如果彼此操同一方言，缓冲地带较小，界限也不清晰。

利比亚各部落的领地不可侵犯。侵犯领地是部落冲突甚至战争的重要原因。在古代，利比亚人靠农业、牧业为生，交通不便。定居者的部落领地相对固定；游牧民逐水草而居，每到一处都划定领地，领地并不固定。当代利比亚部落是社会组织形式，只有部落聚居之处才具有领地。部落通过血缘关系联合，而非领地。一些利比亚人由于工作等原因移居其他地区，甚至远离本部落聚居的城市、地区，无法固守部落领地。利比亚也曾多次改革行政区划，以区域作为人群的划分标准，部落只是个人的血缘属性。利比亚战争导致政权崩溃，一些利比亚人被迫迁徙，部落领地也随之变化。领地对部落的影响逐渐弱化。

3. 血缘

利比亚的部落多以父系血缘关系凝结。部落成员具有共同的祖先，这在家族姓氏上有所体现。血缘关系是联合部落成员最重要的纽带。古代利比亚的每个氏族一般实行外婚制，但每个部落大都是实行内婚制。部落内部的各个氏族通婚，构成相当庞大的血缘集团，因此才有了"血缘性的氏族部落"的说法。[①] 在当代，利比亚传统的部落内婚制依然存在，但不同部落也有通婚的现象。婚后，女方自动脱离原部落，加入其丈夫的部落，其后代自然成为丈夫的部落成员。

4. 共同的文化心理

部落共同文化心理包括：共同的语言、文化、宗教信仰、意识形态、习俗等。共同的文化有助于增强部落成员的归属感。利比亚阿拉伯人和阿拉伯—柏柏尔人都操阿拉伯语，信仰伊斯兰教逊尼派，具有类似的文化观念和习俗。同一部落讲不通方言的现象十分罕见，一般只出现在强大部落兼并弱小部落的情况下。一些阿拉伯—柏柏尔部落就存在这种现象。利比亚少数民族有其特定的语言和习俗。

部落的存在在于区别自我和他者。部落通过相对稳定性的要素和特征以区别于其他社会组织。部落成员通过共同的文化构建了对部落组织的认同感，即部落自我意识。正如比利时学者、著名非洲史学家 J. 范西纳对部

---

① 郭沫若主编：《中国史稿》（第 1 册），人民出版社，1976，第 45 页。

落的定义："一个社会群体认为它在文化上有别于周围所有其他社会群体，而周围的社会群体也有同样的看法。"① 部落具有实际或虚构的共同起源，即"部落成员都自称是由血缘联系在一起的，但他们更多的是由自行树立的对他族的看法联系在一起的。因此，部落主义是一种集团心理，一种群居幻想或是一种意向。这种意向决定着本族成员的行为"。② 部落意识是一种族属意识，往往超越部落成员之间的社会地位、行业职业、文化程度乃至年龄、性别的差异和界线，并外化为强烈的部落感情和部落认同。此外，这种部落感情和部落认同大都具有对本族或本文化之肯定，以及对异族或异文化之否定的取向。因此，"部落主义又是一种行为，一种积极或消极的态度，它在一定的社会环境中造成了构成该环境的两个或数个部落成员之间相互吸引或互相排斥的错综复杂的局面"。③

（三）利比亚部落社会的现状

利比亚从地理上分为三部分：（1）西北部为的黎波里塔尼亚，面积约占全国的20%，其中包括利比亚主要的农业区杰法尔平原、满布砾石的哈姆拉沙漠和内富萨山；（2）东部为昔兰尼加，面积约占全国的一半，该地区有绿山农业区、马尔季平原、库夫拉和塔吉尔布绿洲，此外均为荒芜的高原峭壁；（3）南部为费赞，面积约占全国的30%，多为人烟稀少的牧区和沙漠，沙漠中间有一些绿洲，如朱夫拉、比拉克、塞卜哈、木祖克等。

当前，利比亚总人口约600万，部落民众约占95%以上。此外，还有极少数的土耳其人后裔以及居住在利比亚的外国人没有部落归属，约占全国人口的5%。利比亚人口分布极不平衡，大部分集中于北部地中海沿岸。根据三个地区划分，约65%的全国人口居住在黎波里塔尼亚，30%居住在昔兰尼加，费赞人口只占5%。

东部昔兰尼加地区全部是阿拉伯部落。西部的黎波里塔尼亚地区的人口中有近3/4是阿拉伯部落，他们构成胡达、伊莎白、津坦、苏卡及海岸谷地的主体，并占据塔尔胡奈、兹利坦、扎维耶三城市人口总数的1/3。黎波

---

① 〔英〕巴兹尔·戴维逊：《现代非洲史：对一个新社会的探索》，舒展等译，中国社会科学出版社，1989，第37页。
② 张宏明：《多维视野中的非洲政治发展》，第83页。
③ 张宏明：《多维视野中的非洲政治发展》，第84页。

里塔尼亚另外 1/4 左右的人口为柏柏尔部落，主要包括：几乎瓦法拉地区的全部人口，盖尔扬、耶夫兰、法图、苏尔特的半数人口，纳鲁特的 1/3 人口，简祖尔和马自达的 1/4 人口。另有一些阿拉伯—柏柏尔混合部落，主要分布在的黎波里和米斯拉塔海岸。而费赞地区既有柏柏尔部落，也有阿拉伯部落，还有少数民族部落。①

历经时代变迁和部落纷争，大部分希莱勒谱系后裔迁至突尼斯及其周边地区。萨利姆谱系在利比亚长久定居下来，由五大分支构成。

萨利姆后裔（بنو سليم）

↙ ↙ ↓ ↘ ↘

奥夫分支（عوف） 代巴分支（دباب） 宰恒分支（زغب） 海布分支（هيب） 拉比德分支（لبيد）

图 3　萨利姆谱系

利比亚主要的阿拉伯部落皆由萨利姆谱系的后裔衍生。各部落在不同时期，由于各种原因均经历过多次迁徙。因此，各个时期的部落分布都具有不稳定性，且受环境因素影响。同一个部落成员可分布于不同的城市和地区。一些部落的名称也在迁徙过程中改变。由于一些地理和历史的原因，利比亚境内还存在一些跨界部落。

二　利比亚部落组织的结构

利比亚当代的部落都起源于阿拉伯半岛，血缘关系广泛存在，部落则以血缘关系为基础。利比亚阿拉伯部落和阿拉伯—柏柏尔部落的组织结构符合阿拉伯部落六个层次的划分。利比亚的本土部落又有其特殊的内部结构、相关称谓及管理、运行机制。

（一）利比亚部落结构的六个层次

在利比亚部落社会中，每个帐篷代表一个家庭（الفصيلة، الأسرة），许多帐篷集结的地方构成家族地域（الفخذ، العائلة）。同区域的人员组成氏族（البطن），几个具有亲属关系的氏族组成胞族（العمارة）。几个胞族组成部族，

---

① هنريكودي أغسطيني، "سكان ليبيا"، بيروت: دار الثقافة، 1976 م،ص 9 - 13 .

即部落或部落联盟（القبائل أو القبيلة），多个部落构成宗族（الشعب）。相同部落的成员相互承认来自同一血缘分支，只服从同一领袖的权威，使用相同的口号。部落成员是谁的子孙就在谁的名字前面加贝努（بنو）的称号。一些部落的名称为阴性，这是古代母系制的遗迹。利比亚的谱系结构符合阿拉伯人公认的部落社会六个层次。①

第一级：宗族，即谱系的根源，各部落的源头，囊括全体民众。在阿拉伯语中，宗族一词的得名，源于他们是部落衍生的本源（القبائل تتشعب من الشعب）。利比亚的宗族指的是萨利姆谱系、希莱勒谱系。

第二级：部落或部落联盟，即若干有血缘关系的氏族或胞族结合而成的稳定的社会共同体。部落联盟是由若干个具有共同语言的近亲、近邻部落结合而成。在阿拉伯语中，部落一词的得名于谱系的交汇（تقابل الأنساب في القبائل）。如利比亚西部的瓦法拉部落、东部的萨阿迪部落联盟、南部的祖瓦拉部落等。

第三级：胞族，即部落下的分支，是由两个以上氏族组成的社会性群体，不具备经济和政治功能。在利比亚具体表述为某某的子孙。例如，卡达法部落本是苏莱曼谱系中的一个分支。卡扎菲统治前，卡达法部落的阿拉伯文表述即是苏莱曼的子孙（أولاد سليمان）。后因卡扎菲统治期间对其大力扶植，才提升至部落地位。

第四级：氏族，胞族分支。在利比亚，表述为某族后裔（بنو العمارة）。例如，曾任利比亚反对派最高军事指挥官的阿卜杜勒·法塔赫·尤尼斯即出自尤尼斯氏族，属拜尔阿绥部落。

在古代，氏族组织是起源于一个共同祖先、具有血缘关系的稳定共同体，也具有共同的经济联系（集体劳动、生产资料共有和平均分配）、相对独立的社会组织机构（酋长和议事会）、共同的部落称谓、墓地，还具有强烈的相互援助、庇护和血族复仇的意识。② 美国学者摩尔根认为，"氏族组织给我们显示了人类的一种时代最古老、流行最广的制度。无论亚洲、非洲、美洲、澳洲，其古代社会几乎都采取这种政治方式。氏族制度是社会

---

① 利比亚不同谱系甚至同一谱系内的划分情况不尽相同。有的部落自成一体，独立存在，使用部落名称；有的部落间结成联盟，以部落联盟的形式存在，用部落联盟的名称；还有的沿用家族后裔的名称。

② 宁骚：《民族与国家：民族关系与民族政策的国际比较》，北京大学出版社，1995，第9页。

赖以组织和维系的手段"。①

第五级：家族，即氏族分支。由具有血缘关系的家庭组成，如卡扎菲家族。

第六级：家庭，家族的组成要素，也是谱系阶层中的最小单位。② 如卡扎菲的子女们各自组成的家庭。

（二）利比亚的部落长老及其角色

当前，利比亚的部落社会主要由部落和部落联盟两种形式构成。前者具有一定的独立性和延续性；部落联盟主要由具有相似的利益关系，且具有历史渊源的部落构成。也有一些部落联盟是近现代不同部落以某种共同目标建成的联盟关系。具体而言，利比亚部落人口寡众不一、差异极大。最大的部落有约一百万人口，最小的部落仅百人。部落联盟是由若干个具有共同语言的近亲或近邻部落结合而成。在利比亚，部落联盟产生于腓尼基人迁入后，最初源于军事行动的增加和谋求生存的需要。例如，利比亚东部的萨阿迪部落联盟，南部的苏莱曼部落联盟等。在联盟内部，各部落的地位、权利和义务完全平等；彼此间的经济、文化联系通过联盟进一步加强。部落联盟的产生拓展了单独部落的力量。但是，"并非所有部落都能达到'联盟'这一阶段；而多数部落则是处在各自为政的状态"。"亲属部落间的联盟，常因暂时的紧急需要而结成，随着这一需要的消失即告解散。但在一些地方，最初本是亲属部落的一些部落从分散状态中又重新团结为永久的联盟，这样就朝民族的形成跨出了第一步。"

利比亚在 20 世纪 50 年代国家独立前，所辖三个地区自成一体。三者各自统一体的形成同世界上其他民族的形成过程一样，由"狭小的血缘氏族世界"通婚组成"氏族的最高境界——部落"，部落和部落之间结成同盟。这些部落可能完全没有血缘关系，有的则是远亲。由于"部落联盟"主要是生活在不同区域的部落为了某种"共同的利益"而结成的长期或短暂的"同盟"。故此，它是"区域性"的。而随着"部落联盟"内的各部落间的通婚和杂居，利比亚三个地区的统一体就逐渐形成了。

---

① 〔美〕摩尔根：《美洲土著的房屋和家庭生活》，李培茱译，中国社会科学出版社，1985，第1页。

② 阿拉伯世界对谱系划分的标准和名称不尽相同，本文依据：13 ص ،م 2009 ،دار الكتب العلمية : كامل مصطفى الهنداوي: "في معرفة قبائل العرب"، بيروت。

总体上看，部落和部落联盟内的社会结构一般可以分为部落长老和部落民两部分。部落长老（الشيخ）在阿拉伯语中被称为谢赫。部落联盟一般还会在部落长老中产生一位整个联盟的首领。

利比亚的部落长老是部落的代表和名誉领袖。部落长老是部落社会中唯一的政治首领，代表整个部落。在部落及部落联盟中，由各氏族的首领组成的部落会议和联盟会议，则是部落社会的公共权力机构。

部落长老一职，由氏族成员自由选举，并可罢免。他是本部落中年高德勋、智勇双全、仗义疏财的成员，必须具有一定的资格方能当选。长老的任期由全体部落民来决定，但其履职必须经部落大会的认可。部落联盟形成后，长老还须经部落联盟会议授职后，才可正式上任。部落长老的产生须经部落（联盟）大会的最后监督。① 如果提名的长老被部落联盟会议否决，则必须重新进行选举。但这种情况发生的几率几乎为零。值得指出，部落长老并不具有政治特权，即体现少数人对多数人的侵占，只是一种特定的社会角色。部落长老需要谋取部落公共利益，在氏族、胞族和部落中，不存在不平等的特权。

在法律、军事和其他公共事务上，部落长老并不具有独断的特权。他必须召集由各家族族长组成的部落会议。利比亚的每个部落都由长老和部落会议主持，长老是部落的崇高的威信，集所有权力于一身。部落事务须长老和部落会议商讨会做出决断，按照部落制度和习惯处理相关事务。长老的权责是执行部落会议的决定和处理突发事件。部落会议是最高权力机构，但并不经常召开。然而，部落内的问题随时可能发生，部落会议一般授权长老处理紧急事务，事毕必须得到部落会议的认可，否则无效。

在利比亚战争爆发后，出于安全考虑，卡扎菲极少在公共场合出现，但却于2011年6月7日会见各部落长老，寻求支持。足见部落长老在各自部落的地位和作用。但在个人权利与义务方面，部落的全体成员都是自由平等的，部落长老不具任何特权。部落成员是由血族关系结合起来的同胞，自由、平等、博爱，这是部落的根本原则。

（三）利比亚部落运行机制

利比亚部落最初并没有固定的首领，日常事务和经济活动均由威望较

---

① 应克复等：《西方民主史》，中国社会科学出版社，1997，第19~20页。

高的老人主持。后来随着生产力的发展和人口的增长，出现了一般结果选举产生的部落长老。最后，由于财富的积累和管理的复杂化，有的部落还增设军事首领，并形成类似部落议事会的权力中心。当前利比亚部落社会，由于生产力水平不高，部落社会尚未产生真正的阶级分化。一般而言部落只有一名领导者即部落长老。除此之外，都是处于平等地位的部落成员。部落会议是部落的管理机构。在卡扎菲统治时期，除卡达法部落外的其他部落都不被允许拥有自己的武装。

在经济领域，利比亚部落由规模不等的家族构成，还包括因联姻而延伸的血缘关系。部落民众自行谋生，多以家庭为单位形成独立经济体，而非以统一的部落为单位。多个有血缘关系的家庭组成一个家族，每个家族根据成员数量每年向部落基金会捐款，用于部落公共事务的开销。部落成员有继承遗产的权利和代偿损害的义务。部落的成员亡故后，其他部落成员具有遗产继承权。如部落成员对外界造成伤害但不具有赔偿能力，部落其他成员具有代其赔偿的义务。继承权利和代偿义务都有章可循。从先到后依次为：家庭成员→家族成员→氏族成员→部落成员。这同样适用于部落内的氏族、家族和家庭内部。

在政治领域，利比亚部落民在部落内享有平等的政治权利与义务。主要包括：选举和罢免部落长老、参加部落大会和宗教仪式、危难时刻相互支援等。以上权利主要通过部落会议实现，全体部落成员在个人权利方面平等。

利比亚部落都由部落长老和部落会议主持。长老是部落的绝对权威，与部落会议商讨后决定一切事情，按照本部落制度和习惯处理部落事务。部落会议即长老会议，是由各氏族首领组成，由部落长老主持。部落会议是部落的最高权威，负责选举和罢免部落长老，制定部落规约，处理部落一切重要事务，以及接纳外人为本部落成员。部落联盟会议是部落会议的延伸和扩展，由各部落长老组成。部落的政治行为主要由部落会议决定。部落会议是人类最古老的政治制度，实际上是现代议会、国会、立法机构的原型。部落会议对于部落的生存与昌盛至关重要。

利比亚战争后，举行了独立以来的首次大选，产生出由 200 名议员组成的国民议会。这 200 名议员的当选也体现了利比亚部落力量的平衡。在利比亚这种部落体制仍然存在的国家，国民议会事实上就是国家最高级别的部落会议。只有兼顾各主要部落利益诉求，才能实现国家的稳定，并举全国之力构建新国家。

但是，利比亚的部落结构也具有不稳定性。由于部落组织形式的松散性，利比亚的部落处于不断分化、组合的过程。部落成员对部落的认同感既取决于部落长老的威望，也受到部落大小、人口寡众的影响。一般情况下，部落越小、成员越少，长老的作用及部落的约束力就越大。随着部落的发展壮大，部落结构会发生分化甚至瓦解。例如，利比亚东部地区的阿姆勒斯部落曾是一个大部落，现在已经分解为17个大的分支，每个分支都以独立部落形式单独运作。这样一来，原部落的长老对瓦解后形成的新部落成员的约束力大大减小。总之，部落处在持续的发展演化中。

三 利比亚部落的社会与政治文化

持进化论的人类学家把部落看成人类社会发展到具有等级制的社会阶段，或称为"原始国家"（primitive state）。部落的统一性并非领土完整，而是基于血缘关系的统一性。人类在进入政治社会之前，经历了漫长的、无阶级的、以血缘为基础的部落社会阶段。部落是部落社会赖以维系的根基。"这种组织形式流行于整个古代社会，遍及于各大洲。"① 部落社会中的构成要素、特性等在当今存在部落的社会中依然沿用。利比亚不同部落的生活习惯和生活方式不尽相同，但均保留着古代阿拉伯人的传统精神，有些偏僻山区的部落甚至还有某些不良遗风。

（一）利比亚部落社会的文化与认同

1. 部落社会文化

第一，慷慨。慷慨是利比亚部落民的典型特征，自古有之，至今犹存。但是若与利比亚部落产生敌对后果则非常可怕，若与之建立友谊却可以发现利比亚部落是忠贞而大方的朋友。慷慨款待、热忱待客、豪侠气概，被认为是部落民的高贵品格。利比亚部落对领地等维持生计的资源争夺引发

---

① 〔美〕路易斯·亨利·摩尔根：《古代社会》，杨东莼等译，中央编译出版社，2007，第62页。

了部落间的矛盾和冲突，但其对于恶劣的生存却束手无策。这促使利比亚部落形成了一种独特的文化，即款待客人。拒绝款待找不到旅馆的客人或接待后损害客人的行为被部落视作有伤风化、玷污门楣，而且是违抗真主——"真实的保护者"的罪行。

利比亚独立后，尤其是石油资源发现后，国家富裕了起来。无论在伊德里斯王朝时期，还是卡扎菲统治时期，虽然社会中存在严重的分配不公和贫富分化，但民众的基本生活都能得到保障。基本生活物资价格低廉，每个国民都可享受免费的医疗和教育，这与国家领导人慷慨的部落性格不无关系。利比亚战争导致一些民众家园被毁、流离失所，但几乎没有人在战后因生活窘困而死，也得益于部落民众的慷慨接济和援助。

第二，自由。崇尚自由是利比亚部落民众的典型性格。这一性格的形成有如下三方面原因。首先，利比亚沙漠占国土总面积95%，自然特征决定了利比亚总体人口密度较小。尤其是沙漠中的绿洲城市以及沙漠边缘的城镇、城市之间、家族之间、家庭之间距离远。距离感与约束感成反比，地广人稀决定了利比亚民众崇尚自由的沙漠性格。其次，利比亚历史上居无定所和随遇而安的游牧生活方式造就了民众自由的性格。最后，利比亚独立前曾经历数百年的异族统治，且多为摄政统治，实则是部落的自由生活。以上原因决定了利比亚民众崇尚自由、放荡不羁的部落性格。利比亚战后，当强人的高压统治结束，国家碎裂化，民众的自由性格便凸显出来。这为国家的政权重构和平复安全局势增加了难度。

第三，勇敢与血亲复仇。长期游牧生活的艰辛以及沙漠资源和物质的贫乏造就了利比亚部落民众勇敢尚武的性格，以及部落的复仇社会文化。沙漠的生存环境艰辛，想要生存就必须勇敢地抵御恶劣和危险的自然环境。此外，曾经盛行于利比亚沙漠的劫掠行为虽造成部落间财富的此消彼长，但并不能使财富总量增加。一旦遭遇劫掠，为了维护自身的生活资料，只能诉诸复仇的方式。一个部落的成员若杀害了其他部落的成员，两部落之间就要发生血亲复仇，本部落的任何成员，都可能为这件罪行付出生命的代价。依照部落习惯法中的复仇原则，血债要用血来偿，什么惩罚也不生效，除了报仇。最亲的人，被认为应负最重要的责任。一件仇杀案所引发的复仇行为可能持续数十年之久。

2011年，利比亚爆发的战争也是部落复仇文化的体现。1969年，卡扎菲领导的"九·一"革命推翻了伊德里斯王朝的统治。2011 年的利比亚战争是以伊德里斯王朝的大本营——利比亚东部的昔兰尼加地区为根据地，以王朝后裔为发起者和主力军，并打出王朝时期的国旗和政治图腾，以推翻卡扎菲的统治、恢复王朝时期荣光为目标。

2. 利比亚部落社会的认同观念

长期的部落组织结构和部落生活方式在利比亚民众中形成了根深蒂固的部落意识。部落意识对国家的发展和民众的行为有重大影响。

第一，团结性。利比亚前领导人卡扎菲曾说："在社会联系、相互团结和亲密友爱方面，家庭胜于部落，部落胜于民族。部落这种社会联系只有达到紧密的程度才会产生利益、特征、价值和理想。""部落是天然的社会保护伞，为其成员提供社会保护，即集体赎金、集体罚金、集体报仇以及集体防卫。"[①] 利比亚的部落所处的自然环境大多为干旱、贫瘠的沙漠，恶劣的环境促进了部落的团结。只有团结一致、共同抵御外侵，他们才能生存。利比亚部落的团结性在社会中无处不在。例如，部落成员的骆驼死了，全体成员集资买一头新的骆驼送给他；一名部落成员即将婚嫁，整个部落一起为他操办婚礼；一名部落成员受到外来欺侮，整个部落作为一个整体抵御外侵等。如此的部落生活必然在其成员的头脑中烙下根深蒂固的集体主义观念和团结意识。

但是，随着部落人口的增多，凝聚力会越来越松散，人与人之间的关系随着生活区域的扩大而渐趋冷淡。信息化和现代化的传播也削弱了部落团结。这也是此次利比亚战争中会出现一些政府官员倒戈的原因。据统计，此次倒戈的利比亚政府高级官员共有 12 名，他们曾经担任的职务分别是司法部长、内政部长、外交部部长、欧洲事务部长、石油部长、驻联合国代表、驻联合国副大使、驻美大使、驻印度大使、驻澳大利亚大使、驻阿联酋大使和一位资深外交官，其中 9 人都从事外交工作。另外 3 人也都有在西方国家学习、生活的经历。可见，他们都受到西方思想的严重影响，这在一定程度上削弱了他们的部落意识。

第二，排他性。利比亚部落问题的实质为自我中心主义，即部落利己主义。各部落都试图最大限度地维护自身既得利益不被侵犯，千方百计地

---

① 〔利〕穆阿迈尔·卡扎菲：《绿皮书》，世界知识出版社，1996，第 101 页。

为本部落谋取更多的权益。当本部落与其他部落存在利益矛盾或与国家发生利益冲突的时候，不惜牺牲其他部落的利益，或置国家整体利益于不顾。这里需要特别指出的是，尽管部落利己主义往往是以某一部落的整体出现，但实际上并不真正或完全与整个部落特别是部落全体成员的利益和意向相吻合。更多的是代表部落领导者的利益和意向，因为后者总是把其自身利益和要求置于首要位置。

部落排他性主要有如下表现。其一，部落沙文主义。主体部落或在某一方面（包括政治、经济、军事和文化等方面）占据优势，特别是控制国家政权的部落为垄断各种资源而对其他部落采取的傲慢或排斥的态度和行为。利比亚卡扎菲统治时期的瓦法拉部落、卡达法部落等在国家统治中的重要地位即属这种情况。其二，部落保护主义。弱小部落为争取或维护自身的各种权益免受侵犯而采取的行为。这些弱小的部落由于在既定的族际关系中无力与强大的部落抗争转而竭尽全力地使自己同其他部落隔离起来。因而弱小的部落具有很强的封闭性并且往往要求实行部落区域自治。利比亚南部的图布部落在战后要求独立，即属这种情况。其三，部落分离主义。该形态又分为两种类型：一种是要求从一国之内分离出去成立独立国家；一种是要求组建跨界（国）的独立国家。前者尽管大小不一，但一般都拥有得天独厚的经济资源；后者则系历史上曾统一，后因殖民化而被肢解的部落。利比亚东部昔兰尼加地区在战后要求实行自治即属前者；南部跨界部落要求独立即属后者。

应该说，外部力量的直接干涉对利比亚战争的走向起到决定性作用。然而，利比亚民众对于外部干涉的态度不尽相同。只有东部地区一些受过西方教育或影响的民众希望得到北约的帮助以实现倒卡的目的。绝大多数民众虽然不满卡扎菲的统治，希望其下台，构建新政权，但并不愿意外部势力介入。瓦法拉部落的态度就是佐证。这体现了部落的排他性，无论内战如何激烈，也不愿外部势力干预。有一句阿拉伯谚语如是说："我和我的兄弟联手对抗我的堂兄弟，我和我的堂兄弟联手对抗陌生人。当没有外人时，我再对付我的兄弟。"

第三，继承性。氏族是扩大版的家族，部落是扩大版的氏族。它同家族一样，为其成员提供物质利益和社会福利。同时，每个成员也都生活在部落的监督下，部落对其成员的培养变成了一种社会教育。在部落这所社会学校中，其成员从小就受到部落理想、文化的熏陶。随着年龄的增长，他们所受到的各种熏陶自动地固定下来，成为生活准则，也形成独特的秉性。他们所继承的部落特性是根深蒂固的，会世代相传。

部落的继承性还体现在部落的遗产代代相传。这里的遗产既包括财产、土地等有形的物质财富；还包括无形的精神遗产，即认知、品行、传统、知识、文化、心理、艺术等，通过日常生活中的言传身教和社会教育来实现。部落的情感也有继承性。当某一部落与其他部落结仇，其后代必将以复仇当作自身的使命。

此次利比亚战争，部落间的宿怨是爆发的重要原因。被卡扎菲推翻的伊德里斯王朝所属部落的后代继承了先辈的仇恨，成为此次利比亚反对派的主体力量。他们与支持卡扎菲的部落间的怨恨由来已久。此外，部落谱系的延续性也充分说明了这一点。

（二）利比亚部落的社会规范

利比亚部落同世界上所有部落形态一样，有其自身的习俗与规约。有的自古有之，世代传承；也有的是在部落发展过程中形成并固定下来。

1. 部落习俗

第一，命名习俗。如前所述，利比亚人的全名至少由三个名字组成，即本人名＋父亲名＋家族名，有的人将绰号也加入全名。利比亚人习惯依据以下情况命名新生儿：使用祖父母的名字，根据婴儿出生时的情景，用周围习惯的事物，使用先知的名字或能体现美德的词汇。足见命名原则体现的是对过去的纪念和对美好未来的憧憬。

第二，部落迁移。利比亚部落迁移主要有两方面原因驱动：迁往条件更好的地域；或因原地域条件太好，人口太多而迁至他处。部落迁移的结果可能是一个部落的整体迁徙，也可能使同一个部落分布在不同地区，甚至可能产生新部落。由于利比亚沙漠面积广大，地广人稀。当一个部落处于贫瘠的地域，生存难以维持，部落成员便会集体迁徙，寻找生存条件较好的地域开始新生活。这样，他们就可能与新的部落为邻，发生新的关系变化。

另一种情况，某一个中心地区因生活资源优裕而造成人口过多，于是便出现人口逐渐外流的现象。随着时间的推移，就在远离本部落的地方形成了新的血缘共同体。久而久之，外迁者在感情上也成了异乡之客，最后在语言上也发生了变化，可能形成新的部落，但根据他们的族谱是可以追溯回去的。部落分离是不可避免的自然结果，与部落生存环境有关。当人口增多以致生活资料紧张时，过剩的人口就得迁到一个新地方去。日久天长，各种分歧产生，从而发展为新的部落。当前利比亚的大部落民众分布广泛，而非聚居一处，这就源于部落的迁移。利比亚战争的直接结果之一就是带来新的部落迁移。

第三，部落惩罚原则。部落惩罚原则是依据部落法令与规约对部落成员的不当行为实施惩罚。利比亚通过部落长老主持的部落会议实现部落惩罚。如果是发生在氏族、家族或家庭的矛盾，且可以自行解决，就不必通过部落会议。部落成员若杀害了本部落的其他成员，任何人都不保护他。他或者选择接受部落内部的严厉惩罚；或者选择逃亡，即被视为脱离部落关系。他在逃亡期间，成为不受法律保护的人。对部落民的惩罚，没有比丧失部落关系更严重的了。对部落民而言，"外人"和"敌人"，是两个同义的名词。没有部落的人无依无靠，不受保护。

此次利比亚战争中倒戈的高官多为受到西方思想影响严重，且在本部落以外早已建立了牢固的联系的人群。他们不惧怕因受到原部落的惩罚而丧失部落关系。这一点利比亚本土部落意识深重的部落民众难以做到。随着国家的现代化与政治民主化，部落惩罚原则的约束力将呈弱化趋势。

第四，部落宗派主义。宗派主义是部落的精神，包含着对同部落人无止境、无条件的忠贞。一名利比亚诗人吟唱道："忠于你的部落吧！部落有权力命令本部落的成员抛弃自己的妻子。"① 部落这种根深蒂固的宗派主义，是由部落成员的个人主义发展而成的，宗派主义认为本部落自成一体、独立生存、至高无上。同时，将其他的一切部落当作自己的合法的牺牲品，可以任意掠夺或杀害。部落宗派主义在阿拉伯国家自古存在，阿拉伯古代文学中的诗歌、散文已充分证实。部落民对于自己血统的纯洁、口齿的伶俐、诗歌的优美、宝剑的锋利、马种的优良，尤其是宗谱的高贵，都感到无限的骄傲。他们往往把自己的宗谱追溯到人类的始祖阿丹，是世界上唯一把宗谱学提高到科学地位的民族。伊斯兰教兴起后，并未完全消除部落

---

① Al-Mubarrad, al-Kamil, ed. W. Wright: *Leipzig*, 1864, p. 229.

的宗派主义。①

自古至今，部落宗派主义在利比亚始终盛行。利比亚的部落民处于平等地位，对外则认为高人一等。在他们看来，自己出身的部落是最尊贵的。他们认为没有部落归属的人是不幸福和不可思议的。这种自尊自大也体现在当代利比亚的部落冲突中。利比亚战争的重要诱因就是部落间长久以来的矛盾，即部落宗派主义的体现。部落宗派主义在当今利比亚依然存在，并且是影响利比亚转型的重要原因。

第五，部落族源。利比亚部落的溯源意识很强，从他们的全名即可看出。包括利比亚部落在内的绝大部分阿拉伯谱系为父系，即部落以父系传承，并繁衍出氏族、家族及家庭成员。部落社会中的男性成员处于主导地位，以男性成员的姓氏传承。语言学家对部落的定义是"有共同父系祖先的群体"②，其特征是氏族部落由一个男性祖先和他的子女以及他的男性子孙的后代组成，子女、儿孙皆归属父亲。世袭由男性首领传递，财产也按父系继承。谱系学家伊本·赫茨姆说："除三个部落外，全部阿拉伯部落都是父系，这三个部落为：塔努哈部落、阿塔格部落和格桑部落。"③ 一个男性首领可产生多个分支部落，每个部落长老生育的子嗣再分别形成新的部落，如没有子嗣则仍属于原部落。利比亚还存在多重谱系说。例如，利比亚的奥贝迪部落分别从属于哈拉比谱系、萨阿迪谱系、萨利姆谱系，则奥贝迪人也可称作哈拉比人、萨阿迪人、萨利姆人。

第六，部落关系的获得。部落归属本质上是先天的出身问题，但也可以通过后天的个人行为获取。在古代利比亚，只需与某部落的人共餐，或者吸吮他的几滴血，就成为那个部落的成员。外人可以寻求这种方式成为受保护人。同样，比较弱的部落可以自愿获取某个强大部落的保护，而最终被它吸纳。卡达法部落就曾与利比亚的圣门部落联系缔结友好关系。获得后者同意后，卡达法部落民众也有以古莱氏人自称。④ 在当代利比亚，部落关系的取得方式已有所简化，只需得到新部落长老会议的通过，并将姓

---

① 〔美〕菲利浦·希提：《阿拉伯通史》（上），马坚译，新世界出版社，2008，第24页。
② د. إحسان النص، " العصبية القبلية وأثرها في العصر الأموي"، دمشق: دار الفكر، 1976 م، صفحة 16 .
③ كامل مصطفى الهنداوي، "في معرفة قبائل العرب"، بيروت: دار الكتب العلمية، 2009 م، صفحة 13 .
④ أ. نصر الدين بشير العربي،"دراسة للجانب التاريخي في فكر معمر القذافي"، طرابلس:أكاديمية الدراسات العليا، 2005 م، ص 44

氏即家族名改为新部落的共有名称，同时摒弃原家族名即可。

第七，部落联盟。凡有亲属关系和领土毗邻的部落便会存在结盟以互保的倾向。这起初只是同盟，当逐渐认识联盟的重要性后就会结为联合的整体。利比亚部落乃至全部阿拉伯部落，自古以来生活在永无休止的斗争中。所以，部落之间的联盟成为一种获得生存环境和资源的现实选择。部落联盟的扩大形式以及联盟的产生并不复杂。一个部落如果分裂为几个部落，分裂后的部落各自具有领地，而且领地相互邻近。于是它们便以同宗氏族和相似的方言为基础，重新联合为部落联盟。亲属感情、宗族关系以及相似的方言构成了联盟的要素。

利比亚部落联合有两种主要方式：结盟和附庸。部落结盟是两个或以上部落以平等地位，自由的意愿结成部落联盟。各部落在部落联盟中地位平等，协商确定其中一个部落长老为整个部落联盟的首领，对外代表整个部落联盟。部落附庸是一个或多个部落依附另一个或多个部落，受其管理。个人也可与其他部落结盟或附庸。要建立新盟友关系的个人首先要脱离原部落，才可要求加入新部落，并说："某人与某部落结盟，或附庸于某部落。"

结　语

利比亚的部落情结根深蒂固，无论是部落构成，还是部落特性都相对稳固。但是，近些年来，随着社会经济的发展、政治民主改革的启动、文化教育的提高和城市化进程的加速，利比亚的部落状况也发生了一些变化。传统的部落组织结构受到一定冲击，部落成员与部落的那种紧密依附关系出现松动。许多人离开故乡和自己的部落，来到大都市寻找工作，开始新的生活，并逐渐融入多元化的城市文明。在现代文明的熏陶下，城市周边及交通发达地区的部落，部落习俗呈现淡化的趋向。但从整体上看，利比亚社会经济仍不发达、文化落后，全国性的政治民主化进程刚刚起步，封建的部落势力仍然根深蒂固，浓郁的封建等级观念和狭隘的部落意识影响很大。部落成员仍然保持着对本部落及其长老的高度忠诚，部落利益高于民族利益。

［责任编辑：闫伟］

当代阿尔及利亚女性社会地位研究

王亚庆[*]　孙德刚[**]

内容提要　当代的阿尔及利亚先后爆发了两次全国性战争，一次是1954年爆发的反法战争，即阿尔及利亚独立战争；一次是1991年发生的内战，即政府军与"伊斯兰拯救阵线"之间的武装冲突。这两场战争对阿尔及利亚的国家建设、社会环境、经济发展和政治格局等产生了深远影响。阿尔及利亚女性既是战争的参与者，又是战争的受害者，她们致力于改善和提高自身社会地位的努力也贯穿其中。内战结束以来，阿尔及利亚女性的社会地位有了显著提高，分别表现在家庭地位、受教育程度、就业范围和参政议政四个方面，成为阿拉伯和非洲国家的成功典范。然而，作为非洲和阿拉伯世界领土面积最大的国家，阿尔及利亚要实现男女平等，还面临诸多制约因素，如《家庭法典》、社会风俗、伊斯兰教义、经济社会发展水平和政治体制改革方向等，阿尔及利亚女性社会地位的提高仍有很长的路要走。

关键词　阿尔及利亚　女性研究　马格里布研究　中东社会　北非妇女研究

随着社会的发展，有关女性社会地位的话题备受关注。早在1948年联合国通过的《世界人权宣言》，就特别强调了基本人权、人格尊严和价值，即人人有资格享受该宣言所载的一切权利和自由，"不分种族、肤色、性别、语言、宗教、政治或其他见解、国籍或社会出身、财产、出生或其他

---

[*]　王亚庆，上海外国语大学中东研究所硕士研究生。
[**]　孙德刚，上海外国语大学中东研究所研究员、副所长。

身份等任何区别"。① 而到了 2015 年,经各国首脑磋商,联合国通过了《人类可持续发展议程》,设定了 2016~2030 年的 17 个目标,社会性别和女性赋权再度作为一个单列目标(目标 5:实现性别平等,增强所有妇女和女童的赋权)。② 由此可以看出国际社会对于性别平等、女性社会地位的重视。

目前,学界关于中东女性研究的成果并不多见。罗以·贝克(Lois beck)和尼基·凯迪(Nikki Keddie)主编的《穆斯林世界的女性》(*Women in the Muslim World*)③ 是一本关于穆斯林女性问题的论文集,从法律、社会、经济、宗教等诸多方面对穆斯林女性问题进行了探讨;法蒂玛·穆格戈·西克(Fatma Müge Göçek)和希瓦·巴拉吉(Shiva Balaghi)主编的论文集《重塑中东社会性别:传统、身份与权力》(*Reconstructing Gender in the Middle East: Tradition, Identity, and Power*)④,集中探讨了中东社会性别问题的重构,主要围绕社会传统、女性社会身份和权力的重构;哈吉凯特·索多里尼(Elhum Haghighat-Sordellini)所著的《中东北非地区女性:改变与延续》(*Women in the Middle East and North Africa: Change and Continuity*)⑤ 一书中,以现代化理论作为理论框架,从中东女性的生育模式、教育、就业、务工等方面进行探讨,认为现代化理论逻辑下对于女性地位的判断与中东女性地位的事实并不相符,存在着与西方现代化理论预判脱节和相反的现象。

阿尔及利亚是非洲和阿拉伯国家中领土面积最大的国家,在探索男女平等和社会进步方面,一直在积极尝试成为发展中国家的典范。2015 年 3 月 8 日,布特弗利卡发出呼吁,希望能够重新修订 2005 年的《家庭法典》,彻底废除这个并不支持两性平等的法典,其不平等性主要体现在当下女性

---

① "《世界人权宣言》全文",http://www.un.org/zh/universal-declaration-human-rights/,访问时间:2017 年 1 月 21 日。
② "目标 5:实现性别平等,增强所有妇女和女童的权能",http://www.un.org/sustainabledevelopment/zh/gender-equality/,访问时间:2017 年 1 月 21 日。
③ Lois Beck and Nikki Keddie, *Women in the Muslim World*, CambridgeMass: Harvard University Press, 1978.
④ Fatma Müge Goöçek and Shiva Balaghi, *Reconstructing Gender in the Middle East: Tradition, Identity, and Power*, New York: Columbia University Press, 1994.
⑤ Elhum Haghighat-Sordellini, *Women in the Middle East and North Africa: Change and Continuity*, New York: Palgrave Macmillan, 2010.

在公共领域日趋活跃，而2005年的《家庭法典》对女性仍有不少歧视。两性不平等在《家庭法典》中的体现并得以合法化，主要源于法典制定者和社会舆论认为，阿尔及利亚女性并没有在国民收入提升中起到积极主动的作用。然而到了2014年，阿尔及利亚高等教育毕业生中，女性人数占到79%[1]，并且女性在公共卫生和教育领域的参与比男性更活跃。在其他领域，如司法机构，女性所占比例也在逐步增多，2015年女性律师的人数占到了律师总人数的38%。[2]

随着社会的发展、女性权益运动的推动、女性参与市场劳工份额的增多，以及法律对女性权利诉求的合法保护，阿尔及利亚女性的社会地位得到了提升。但是这一变化仍显缓慢和不足，阿尔及利亚女性的斗争和对于女性权益的探索还需继续。

一　阿尔及利亚女性社会地位历史概述

在阿尔及利亚独立战争中，女性扮演着重要的角色，战争的参与度也很高，经常投入危急和致命的任务。独立战争并非是阿尔及利亚女性首次积极参与并发挥作用的战争，然而这次战争却开启了非洲女性解放斗争的先河。在此期间，阿尔及利亚女性和男性一起，共同为阿尔及利亚的独立奋战。经历了八年的抗战和数百万计的人员伤亡后，阿尔及利亚于1962年独立。战后，政府在法律上承认和强调了阿尔及利亚女性公民身份，同时阿尔及利亚女性享有男女同校、社会医疗保健服务、从事专业性行业的平等权利。至此，20世纪60年代到70年代，阿尔及利亚女性整体社会地位相较以往得到了提高。

然而好景不长，在随后的社会发展中，阿尔及利亚女性的社会地位形势却变得严峻起来。在劳工就业方面女性所占比例极小，这个现象和当时阿尔及利亚以石油出口为经济支柱的发展模式相关，这一经济结构使得国

---

[1] "DataBank-Gender Statistics," *The World Bank*, http://databank.worldbank.org/data/reports.aspx? source = gender-statistics#, 访问时间：2017年3月10日。

[2] Tlemçani Rachid, "The Algerian Woman Issue: Struggles, Islamic Violence, and Co-optation," in Fatima Sadiqi ed., *Women's Movements in the Post- "Arab Spring" North Africa*, London: Palgrave Macmillan, 2016.

家 GDP 上升，对于大多数向中层阶级发展的家庭来说，其经济实力不需要家庭中的女性参与付薪工作。同年政府又通过了一项规定：禁止女性在没有男性陪同的情况下出国（在阿尔及利亚女性游行示威之后宣布取消）。而到了 1981 年，阿尔及利亚政府试图通过一部《个人法典》，即规范和限定个人及家庭行为的法典。该法典充斥着男女不平等的规定，为此阿尔及利亚的年轻女性聚集在一起，向当时的总统沙德利·本贾迪德提交了对该法典的六项诉求：要求男女相同的法定成年年龄；拥有不受干涉的就业权；在结婚和离婚事宜上男女平等；废除一夫多妻制；享有平等的继承权；给予未婚母亲合法地位以及对孤残儿童的保护。上述要求可以清晰地反映出当时阿尔及利亚女性的社会地位状况，在就业方面没有自主权利，无法自由选择工作；在家庭方面，一夫多妻制严重影响女性在家庭生活中的平等地位，同时无法拥有婚姻的自主权，也使得女性在家庭生活中处于弱势；在政治参与方面，不能保障女性的基本政治权利，忽视了女性的合法权益。[1]

1984 年 6 月 9 日，阿尔及利亚立法机关通过了饱受女性反对的《家庭法典》。这一法典对于阿尔及利亚女性社会地位产生了巨大影响，它使得阿尔及利亚所有女性在教育、工作、婚姻和继承权方面沦为边缘地位。此外，该法典仍然保留了一夫多妻制度，阿尔及利亚的男性可以单方面宣布离婚，并且将其前妻（们）从家里驱逐出去。阿尔及利亚的伊斯兰教法也对遗产进行了定义：男性有权继承相较于女性两倍的遗产。在《家庭法典》的原始草案中，阿尔及利亚女性已成功地去除了其中几条最为恶劣的条款[2]，然而最后的结果标志着阿尔及利亚女性社会地位未能得到充分的保障。可以说，1984 年出台的《家庭法典》是阿尔及利亚女性遭遇黑暗历史的最好证明。

1988 年 10 月，数以万计的青年人加入"面包暴动"（Bread Riots）中去。物价上涨、青年高失业率以及政府实行经济紧缩政策，是导致这次暴

---

[1] M. Turshen, "Algerian Women in the Liberation Struggle and the Civil War: From Active Participants to Passive Victims?" *Social Research*, Vol. 69, No. 3, 2002, p. 894.

[2] Lippert Anne, "Algerian Women's Access to Power," in Irving L. Markovitz ed., *Studies in Power and Class in Africa*, New York: Oxford University Press, 1987, p. 209.

动的直接原因。① 暴动遭到了政府的武力镇压，死伤人数超过 1500 人。然而工人、学生以及失业青年的示威游行仍然推动了阿尔及利亚政治改革进程：言论自由、自由结社、组建政党是此次斗争的主要内容。

在如雨后春笋般出现的新兴政党和政治组织中，"伊斯兰拯救阵线"（FIS）是其中规模和影响力最大的一个，1991 年 12 月的第一轮立法选举中，它大获全胜。阿尔及利亚政府担心下台，于 1992 年 1 月取消了第二轮选举，并且军队还免除了总统沙德利的权力，1992 年 5 月议会宣布解散"伊斯兰拯救阵线"。随之而来的便是无止尽的暴力冲突，将近 20 万人死亡。② 这被阿尔及利亚人称作"迷失的时期"，然而没有人比阿尔及利亚的女性感受更强烈。从一开始，女性就是伊斯兰主义者和政府权力争夺战中的目标和牺牲品。1994 年，"伊斯兰拯救阵线"的伊斯兰教令（法特瓦，fatwa）将"处决没有穿着希贾布（hijab）的女性"这一行为合法化；另一条法特瓦更是将诱拐女性和临时结婚合法化。

在那个时期，阿尔及利亚女性社会地位倒退，整个国家越发保守。"伊斯兰拯救阵线"将没有穿戴伊斯兰服饰，以及穿戴与阿尔及利亚习俗不相容的女性视作"已西方化的"女性，并针对此类女性进行大量惩罚性袭击，使得阿尔及利亚女性时刻处于恐慌之中。③ 更有甚者，一些市镇的激进伊斯兰主义者对学校里的男生和女生进行隔离，并且不允许女孩进行体育活动。④ 所有的职业女性在阿尔及利亚内战时期都成为攻击对象：清洁工、学生、医生、记者、老师，甚至安保部队的母亲和妻子。被视为伊斯兰教"背叛者"和持不同政见的女性遭到了恐吓和妖魔化，一时间阿尔及利亚的女性陷入了一场激烈而恐怖的"政治迫害"。

---

① "Algeria: Riots of October 1988," Research Directorate, Immigration and Refugee Board, Canada, September 1, 1989, http://www.refworld.org/docid/3ae6aba95c.html, 访问时间：2017 年 3 月 10 日。

② Beardsley Eleanor, "Family Law At The Crux Of Algerian Women's Futures," NPR, May 14, 2011, http://www.npr.org/2011/05/15/136276037/family-law-at-the-crux-of-algerian-womens-futures, 访问时间：2017 年 3 月 10 日。

③ Lazreg Marnia, *The Eloquence of Silence: Algerian Women in Question*, New York: Routledge, 1994, p. 219.

④ Tlemçani Rachid, "The Algerian Woman Issue: Struggles, Islamic Violence, and Co-optation," in Fatima Sadiqi ed., *Women's Movements in the Post- "Arab Spring" North Africa*, London: Palgrave Macmillan, 2016.

社会动荡使得伊斯兰拯救阵线很快就集合了一大批支持者，这些支持者多是来自贫民区的游民，没有固定的工作，被整个市场经济排斥在外。他们极具不稳定性且易被洗脑，"女性就应该待在家中，回归家庭"的观点在他们心中根深蒂固。无论受教育程度有多高，哪怕已经是大学毕业，女性也被认为不应该参与社会工作而是更应该依附男性，尤其是那些需要女性照顾家庭的失业男性。一开始，这些对女性不平等的意识和观点还仅停留在言语攻击和恐吓之上，然而随着对女性的敌对情绪日益高涨，这些言语威胁很快就变本加厉，演变成一场极端暴力的浪潮。

1994年，被杀害的阿尔及利亚女性人数达到了211人。[1] 阿尔及利亚女性的诉求从要求男女平等转变为保障人身安全。1994年，接受小学教育的女性占46%，接受中学教育的女性占50%，大学毕业生中女性占50%；职业为医生的女性占50%，职业为护士的占48%，职业为法官的女性占1/3，职业为律师的女性占30%。[2] 然而到了1995年，受雇佣的女性仅占阿总体劳工人数的4.74%。此外，1992～1995年，阿尔及利亚女性失业率剧增，1992年女性失业率为20.4%，到了1995年已达到38.4%。女性如此高的失业率已影响了劳工市场当时的整体走向。尤其是对于20～24岁的女性来说，其失业率高达44.26%，其中学生占62.4%。[3] 女性的经济地位岌岌可危，而受教育程度高也无法为女性就业起到有效的促进作用，在当时的环境下，女性社会地位处于停滞不前的状态。

2000年，以伊斯兰拯救阵线为首的极端伊斯兰主义势力遭到了阿尔及利亚政府的军事重创。至此，该武装组织不再是阿尔及利亚人和国家安全的威胁，全国范围内进行的政治迫害也大大减少。在新的政治和意识形态环境下，阿尔及利亚社会氛围更有利于制定世俗的民法和相关法律。

2005年，阿尔及利亚总统阿卜杜勒-阿齐兹·布特弗利卡对《家庭法典》进行了修订。修订条款授予女性在离婚和住房供给方面更多的权利，

---

[1] Cherifa Bouatta, "Evolution of the Women's Movement in Contemporary Algeria: Organization, Objectives and Prospects," *UNU/WIDER Working Papers*, No. 124, 1997, p. 18.

[2] M. Turshen, "Algerian Women in the Liberation Struggle and the Civil War: From Active Participants to Passive Victims?," *Social Research*, Vol. 69, No. 3, 2002, p. 891.

[3] "CEDAW Country Report-Algeria," United Nations, September 1, 1998, http://www.un.org/womenwatch/daw/cedaw/cedaw20/algeria.htm，访问时间：2017年3月10日。

并将女性的男性监护人身份（父亲、丈夫等）弱化至象征意义，同时还保证阿尔及利亚女性的公民身份（国籍）拥有传给子女的权利。然而除此之外，布特弗利卡对于《家庭法典》的文本只进行了小幅度改动，并没有从根本上维护和改善阿尔及利亚女性的社会地位。

二　当代阿尔及利亚女性的家庭地位的提高

在独立战争爆发前，阿尔及利亚的家庭构成比较复杂，一般包括祖父母、已婚的儿子及其家庭、未婚的儿子、未婚或离异或丧偶的女儿。这样的家庭结构有着浓厚而明显的男权和父系烙印：由较年长的男性进行各大小事宜的决策，包括家庭福利、划分土地、家庭成员工作分配以及代表整个家庭对外交往等。在这样传统的父权家庭结构中，女性的生活一直处于男性的权威之下——未婚之前受到父亲的管控，结婚之后受到丈夫的约束——并且社会对于女性的角色认知极为保守，认为女性应当将全部的生活和重心都放在家庭事务当中。阿尔及利亚女性的家庭地位在这样的父权体系下无法达到与男性平等的位置，两者始终处于不对等的状态当中，男性一直凌驾于女性之上。

而独立战争结束之后，家庭结构模式发生了变化，向着更小一些的家庭单元发展，一般包括夫妻二人以及未婚的孩子。这种小家庭的变化趋势在阿尔及利亚的城市中先发展起来，随后逐渐扩展到周围的乡村地区。这一现象的出现受到很多因素的影响，最主要的原因是当时出现的城市化现象以及雇佣劳动的兴起。这种家庭结构的新形式仍然未能改变女性的家庭地位，尤其是婚姻方面，女性依旧受到诸多限制和不平等待遇。在20世纪90年代早期，阿尔及利亚仍在推行伊斯兰婚姻要求的苛刻的法律条款，这是整个西亚北非地区对婚姻规定最为保守的条款之一。

随着时间的推移，核心家庭模式在阿尔及利亚固定下来，逐渐形成了以新家庭模式为基础的"新父权"结构——现代化的劳动分工与实质上不变的父权社会关系认知。90年代末至今的阿尔及利亚女性家庭地位，可以从婚姻与财产分配、家庭暴力、生育与子女抚养等若干方面反映出其变化和现状。

（1）婚姻与财产分配

2005年，阿尔及利亚重新修订了1984年的《家庭法典》，去除了先前一些明显歧视女性的条款。① 修订后的法典中规定阿尔及利亚的最低合法婚龄是 19 岁，男性和女性都是如此。然而法官可以因某些"必要情况"而准许未满 19 岁结婚的现象——法典并没有对这一"必要情况"所允许的最低婚龄作出规定。② 不过与全球平均早婚数量相比③，阿尔及利亚的早婚率较低，在 15～19 岁的女孩中，大约只有 0.02% 处于已婚状态。④ 这些早婚现象的出现也与法典的条款相关，根据修订后的法典，女性不能在其监护人（通常为男性，如父亲）未许可的情况下与他人结婚。⑤ 基于此，女性的婚姻自主权在很大程度仍然受到了限制，在没有监护人许可的情况下，女性单方面与他人的婚姻行为在阿尔及利亚并不视为合法有效。阿尔及利亚女性在婚姻自主权上并不享有与男性一样平等的权利，而女性身后的男性监护人更是时刻禁锢着女性自主的选择权利。

伊斯兰教法（Sharia）还对遗产继承问题进行了规定，《家庭法典》基于伊斯兰教法也保留了相关条款。⑥ 一般情况下，女性可继承的遗产份额为她的兄弟（或者是相关的男性亲属）所享有的一半。然而在一些情况下，女性还会迫于相关男性亲属的压力而主动放弃遗产继承权。但对于有的家

---

① CEDAW, "Consideration of reports submitted by States parties under article 18 of the Convention on the Elimination of All Forms of Discrimination against Women Combined third and fourth periodic reports of States parties Algeria," New York: CEDAW, 2010, p. 7; Marzouki Nadia, "Algeria", in Sanja Kelly and Julia Breslin ed., *Women's Rights in the Middle East and North Africa*, New York: Freedom House, 2010, p. 30.

② "Ordinance No. 05 – 02 Amending and Supplementing Law No. 84 – 11 of 1984 on the Family Code," https://s3.amazonaws.com/landesa_production/resource/1619/Algeria_Ord-No-05-02_amending-family-code_2005_French.pdf?AWSAccessKeyId=AKIAICR3ICC22CMP7DPA&Expires=1491849186&Signature=fXU9ZTAWOZeP59%2FhFuvwcTnDqFo%3D，访问时间：2017 年 3 月 26 日。

③ Loaiza, Edilberto and Sylvia Wong, *Marrying Too Young: End Child Marriage*, New York: UNFPA, 2012, http://www.unfpa.org/sites/default/files/pub-pdf/MarryingTooYoung.pdf，访问时间：2017 年 3 月 26 日。

④ "Gender, Institutions and Development Database 2014," OECD, http://stats.oecd.org/Index.aspx?DatasetCode=GID2#，访问时间：2017 年 3 月 26 日。

⑤ Marzouki Nadia, "Algeria," in Sanja Kelly and Julia Breslin ed., *Women's Rights in the Middle East and North Africa*, New York: Freedom House, 2010, p. 37.

⑥ CEDAW, "Consideration of reports submitted by States parties under article 18 of the Convention on the Elimination of All Forms of Discrimination against Women Combined third and fourth periodic reports of States parties Algeria," New York: CEDAW, 2010, p. 13.

庭而言，为了防止家中的女性亲属受到不公平的遗产继承待遇，遗产所有人会在生前将部分财产以赠予的方式给女性继承人。① 虽然这样的行为对女性的财产权益提供了一定的保障，但这类需规避现行法律条款而重新分配平等遗产的现象，无疑说明了阿尔及利亚女性在遗产继承权上相较男性而言仍然处于从属状态。

阿尔及利亚宪法和《家庭法典》都规定了女性有权享有和使用土地以及其他非土地资产。法典还规定当一名女性结婚后，她仍然可以保持享有其财产的所有权，同时还享有自主处理私人财产的权利，无须经过她丈夫的允许。然而事实上，对于大多数的阿尔及利亚女性而言，购买或租借土地是无法独立负担的，同时传统社会价值观和认知又抑制了女性对经济独立做出的尝试。② 不仅如此，土地的继承权也是受到传统伊斯兰教法的控制，通常对女性进行区别对待。修订后的《家庭法典》改善了这一情况，可是对于低收入的家庭和处于社会次级的女性而言，阿尔及利亚的住房政策依旧有很多欠缺。大多数女性会将土地和财产的决策权委托给她们的丈夫或是男性亲属③，《家庭法典》对于女性土地和财产所有权做出的保障在实际情况中形同虚设。根据世界银行 2011 年的金融普惠（financial inclusion）数据，阿尔及利亚的成年女性中仅有 20% 的人拥有银行账户，而同等条件下男性则有 46%。④ 在家庭中，女性的经济实力显然处于弱势，从而导致女性在家庭生活中无法获得主导权。

（2）家庭暴力

2005 年，在 9033 起女性遭受的暴力虐待事件中，有大约一半属于家庭暴力，这意味暴力在阿尔及利亚家庭广泛存在。同时 64.9% 针对女性的攻击都发生在家中，其中将近 50% 的暴力案件来自女性现有配偶或前

---

① Marzouki Nadia, "Algeria," in Sanja Kelly and Julia Breslin ed., *Women's Rights in the Middle East and North Africa*, p. 43.
② "African Women's Rights Observatory: Country Specific Information-Algeria," *United Nations Economic Commission for Africa*, http://www1.uneca.org/awro/country_algeria.aspx, 访问时间：2017 年 3 月 26 日。
③ Marzouki Nadia, "Algeria," in Sanja Kelly and Julia Breslin ed., *Women's Rights in the Middle East and North Africa*, p. 43.
④ "Data: Algeria," *World Bank*, http://data.worldbank.org/country/algeria, 访问时间：2017 年 3 月 26 日。

配偶。① 2006年7月12日，阿尔及利亚《国家报》(El Watan) 刊登的一篇文章指出，阿尔及利亚警察局局长宣称女性所遭受的暴力案件数量依旧在持续增长。② 阿尔及利亚女性饱受暴力伤害。根据警方记录，在2014年女性遭受的身体虐待案件中，58%来自家庭暴力。每年大约100~200名女性因家庭暴力死亡。阿尔及利亚女性的人身安全时至今日仍受到威胁，而家庭暴力是最主要的暴力来源。对于如此恶劣和数量众多的家庭暴力案件，阿尔及利亚政府一直未能出台解决这一问题的相关法规，女性在家庭中的身心健康存在着很大的保障问题。

直到2015年，阿尔及利亚政府才起草并通过了一条法律，旨在保护女性免于暴力伤害同时保卫其经济利益。③ 这项法律将对女性的家庭暴力判定为"非法事件"：丈夫对妻子的暴力伤害行为将可面临最高20年的有期徒刑；丈夫将妻子暴力伤害致死将被处以无期徒刑。同时该项法律还致力于保护已婚妇女的经济利益：丈夫擅自处理妻子的财产或金融资源的行为，将至多获刑两年。保护女性免于遭受家庭暴力法规的出台，无疑是对女性家庭地位的一种保障。尽管姗姗来迟，但是其反映出阿政府和社会对于女性权益的逐步重视。

（3）生育与子女抚养

2016年，阿尔及利亚男女总体性别比是1∶1.03，出生时的性别比是1∶1.05，一直到24岁这个年龄段性别比一直保持在1∶1.05。24岁以后男女性别比逐渐降低（从1∶1.02降至1∶0.86）。④ 这一性别比的变化显示出女性的数量在不断减少，表明阿尔及利亚女性失踪、移民的问题日益严重。截至2016年，阿尔及利亚女性的平均生育率达到2.74，意味着平均一名妇

---

① "Algeria: Domestic violence; protection and services available to victims," *Immigration and Refugee Board of Canada*, http://www.refworld.org/docid/47d6548823.html, 访问时间：2017年3月26日。

② "Algeria: Domestic violence; protection and services available to victims," *Immigration and Refugee Board of Canada*, http://www.refworld.org/docid/47d6548823.html, 访问时间：2017年3月26日。

③ "Algeria: New Law Prohibits Domestic Violence Against Women," *The International Gulf Organization* (iaIGO), March 12, 2015, http://www.igohr.org/algeria-new-law-prohibits-domestic-violence-against-women/#four, 访问时间：2017年3月26日。

④ "The World Factbook, Algeria," *Central Intelligence Agency*, https://www.cia.gov/library/publications/the-world-factbook/geos/ag.html, 访问时间：2017年3月26日。

女育有 2.74 个子女。① 2.74 的生育率意味着家庭经济负担的增加，同时也意味着对女性照顾家庭的需求增多，降低了女性参与就业劳工的机会，从而使其陷入经济依赖和家庭话语权缺失的恶性循环。

如果夫妻双方育有儿女的话，那么根据法典规定，父母二人都有保护孩子身心健康和保障其接受学校教育的义务。然而对于夫妻双方而言，父母的权威落在了父亲的身上，母亲仅可在父亲缺席时为处于"紧急情况"下的子女做出决策。② 然而法典中对于"紧急情况"的规定非常模糊，同时如何证明父亲处于缺席状态也是极其困难的，女性对子女的主导权非常有限且不受到法律保护。在离婚且孩子判给母亲的情况下，男方有义务为女方和孩子提供住所，但是这样的情况通常会因被男方无视而得不到有效执行。

新的《家庭法典》规定：当夫妻双方离婚时，根据孩子的最大利益保障原则确定监护人。然而这一规定实则是对"母亲偏向"原则的违背，这一原则是指在大多数案例中，监护权一般是判给母亲的，父亲主要是提供经济支持。在阿尔及利亚，如果孩子判给了母亲，那么母亲是享有对孩子的主导权的。然而如果女方再婚，那么这一主导权将不复存在；同样的情况下，男方再婚却并不影响对孩子的主导权。③

女性的高生育率反映出国家对于女性留守家庭的需求，对于女性进入社会和就业产生了很大的影响。与此同时，对将多数时间和精力都花费在家庭的女性来说，她们的家庭地位也无法得到有效保障，在家庭生活的各方面被男性权力压制。部分社会观念变化和相关保护女性的法规出台说明，阿尔及利亚社会对女性问题的逐渐重视，然而所做的改变仍没有实质性改善女性的家庭地位。

---

① "The World Factbook, Algeria," *Central Intelligence Agency*, https://www.cia.gov/library/publications/the-world-factbook/geos/ag.html, 访问时间：2017 年 3 月 26 日。

② CEDAW, *Consideration of reports submitted by States parties under article 18 of the Convention on the Elimination of All Forms of Discrimination against Women Combined third and fourth periodic reports of States parties Algeria*, New York: CEDAW, 2010, pp.15, 16;" Gender, Institutions and Development Database 2014," OECD, http://stats.oecd.org/Index.aspx?DatasetCode=GID2#, 访问时间：2017 年 3 月 26 日。

③ "Report of the Special Rapporteur on violence against women, its causes and consequences, Rashida Manjoo, Addendum, Mission to Algeria," *Human Rights Council*, https://documents-dds-ny.un.org/doc/UNDOC/GEN/G08/106/83/PDF/G0810683.pdf?OpenElement, 访问时间：2017 年 3 月 26 日。

三 当代阿尔及利亚女性的受教育地位

当代阿尔及利亚接受初等教育的性别数量差距并不大,就 2004 年而言,初等教育入学率男生占 95%、女生占 93%。这个数据一直小幅上升,男生和女生之间的初等教育入学率也一直保持在几乎相等的状态。在阿尔及利亚,对于孩子接受基础教育的重要性早已达成了社会共识。

根据表 1 可见,2016 年,初等教育入学率女生占 95%,男生占 97%;中等教育入学率,女生和男生各占 50%;高等教育入学率则发生了变化,女生占 42%,而男生仅占 27%;全国平均识字率男性为 86%,女性为 73%。① 阿尔及利亚女性的识字率也逐年增加,从 2012 年的 64% 到 2016 年的 73%,说明女性接受教育的机会和选择增多。表 1 还表明,接受高等教育的女性入学率比男性多,这反映出以下问题:(1) 接受的教育水平越高,越有利于阿尔及利亚女性走向社会,参与就业劳工和女权运动;(2) 阿尔及利亚家庭对于子女接受教育问题已经大幅减少了性别差异对待(如男孩应该接受更多教育,女孩只需照顾家庭);(3) 在同等就业职位要求下,阿尔及利亚社会对于男性的学历要求比女性低。

表 1 阿尔及利亚男性和女性受教育情况(2012~2016)

	2012 年		2013 年		2014 年		2015 年		2016 年	
	男性	女性	男性	女性	男性	女性	男性	女性	男性	女性
识字率	81	64	81	64	81	64	87	73	86	73
初等教育入学率(%)	97	95	97	95	97	95	97	95	97	95
中等教育入学率(%)	65	69	55	52	52	49	52	49	50	50
高等教育入学率(%)	25	37	26	38	25	38	27	40	27	42

数据来源:World Economic Forum,"The Global Gender Gap Report,"https://www.weforum.org/reports,访问时间:2017 年 3 月 26 日。

---

① "The Global Gender Gap Report 2016:Algeria," *World Economic Forum*, http://reports.weforum.org/global-gender-gap-report-2016/economies/#economy = DZA,访问时间:2017 年 3 月 26 日。

四 当代阿尔及利亚女性的就业地位改善

阿尔及利亚女性就业状况的改善可以从以下就业率提高、就业领域和待遇改善,以及劳工法律保障更强这三个方面看出。

1. 就业率提高

阿尔及利亚女性的就业地位一直处于社会边缘状态。2011 年,阿尔及利亚男性的就业率达到 65.3%,而女性就业率仅为 14.2%。① 2010 年最后一个季度,女性失业率达 19.1%,而男性失业率为 8.1%。在阿尔及利亚,年轻女性失业问题变得日益严重:16~24 岁的年轻女性失业率达 37.4%,而男性仅为 18.6%。对于大学毕业的女性来说,失业问题更为常见:33.6% 的大学毕业女性处于失业状态,男性则为 11.1%。② 数据显示,女性大学毕业生的失业率在逐年增长,且失业与其大学就读专业无关。

2013 年,15~24 岁的年轻女性就业率在 10%,而男性为 47%;同等条件下女性失业率为 39%,男性为 21%。③ 2014 年,15~24 岁的年轻女性失业率达 41.4%,而男性则为 22.1%。④ 如表 2 所示,女性劳动力占全国总劳动力的比重一直在增加,然而幅度微小。2000~2014 年,女性劳动力比重仅增长了 3.892%,2014 年所占劳动力比重仍不足 20%。2015 年,女性劳动力比重占 16%,男性则占 76%;2016 年,女性劳动力比重占 18%,男性则占 75%。⑤

---

① "The Little Data Book on Gender 2011," *World Bank*, 2011, http://documents.worldbank.org/curated/en/626071468315341441/pdf/644430PUB0Litt000public00BOX361537B.pdf,访问时间:2017 年 3 月 26 日。
② OECD/CAWTAR, *Women in Public Life: Gender, Law and Policy in the Middle East and North Africa*, OECD Publishing, 2014, p. 124.
③ "The little Data Book on Gender 2016," *World Bank*, 2016, https://openknowledge.worldbank.org/bitstream/handle/10986/23436/9781464805561.pdf,访问时间:2017 年 3 月 26 日。
④ "The World Factbook-Algeria", CIA, https://www.cia.gov/library/publications/the-world-factbook/geos/ag.html,访问时间:2017 年 3 月 26 日。
⑤ "The Global Gender Gap Report," *World Economic Forum*, https://www.weforum.org/reports,访问时间:2017 年 3 月 26 日。

表2　阿尔及利亚女性劳动力占全国总劳动力百分比

单位：%

年份	2000	2002	2004	2006	2008	2010	2012	2014
女性劳动力	13.484	13.966	14.544	15.327	16.317	16.878	17.113	17.376

数据来源："Data：Labor Force Total-Algeria," *The World Bank*, http://data.worldbank.org/indicator/SL.TLF.TOTL.IN? end=2014&locations=DZ&start=1990&view=chart，访问时间：2017年3月26日。

上述数据都反映了一个事实：阿尔及利亚女性就业率和劳工参与率远低于男性。不仅如此，女性的失业率也高于男性。这意味着即使少数女性能够成功就业，并参与到市场劳工当中，她们失业的概率也会高于男性，女性被经济市场排斥在外。

2. 就业领域和待遇改善

2011年，63.15%的女性工作领域集中在行政管理、国防、卫生和社会部门，男性则占30.3%，同时还有很大一部分女性的工作领域集中在服务业（如清洁服务）。就业女性中工作领域为制造业的占21.5%，多过男性的10.4%；就业男性中工作领域为建筑业的占到19.5%，女性仅占1.6%；12.3%的男性从事农业活动，女性仅占3%。同时数据还显示，2011年男性领导着89.8%的企业。① 到了2013年，从事农业工作的男性占12%，而女性仍占3%；从事工业制造业的女性占24%，男性占32%；从事服务业的女性占73%，男性则占56%。② 2015年，从事非农业活动并带薪就业的女性人数占总市场人数的19.2%。③ 2016年，职业为立法者、高级官员和管理人员的人员分布中，女性占10%，男性则高达90%；在职业化和技术领域，女性占44%，男性占56%。④

尽管在阿尔及利亚，并没有限制女性可以工作的领域，但是大多数女性的工作领域还是集中在卫生护理、教育和司法机构，这些是被社会认为

---

① OECD/CAWTAR, *Women in Public Life：Gender, Law and Policy in the Middle East and North Africa*.
② "The Little Data Book on Gender 2016," *World Bank*, 2016, https://openknowledge.worldbank.org/bitstream/handle/10986/23436/9781464805561.pdf，访问时间：2017年3月26日。
③ "Human Development Report 2016," *UNDP*, http://hdr.undp.org/sites/default/files/2016_human_development_report.pdf，访问时间：2017年3月26日。
④ "The Global Gender Gap Report," *World Economic Forum*, https://www.weforum.org/reports，访问时间：2017年3月26日。

具有"性别倾向"(gender bias)的领域,即更适合女性就业。

3. 劳工法律保障更强

阿尔及利亚劳工法规定了对女性就业人员的权益保护,并且法律还规定男女薪资平等:雇佣者必须确保员工在相同工作条件下,具有平等的薪资水平,不能带有性别歧视。

对于女性员工的产假问题,阿尔及利亚劳工法规定女性享有带全薪产假的权利,产假期间的薪资偿付由政府完成,产假为14周。[1] 根据阿尔及利亚法律规定,在女性分娩前后时期终止雇佣,或是在分娩期间被解雇属于违法行为。同时法律还规定仍处于母乳哺育期的女性,每天的工作期间可以得到一个小时的休息时间。此外,法律还规定女性员工在分娩之前的一个星期是禁止工作的,雇佣者不得以任何理由要求女性员工工作;如果女性员工工作环境较为危险或容易遭受辐射影响,那么女性员工怀孕期间需要调职至相对安全和辐射影响较小的工作环境。

阿尔及利亚政府在女性就业保障方面做出了很多改善和提高,虽然无法切实改变女性就业率低下的现象,但是良好完善法律保障逐渐为女性参与就业提供了条件。

五 当代阿尔及利亚女性的政治地位提高

1. 政治参与意识增强

阿尔及利亚议会由国民议会(众议院)与民族院(参议院)组成,两院共同行使立法权。2012年,议会总席位为462,其中女性席位有146,占总席位的31.6%。[2]

根据阿尔及利亚2012年选举法规定,议会候选人中女性比例需要根据每个选举席位数量的不同,保持在20%~50%。选举法对具体选区数量比例做出了规定:拥有四个席位的选区,女性比重占20%;拥有五个及以上席位的选区,女性比重占30%;拥有14个及以上席位的选区,女性比重占

---

[1] OECD/CAWTAR, *Women in Public Life*: *Gender*, *Law and Policy in the Middle East and North Africa*.

[2] "Global Database of Quotas for Women," *Quota Database*, http://www.quotaproject.org/country/algeria#cview_subnational, 访问时间:2017年3月26日。

35%；拥有32个及以上席位的选区，女性比重占40%；在国外的选区，女性比重应占50%。① 同时选举法规定了选举席位数量根据投票数量而定，且女性候选人的席位比例需要严格按照上述比重规定执行。除此以外，政治党派还可以根据其女性候选人在国家层面和次国家层面（区县等）选举中的参与数量，获得特殊的国家财政拨款。

阿尔及利亚政党组织数量众多，但是国家规定这些政党中，女性的参与数量至少占总人数的1/3。如果没有达到这个比例标准，该政党将自动不合格。2012年选举法概述了提高和改善性别平衡在选举体系中的程序：在所有选举提名中，为女性分配一定配额的席位，无论这些女性是无党派候选人，抑或参与多个不同的政党。国家议会对于女性席位的配额体系延伸到了其他领域，如外交使节团和司法部，然而几乎没有女性参与国民议会（众议院）。②

在行政机构，女性很少能够参与高层决策层。2012年，31名内阁成员中只有3名为女性，其中一名文化部部长和两名委任部长。在司法机构，女性的参与数量增多，2010年全国超过1/3的检察官为女性，同时任职法官的女性占36%。③ 可以从数据中看到，女性的政治参与逐年增多，但是都无法参与核心和高层的政治决策。

除了议会席位数量以外，在对候选人进行投票的过程中也充满着性别不平等的现象。例如对于宣传候选人照片的海报中，许多政党对女性候选人仅用中心空白，四周以希贾布的图片作为代替。④ 这一现象受到了阿尔及利亚政府的关注并予以制止，但是同时女性候选人本身也受到家庭的困扰不便公开自己的照片。

2. 女性组织取得发展

阿尔及利亚一直是北非国家女权运动的先锋之一，独立战争以后女权

---

① "Global Database of Quotas for Women," *Quota Database*, http://www.quotaproject.org/country/algeria#cview_subnational，访问时间：2017年3月26日。
② OECD/CAWTAR, *Women in Public Life: Gender, Law and Policy in the Middle East and North Africa.*
③ "Country Report on Human Rights Practices-Algeria," *US Department of State*, https://www.state.gov/documents/organization/160446.pdf，访问时间：2017年3月26日。
④ "Algeria parties ordered to show female faces on posters," *BBC*, April 18, 2017, http://www.bbc.com/news/world-africa-39636548，访问时间：2017年5月26日。

运动的规模和影响力更是不断壮大,为女性争取权益做出了极大的贡献。

1984 年,《家庭法典》在遭到众多女性反对之后仍旧实施生效,自此大量女性组织如雨后春笋般出现。反对《家庭法典》的失利让阿尔及利亚女性意识到争取政治权益以及获取话语权的重要性,于是女权运动的框架结构转化为更为官方的合法组织,例如 1985 年 5 月成立的女性法律平等组织——自由组织(Egalité)——正是基于此,它是阿尔及利亚最著名的女性组织之一。该组织的宗旨是促进和落实男女在法律面前的平等权利,它于 1989 年通过官方批准成为一个全国性组织。女性通过这个组织争取自身的权益,这一过程既是女性行使自身正当政治权利的体现,也是女性对于政治地位平等的诉求。该组织已经取得了诸多实质性成果,如废除 1984 年《家庭法典》;通过了保障男女平等的民法;女性无条件就业的权利;男女法定成年年龄一致;离婚处理方面男女平等;废除一夫多妻制;男女共同财产平等配置。①

这些成果说明了女性在政治参与上越来越活跃并且得到重视,女性对平等权利的争取在政治层面有了更为有效的发声通道和解决途径。尽管许多问题仍亟待解决,但是发展至今的女性组织已颇具规模并更加成熟规范,这无疑对于阿尔及利亚女性的政治地位的提高提供了助力。

六 阿尔及利亚女性社会地位的影响因素

首先,对于阿尔及利亚女性地位最直接的影响因素是《家庭法典》。法典作为对阿尔及利亚人民的个人行为、婚姻、财产继承等私人生活进行规范的律令,对女性家庭地位起到了最直接的影响。尤其是设置女性家庭地位核心的问题,如家庭主导权、财产分配、继承、人身安全等,都直接受限于《家庭法典》。而在法典中,对于男性家庭主导权具有偏向性,女性婚前受到父亲的管控,婚后受到丈夫的限制;女性私人财产分配在现实中的实际处理人往往为其丈夫或相关男性亲属,女性本身对财产的自主权徒有虚名;家庭暴力的现象也逐年增多。女性的家庭地位陷入如此被动而消极

---

① Cherifa Bouatta, "Evolution of the Women's Movement in Contemporary Algeria: Organization, Objectives and Prospects," *UNU/WIDER Working Papers*, No. 124, 1997, p. 8.

的局面，与没有相应的法律后盾支持有关。

尽管《家庭法典》对女性地位形成一定压制，但是阿尔及利亚女性家庭地位产生了较大的变化，从以往被男性权力的压制，到现在拥有相对自由的自主权利。从历史比较的视角来看，阿尔及利亚女性的家庭地位得到了提高；从两性平等的视角来看，阿尔及利亚女性的家庭地位仍然处于不平等的状态。

其次，阿尔及利亚女性在受教育地位上取得如此大的提高，根本上得益于经济的发展。阿尔及利亚女性的受教育地位在很大程度上已经趋于两性平等，教育因素已经不再是衡量男女平等与否的关键。阿尔及利亚经济发展的同时，传统经济社会男性劳动力已经无法满足市场需求，一直以来被制约于家庭中的女性得以参与社会劳动分工。市场对于劳动力的要求并不是简单地停留在初级原材料加工层面，男性劳动力无法完全补给到国家机关、服务业、高科技行业、人才培育等领域，因此女性作为可观的劳动力逐渐受到重视。

再次，社会对就业者相关工作能力的需求，成为女性接受教育的直接因素。女性接受教育的人数和比例在逐年增加，与此同时接受高等教育的女性也在逐日增加，反之接受高等教育的男性比例却在慢慢减少。这一趋势也使得女性受教育的观念和意识随着社会发展越发浓厚。

从多方位的数据对比不难发现，阿尔及利亚女性就业地位依然处于斗争有余、改善不足的状态。无论是就业率还是失业率所呈现的状况来看，女性都远远劣于男性。

女性就业步履维艰最根本的影响因素是社会阶级。现如今的阿尔及利亚社会仍然是一个阶级固化的社会，长期以来进驻市场占据经济主导权的男性，已经在社会领域中形成了自己的阶级层次。随着现代化和经济全球化的到来，市场发展和自由经济为女性就业打开了一扇机会之窗，然而处于高阶级层次的男性为了保持现有的阶级固化，想尽办法限制女性的就业发展。在入职、解雇过程中对女性进行性别歧视和区别对待，并且女性虽然可以自由选择工作领域，但是社会对于女性的就业方向也贴满了"性别标签"，这些标签直接影响了女性对于工作岗位的选择。女性就职的岗位中，教师、护士、清洁工、纺织厂工人等岗位占多数，这符合社会对于女性"更适合从事服务业，从事稳定和处理细节的工作"的认知。

尽管没有直接论据表明，男性和女性之间有着明显的就业区别——例如男性更适合从政经商，女性更适合教育服务——然而社会的认知和阶级固化将女性的就业身份限制在少量领域，并将就业概率和失业概率也控制在减少男性损害的范围内。

最后，女性政治参与率低下的根本因素是男权社会意识的制约。阿尔及利亚女性对于政治运动的参与远远多过政治决策的参与。选举法对于女性席位比例专门做出的规定，虽然对于女性参与政治起到了积极的律条作用，然而事实上这些条例的背后，更多只是流于表面的形式。

政治决策是国家建设和发展规划的重要环节，内容还包括国家未来方向和法律法规出台等方面，这些都会影响不同公民团体的利益和权利。不妨试想一下，女性参与政治决策的人数增多，就职高层领导人的概率就增大，那么相应的国家规划和律令法规势必会在某些程度上出于对女性权益的考量进行调整和实施，而这些能够帮助女性改善相应社会地位的手段和方式，也在另一方面影响男性长期以来占据的优势和获取资源的便利程度。作为依旧处于（新）男权意识下的阿尔及利亚社会，男性的利益应当优先于女性，男性对国家应当把握绝对的主导权。因此女性即使享受法律意义上的选举席位，事实上能够担任高层领导人和进入核心决策层的人少之又少。女性的政治权利受到了法律概念上的保障，然而在事实层面还是无法触及男权社会的根基。

结 论

阿尔及利亚长期处于战乱状态，参与战争的女性既是国家积极的守卫者，又受到战争的伤害和国内各种势力的攻击，沦为被动的受害者。阿尔及利亚女性的社会地位因此也经历诸多变化和坎坷，在不断地斗争和平等意识觉醒下，取得了今天的成果和进步。

然而与过往的黑暗遭遇相比，阿尔及利亚女性虽已为自己争取了不少权利，但与阿尔及利亚男性相比局面仍然不甚乐观。就家庭地位而言，阿尔及利亚女性还没有完全获得独立自主的权利，男性监护人享有许可权、婚姻自主受到限制、遗产继承并不能公平实施等问题，都表明阿尔及利亚女性家庭地位还需要进一步完善；就受教育程度而言，男性和女性之间的差异已经逐渐缩小至趋同，教育不再是两性平等问题上突出问题；就就业地位而言，巨大的就业差异以及两性之间数据落差说明，女性就业地位依然处于一个尴尬阶段，还有许多问题需要去改善和解决；就政治地位而言，女性的政治参与更多是底层和表面的参与，没有触及领导高层和核心决策层，女性始终游走在政治参与外围，无法触及男权政治社会的根基。对于阿尔及利亚女性而言，就业地位是最需要得到改善和提高的，这一点的完成既需要法律保障的完善，也需要社会阶级固化的消融。

总之，具有阿拉伯国家、非洲国家、地中海国家三重属性的阿尔及利亚，在未来国家建设和社会发展过程中，女性的社会地位将不断提高。阿尔及利亚能否成为阿拉伯国家和广大非洲国家性别平等的成功典范，仍需要进一步观察。

［责任编辑：申玉辉］

埃及史研究

希伯来文明与埃及文明的异质性及其原因

赵克仁[*]

内容提要 希伯来文明与埃及文明同属古老的东方文明，二者之间存在的继承关系已成为学界共识。然而，二者之间存在相似与共性并不能说明它们同属一种文明。希伯来文明虽然在很大程度上继承了埃及文明的精华，但其已完成了历史性的超越，与埃及文明属异质文明。尤其是二者在国家政治体制、经济秩序、道德法律、宗教信仰和文化属性等方面都存在质的区别。这些区别形成的原因有历史因素、民族因素、宗教因素，还有生活方式与活动地域的影响。因此，希伯来文明与埃及文明的关系充分体现了"青出于蓝而胜于蓝"的特点。同时，希伯来文明又被后来的西方基督教文明继承，成为西方文明的源头之一。埃及文明对人类历史进步与文明演进所做的贡献仍值得我们敬仰。

关键词 希伯来文明 埃及文明 异质性

埃及文明是世界上兴起的早期文明之一。希伯来文明是在埃及文明的基础上产生的，但已与埃及文明存在质的区别。探讨两种文明的异质性之前我们需要对其进行界定。按照学术界最一般的说法，埃及文明发源于尼罗河下游，一般从公元前3100年的美尼斯国王统一埃及开始，到公元前332年希腊马其顿王亚历山大征服埃及为止[①]，此后埃及历史进入希腊化时期。希伯来文明发祥于迦南地区，即今天的巴勒斯坦。希伯来人是当今犹太人的祖先。希伯来文明的时间跨度，向上可以追溯到公元前1900年前后，即希伯来人的始祖亚伯拉罕率族人定居现今伊拉克南部的乌尔时期，向下

---

[*] 赵克仁，河北师范大学历史文化学院教授。
[①] 令狐若明：《走进古埃及文明》，民主建设出版社，2003，第1页。

到公元 135 年犹太人反抗罗马帝国失败后，流散世界各地。① 在世界文明史上，希伯来文明具有游牧的特性。该民族国家存在时间很短、国土狭小，因而没有列入世界四大文明古国。然而，希伯来文明集埃及文明、巴比伦文明和波斯文明之精华，在世界文明史上起着承上启下的重要作用。希伯来人创立的犹太教对早期的基督教和伊斯兰教的形成有着重大影响，它也因此被学界看作西方文明的源泉之一。关于希伯来文明与埃及文明的联系，学界有比较充分的论述。② 在质的区别上，学界虽有涉猎但没有得到充分论证。笔者本着查缺补漏的原则，本文专题探讨希伯来文明与埃及文明的异质性并分析其形成原因，以期推动学术发展和学科建设。

一　两种文明异质的表征

希伯来文明与埃及文明发源于西亚北非两个相邻的地区，在时间上埃及文明稍早。这两种文明虽然都被称为东方文明，但希伯来文明的性质已经不同于传统的东方文明，并发生了质的飞跃。下面我们将两种文明加以比较，找出二者的差异。

1. 政治上表现为君主专制与宪政民主的区别

古埃及是一个神权政治的古代国家，国内形成了金字塔般的等级制度。金字塔顶小基大，以广大的民众为基础托付着小团体的贵族阶层。国王位居金字塔顶，下面依次是祭司、官员、书吏、士兵、农夫、仆从等。这种金字塔般的等级制度强调上下级关系，严格遵守伦理制度，形成了一个和谐有序的社会。王权与神权紧密结合，国王既是全国的行政首领也是宗教首领。法老是古埃及国王的尊号，原意为"宫殿"，相当于中国古人说的"陛下"。③ 法老自称是荷鲁斯的儿子，代表神在人间行使权力。理论上，国王既有任命国内各级官员的权力，也有任命全国各个神庙祭司的权力，就是说国王既是国家的领袖，也是祭司的首领。王权与神权紧密结合，二者

---

① 朱维之主编《希伯来文化》，上海社会科学院出版社，2004，第 1~4 页。
② 〔美〕加利·格林伯格：《圣经之谜：摩西出埃及与犹太人的起源》，祝东力、秦喜清译，光明日报出版社，2001；徐家玲：《犹太民族的埃及背景探析》，《圣经文学研究》2009 年第 1 期。
③ R. G. Morkot, *The Egyptians, An Introduction*, London and New York: Routledge, 2005, p.152.

相互支撑。中央的大臣、地方官员和神庙中的祭司,一起执行法老和州长的命令,形成政教合一的体制。

法老是埃及万事万物的中心,集世俗和神圣于一体,沟通人世与神灵两界。法老不仅是神在人间的代理,而且他本身就是神,所以埃及国王被称为"神王"。神王观念可以追溯埃及历史的源头,最古老的埃及文献记载着国王即鹰神荷露斯,他是伟大的生命之神拉伸之子。[①] 法老有责任恢复和维持整个宇宙的秩序。玛阿特象征着宇宙中精神、政治、社会保持和谐有序的状态。失去玛阿特整个世界不再和平安宁,不再繁荣稳定,不再有公平正义。君权神授、人神之间的和谐关系是建立玛阿特的首要条件。[②] 法老把国家一部分土地划分给神庙作为领地,将粮食甚至奴隶赏给神庙,就是说法老供养着全国的祭司阶层,而这些宗教神职人员为王国政权提供合法性。无论是法老的登基还是执政30年举行的塞德节等都由祭司主持。[③] 总之,法老集神权和王权于一身。从政治上看,埃及是个典型的君主专制国家。

希伯来王国虽然也是一个神权政治国家,但其政治体制已朝着分权制的方向发展,因此也被一些学者称为"主权在神的宪政国家"。[④] 希伯来民族政治的发展具有阶段性,经历了从氏族部落民主制到君主宪政的过程。在希伯来氏族部落的发展过程中,契约思想是影响希伯来政治发展的重要因素。从美索不达米亚时期亚伯拉罕接受人与神之间的契约思想发展贸易,到摩西时代人与神立约,上帝给摩西传授十诫。契约思想、全民立约的平等思想深深地影响了希伯来政治的发展。律法和信仰是希伯来人立国的基石。公元前1028年,扫罗在迦南地区建立希伯来王国以后,氏族部落民主制与君主制两种思想还在交织。[⑤] 以色列王国建立后,以色列的政治权力分为先知权、祭司权和王权,三权分立。三种权力之间形成相互制约的关系。

---

① C. Ziegler, *The Pharaohs*, London: Thames & Hudson, 2002, p. 19.
② M. Karenga, *Maat: The Moral Ideal in Ancient Egypt: A Study in Classical African Ethics*, New York and London: Routledge, 2004, p. 8.
③ R. H. Wilkinson, *The Complete Temples of Ancient Egypt*, London: Thames & Hudson Ltd., 2000, pp. 190 – 191.
④ 乔飞:《从〈圣经〉看古代以色列王国的"宪政"特色》,《南京大学法律评论》2010年春季卷。
⑤ 王立新:《论以色列君主制发展的三个阶段》,《南开学报》1999年第1期。

特别是王权受到先知权和祭司权的制约，以色列的政治模式体现为神权之治与法律之治。以色列王国是一个主权在神的宪政国家。① 祭司是人间的代表，把人的需要告诉给神；君主是神的代表，把神的旨意传达给民；先知是神的代言人，负责解释神的旨意。权力、宗教信仰和社会秩序之间的分离是希伯来社会的重要特点。先知权、祭司权都属宗教权，王权与教权之间的分离，教俗分离在古代以色列已经出现。这一特征深深地影响了基督教，在《圣经·新约全书》中，当法利赛人诘问耶稣如何处理与罗马帝国的关系时，耶稣回答："恺撒的物当归给恺撒，神的物当归给神。"（马太福音22：21）这句经文被学者认为是当代西方教俗分离政治体制的宗教来源。

2. 经济秩序上表现为农业经济与市场经济的区别

耕种对于大多数普通的埃及人来说是一种生活方式，他们的耕作技术在当时处于领先地位。埃及一直是一个农业国家，农业是国民经济的基础，埃及所有政治、军事、社会、文化的进步全都依赖于农业的发展。因此农业是这个国家的支柱产业，农民是这个国家的主要劳动力。比起两河流域的巴比伦人，埃及的农民确实占有天时地利之便。正是由于法老政府对埃及民众的有效统治和宗教教化的引导，才使埃及的农民过上了有规律的生活。人们按照尼罗河泛滥的周期而确定了的泛滥季、播种季和收获季的历法，过着一年三季按部就班的农耕生活。②

埃及的国家收入主要靠向农民征收赋税，农民把大部分收成上缴给国家。与欧洲中世纪的农奴不同，埃及农民也从政府那里获得一定实惠，如每年政府发放种子给农民，国库中的储备粮足以让农民度过歉收的年份，这些在希伯来《圣经》中都有记载。农业的收成维系着政权的稳定，历代法老都十分重视农业的发展。每年的尼罗河泛滥都关系农业的收成，政府派专人测量尼罗河的水位，预测来年的收成。古埃及人视尼罗河为神明，为它创作神话、颂诗。③ 在古代埃及，畜牧业和养殖业也是国民收入的重要

---

① 乔飞：《从〈圣经〉看古代以色列王国的"宪政"特色》，《南京大学法律评论》2010年春季卷。
② C. Francis Nims and W. Swaan, *Thebes of the Pharaohs, Pattern for Every City*, London: Elek Books, 1965, p. 69.
③ G. Pinch, *Egyptian Mythology, A Guide to the Gods, Goddesses, and Traditions of Ancient Egypt*, Oxford: Oxford University Press, 2002, p. 136.

组成部分，动物的驯化和饲养很早就开始了。埃及人饲养动物，除了食用，更重要的是将其作为劳动力，农业生产中使用牲口耕作及运输的情况十分普遍。

与埃及不同，希伯来人在定居之前属于游牧民族。内需的不足是其发展商品交换，从事商业贸易活动的内在动力。同时迦南地区独特的客观与社会条件孕育了希伯来人的经商意识。与埃及民族不同，希伯来部落是一个游牧部落组成的社会。在于迦南建国之前，希伯来人处于部落社会阶段，游牧的性质使其没有自己固定的地盘，只有一个大致活动的区域。希伯来人的生活用品大多通过与周边民族的商品交换才能获取。在迦南建国之后，希伯来社会的商业特性仍然没有退去。希伯来人所处的迦南地区地处地中海与阿拉伯沙漠之间，相较周边沙漠来说算是富饶之地，古代被称为"肥沃的新月"地带，希伯来《圣经》把迦南地区描述为"流着奶和蜜"之地（申命记 31：20）。实际上，这里草木并不茂盛，戈壁伴随着沙漠，荆棘遍地，要想在这里发展农业、养殖业，都相当困难。但它的地理位置很适合于从事贸易和商业活动，具有发展市场经济的便利条件。迦南地处亚非欧三大洲的结合部，是东西方贸易的走廊和必经之地。以色列史学家阿巴·埃班在其书中写道，在迦南地区有一条热闹的大道穿过地中海的沿海平原地区，那些来自两河流域的商队就是通过这条路进入尼罗河三角洲地区。① 就是说迦南地区联系着东西两个文明古国巴比伦与埃及的贸易。迦南地处中东地区腹地，周边地域民族为了争夺中东控制权，经常在这里兵戎相见，争夺这个战略要地和交通枢纽。这样的条件使迦南地区早就成为不同民族、不同部落、不同文化交流和交往的重要场所。内需不足与地处交通纽带的客观历史条件，使希伯来人很早就开始从事商品贸易活动。在迦南地区定居之后，可以说希伯来人从一个游牧民族逐渐转向一个商业民族。所罗门时代，希伯来人的贸易不仅局限于周边地区，而且远达印度、阿拉伯和非洲一些国家。②

3. 法律上表现为道德法与成文法的区别

法律是一种社会规范，是人类社会内部调整人们关系的行为准则。它

---

① 〔以色列〕阿巴·埃班《犹太史》，阎瑞松译，中国社会科学出版社，1986，第 18 页。
② 〔以色列〕阿巴·埃班《犹太史》，第 32 页。

也是人类社会发展到一定阶段的产物,是阶级社会中特有的社会历史现象。世界上最早的律法出现于公元前30世纪,古埃及第一王朝国王美尼斯在统一上下埃及之后颁布,其后萨基西斯、赛索西斯和博克贺利斯相继颁布过法典,可惜这些法典没有完整地保留下来。埃及是最早颁布法律的民族,希伯来法律位居其次,双方法律具有不同的特点。

古代埃及法律的发展,经历了从习惯法向成文法转化并不断完善的过程。在古埃及,成文法出现后,并不意味着习惯法悄然消失。相反,习惯法在不断被成文法化的同时,仍在众多领域发挥着作用。作为成文法的补充,埃及社会流行道德法。古埃及之所以流行道德法与这个国家的特点有关。第一,古代埃及是一个神权国家,人人信奉神灵,服从神王的管束。法老是公平正义的化身,他可以根据自己的意愿来判断是非曲直,王权就是法律。第二,古代埃及虽有成文法律,但宗教文化中的道德因素,在实际操作中占据主导地位。因为埃及宗教文化本身具有法文化的性质。就是说在埃及宗教中本身含有许多约束人们行为的清规戒律。如著名的玛阿特说,在社会上起到了一部分法律的作用,规范着人们的行为。埃及文学作品中的道德说教,在预防犯罪方面也起了巨大作用,如著名的《阿蒙奈姆普教谕》《阿蒙尼姆赫特的教谕》《普塔霍特普教谕》等。[1] 这些教谕文学以口口相传的方式在大众中流传,起到了很好的道德教育效果。第三,如前所述,古埃及流行民间习惯法。在埃及即使没有法典,前人在档案中记录下了丰富的断案经验,后人有据可循,久而久之就形成了习惯法。在埃及,大量的纠纷是由通过民间习惯法解决的。如遇到数量不大的偷窃,财产纠纷,百姓一般请神庙的祭司来主持公道。祭司代表民众发表意见,判断是非,处理纠纷。如果对祭司的判决不服,还经常采用神谕的方法进行裁决。[2]

冥神奥西里斯的冥界审判说,是影响最大的神话传说。按照埃及宗教传说,人在死后其亡灵要受到冥神奥西里斯的审判。奥西里斯神和其他42位神灵组成一个陪审团,用一个天平称量死者的心脏,一边是死者的心脏

---

[1] J. H. Breasted, *Ancient Records of Egypt*, Vol. I., New York: Histories & Mysteries of Man Ltd., 1988, p. 255.

[2] E. Teeter, *Religion and Ritual in Ancient Egypt*, Cambridge: Cambridge University Press, 2011, p. 74.

一边是代表公平与公正的玛阿特女神的羽毛。若一个人一生作恶多端心脏会重于羽毛,那么心脏会被等在旁边的怪兽阿姆特吃掉,死者面临第二次死亡,无法到达来生;若一个人一生清白,心脏轻于羽毛或与它等重,那么死者就通过了审判,得以进入永恒的来世。① 同时埃及宗教要求人们崇拜神灵,遵守玛阿特。因为玛阿特代表了现世的秩序和宇宙的秩序②,这在人类社会代表现世的法律,在宇宙中代表天体运行规律。这些教义和传说起到了律法的作用。

与埃及流行习惯法与道德法不同,在希伯来文明中,成文律法在生活中起到的作用远大于道德说教。在这一点上它走在了埃及文明的前面。希伯来律法产生于公元前12~公元前5世纪。希伯来律法包括两部分内容:一部分是所谓的摩西五经,即"托拉";另一部分所谓的口传律法,包括希伯来人在耶路撒冷时期形成的《耶路撒冷塔木德》和在巴比伦流放时期形成的《巴比伦塔木德》。希伯来民族历史上经历的两大重要事件,促使了律法的产生与完善。一是希伯来民族英雄摩西上西奈山,接受耶和华神赐予的十诫,这不仅是一神教创立的标志也是希伯来人拥有成文法的标志性事件;一是希伯来人从巴比伦返回迦南地后,他们"作为群体的生存已经失去了稳定性,受到各种条件和现实的约束,没有既定的东西,一切只是一种馈赠,正如土地或生命本身"。③ 这个痛苦的现实使希伯来知识精英进行反思,必须找到不同于传统的纽带维系希伯来民族的生存。因为希伯来民族已经没有自己的国家政权和属于自己的领土,希伯来先知以斯拉在迷茫中找到了民族生存的精神源泉,这就是他从流放地带回的律法。他对希伯来律法,不管是成文的还是口传的进行了整理和编撰。以斯拉让希伯来人回归律法的行为,是律法史上的重大事件。他为希伯来人确立了以律法为核心的发展方向,被称为摩西第二。"当《托拉》被以色列人遗忘的时候,是以斯拉从巴比伦赶来并重新确立了它的地位。"④ 所以说,希伯来民族是

---

① B. E. Shafer ed., *Religion in Ancient Egypt*, *God*, *Myths*, *and Personal Practice*, Ithaca and London: Cornell University Press, 1991, pp. 92–93.
② J. A. Wilson, *The Culture of Ancient Egypt*, Chicago and London: The University of Chicago Press, 1971, p. 119.
③ J. Neusner, *The Way of Torah*, 5th ed, California: Wadsworth Publishing House, 1993, p. 14.
④ 〔西班牙〕亚伯拉罕·科恩:《大众塔木德》,盖逊译,山东大学出版社,1998,第3页。

以律法为樊篱的民族。

4. 宗教上体现为多神崇拜与一神崇拜的区别

古埃及宗教是源于本土，较少受到外来宗教传统的影响。所以埃及宗教的发展历程经历了宗教起源和发展的各个阶段。如果要探究人类宗教起源或完整的宗教演变过程，埃及是一个典型的样板。最初的埃及宗教是从巫术发展起来的。按照英国人类学家泰勒（Edward Burnett Tylor, 1832—1917）《原始文化》中的观点，埃及人最初的宗教是从"万物有灵"的自然崇拜开始的。① 根据古希腊历史学家希罗多德（Herodotus, 约前484—前425）记载，古埃及人是最早提出灵魂不灭的民族。② 由于人类认识自然的局限性和对外界自然的依赖，凡是为人们提供必要生存条件的自然物都被视为神灵。风雨雷电、山川河流、虫鱼鸟兽等都是神灵。法国社会学家涂尔干（Emile Durkheim, 1858—1917）明确指出，在生产力尚不发达时期，人类宗教最初阶段是对自然的崇拜。③ 随着人们认识的提高，埃及人从神灵中逐渐排除了对一些无生命的自然物的崇拜，而集中崇拜有生命的动植物。随着埃及宗教的进一步发展，一些植物神也被排除，只剩下对动物的崇拜，再向前发展就出现了人格化的神。在动物神与人格化的神之间有一个过渡阶段，这过渡阶段出现了半人半兽形象的神灵。所以说埃及宗教向人们展示了完整的宗教发展历程，当然也是人类思维演变的过程。在埃及宗教发展的过程中，虽然有一定的阶段性，但每前进一步并不意味原来的神灵彻底消失。譬如已经发展到人格化的神灵崇拜阶段，自然界的大神仍然没有退出埃及宗教崇拜的行列，如对人们生活与生产影响巨大的太阳神和尼罗河神始终位居埃及人崇拜的神灵之列。这样，埃及宗教虽然经历了从多神崇拜向主神崇拜的演变，但始终没有发展到一神崇拜阶段。历史上虽有埃赫那顿宗教改革，但最终以失败告终，从而成为埃及历史的插曲。有学者认为，希伯来人首领摩西是参与埃赫那顿宗教改革的"中坚人物"，改革失败后他率领希伯来人逃出埃及，在西奈山上接受十诫，创立

---

① E. B. Tylor, *Primitive Culture*, New York: J. P. Putnam's Sons., 1920, p.185.
② 〔古希腊〕希罗多德：《历史》（上册），王以铸译，商务印书馆，2005，第165页。
③ 〔法国〕埃米尔·涂尔干：《宗教生活的初级形式》，林宗锦、彭守义译，中央民族大学出版社，1999，第80页。

犹太教。① 果真如此的话，这是符合历史发展逻辑的。埃及宗教在神灵崇拜属性上经历了从万物有灵的自然崇拜，到动植物崇拜，再到人格化神的发展过程，在神灵崇拜数量上，经历了从多神崇拜到主神崇拜的过程，完整地呈现了人类宗教的发展历程，为文化人类学提供了完整的研究资料。有人统计，古埃及有名的大大小小的神灵就有2000多个，具有较明显特征的神灵有200多个。② 例如，在底比斯西郊王陵谷图特摩斯三世墓室的墙壁上，就描绘了741个不同的神灵。发现于亚历山大城的梅特涅石碑上镌刻着300多个不同的神祇造型。③ 所以说，古埃及宗教是个典型的多神崇拜的宗教。

与埃及宗教的发展历程不同，希伯来宗教受外来文化传统影响较大，可以说就是在不断吸收外来文化与宗教传统的基础上发展起来的。在希伯来民族跨入历史门槛之前，两河地区的人们普遍信仰多神教，而希伯来民族的一神教是在两河地区多神教的基础上产生的。希伯来人信仰一神教的历史，最早可以追溯到希伯来人的始祖亚伯拉罕时期（公元前2世纪）。当乌尔地区的人们还在敬拜众多的神灵并向其祈福的时候，亚伯拉罕并没有入乡随俗，而是在众神中挑选了一位神灵来崇拜。④ 他相信这位神能"使他的后裔极其繁多"，并能赐给他"迦南全地，永远为业"（创世记17：2，8）。然而，亚伯拉罕的信仰还不是真正意义上的一神信仰。真正的一神信仰是在埃及确立起来的。公元前14世纪，法老埃赫那顿在埃及进行宗教改革，提倡信仰太阳神阿吞，其他的神一律废除。这次宗教改革对希伯来人影响至深。奥地利心理学家、犹太人弗洛伊德（Sigmund Freud, 1856—1939）曾大胆地假设"如果摩西是一个埃及人，如果他把自己的宗教传给了犹太人，那么那种宗教就是埃赫那顿的阿吞神教"。⑤ 希伯来民族英雄摩西在此基础上创造出无所不能的上帝。摩西带领希伯来人出埃及，在西奈

---

① 〔美〕加利·格林伯格：《圣经之谜：摩西出埃及与犹太人的起源》，祝东力、秦喜清译，光明日报出版社，2001，第178~179页。
② B. Watterson, *The Gods of Ancient Egypt*, London: Alan Sutton Publishing, Ltd., 1984, p. 35.
③ B. E. shafer, ed., *Religion in Ancient Egypt, Gods, Myths, and Personal Practice*, p. 56.
④ B. Reich, *A Brief History of Israel*, New York and Washington D. C. : George Washington University, 2005, p. 1.
⑤ 〔奥地利〕弗洛伊德：《摩西与一神教》，李展开译，三联书店，1989，第18页。

山上接受十诫,标志着犹太一神教的诞生。希伯来人的犹太教是真正的一神教信仰,这是历史上最早的一神教。犹太教的神耶和华不仅是唯一的,而且是无形的,无所不在的。① 从希伯来宗教过渡到犹太教既是希伯来民族历史上的大事件,也是希伯来文明区别周边其他民族的多神信仰,发生质变的重大事件。

希伯来人长期生活在商业贸易发达的西亚地区,他们对市场经济中的商品交换原则十分熟悉,在商业活动中经常订立商约。此时,他们将日常商业活动中的契约关系用于宗教中的神人关系,于是在犹太教中上帝与希伯来人订立契约。上帝将希伯来人看作自己的选民加以保护,而希伯来人必须尽选民的义务,遵守上帝定下的众多诫命。一开始是摩西与上帝订立的十条诫命,被后人称为摩西十诫,后来遵守的诫命确定为613条。② 与上帝立约后,原来的希伯来人身份由希伯来人变为信仰犹太教的人,外界称他们为犹太人。犹太民族的诞生和摩西律法联系在一起,并由此组成了一个民族共同体。同时,在信仰、律法和犹太民族三者之间还形成了相互依赖的链条关系:民族靠神圣律法维系;律法的权威来自上帝;民族因信仰上帝而成为其选民。一神信仰、契约观、崇尚智慧、叛逆精神和善于吸纳先进文化成为希伯来文明的五大特征。③ 在犹太教中,犹太教与犹太人是统一的,即"犹太人存在于犹太教中并为犹太教而存在"。④ 犹太教虽然对人种没有过分强调,可以是黄种人、白种人,甚至黑种人,但只有信仰犹太教就是犹太人,同时只有犹太人信仰犹太教。"犹太教是所有犹太人、以色列人和希伯来人的宗教行为。"⑤ 这是人类历史上的一次质的飞跃。

众所周知,早期的人类以家庭和血缘为纽带,组成人类共同体;古埃及人将其发展为以自然环境,尤其是以尼罗河为纽带结为共同体。埃及新王国时期的阿蒙神⑥曾通过他的祭司颁布命令:"凡被尼罗河水淹没的地方

---

① J. Lindblom, *Prophecy in Ancient Israel*, Oxford: Basil Blackwell, 1962, p. 308.
② B. Reich, *A Brief History of Israel*, p. 2.
③ 徐新:《走进希伯来文明》,民主与建设出版社,2003,第6~13页。
④ 〔德国〕利奥·拜克:《犹太教的本质》,傅永军等译,山东大学出版社,2002,第238页。
⑤ G. Boccaccint, *Roots of Rabbinic Judaism*, Michigan: B. Eerdmans Publishing Co., 2002, pp. 12-13.
⑥ 早期阿蒙是底比斯的地方神,以雌鹅的形象出现;新王国时期成为全国性的主神,以公羊的形象出现。

都是埃及的土地,凡是饮用尼罗河水的人都是埃及人。"① 犹太教第一次用宗教文化作为民族团结的纽带,是人类历史上又一次质的飞跃,也是希伯来文明与埃及文明异质的表现之一。

5. 文化上体现为农耕文化与游牧文化的区别

埃及文明属于农耕文明。古代埃及是一个充满了神秘色彩的国度。古代埃及之所以与众不同,是因为远在公元前3000多年,生活在尼罗河畔的埃及人就已经创造出令后世叹为观止的农耕文明。众所周知的金字塔、狮身人面像、木乃伊等都是他们的杰作。在物质层面,埃及文明的成就可谓空前,在精神层面,埃及文明虽不及后来的希伯来文明,但它作为较早的农耕文明的典型在人类历史上占有重要地位。早在距今五六千年之前,埃及人就在尼罗河神赐予的这片富饶的土地上生息劳作。从事农耕的埃及人过着按部就班、墨守成规的自然生活。在日常生活中,他们按照农作物的生长季节劳作,遵循"日出而作,日落而息"的自然规律。埃及人热爱自然,但并不喜欢旅游。对他们来说,最佳的旅游方式就是划着用纸沙草做的小船,畅游养育埃及人的生命河——尼罗河。尼罗河水赋予埃及以生命,并且不断滋养着这个早熟的人类社会。埃及原始居民使用天然石和天然矿物质制作的工具战天斗地,发展出先进的农业和畜牧业。埃及人除了农业耕作,还烧制陶器、织布缝衣、兴修水利,大兴土木,创造出辉煌的农业文明。与希伯来文明相比,古埃及文明具有自己鲜明的特色。首先,埃及文明基本上是土生土长的,受外界影响较少;其次,埃及文明是稳定而连续的,当然绝非静止的,具有循序渐进、小步迈进、不断发展的特色;再次,宗教在古代埃及人的生活中起着支配作用,在社会生活的各个方面都留下了它的印记;最后,埃及民族也创造了丰富多彩的世俗文化,形成了具有民族特色的民风民俗与生活习惯。

希伯来文明属于游牧文明。游牧文明的显著特点是居无定所,生活条件较为艰辛。于是便形成了游牧民族不畏困难,英勇顽强的精神特质。游牧民族的内需不足是受到自然环境的逼迫,他们不得不经常处于迁徙和流动之中,以寻找水草资源。因为迁徙流动,经常处于适应新环境、新变化

---

① 〔德〕埃米尔·路德维希:《青白尼罗河》(下册),郭院林等译,花城出版社,2008,第237页。

的境况之中,游牧民族心胸开阔,适应性强,不会产生排斥外来文化的现象,更多的是采取接纳、吸收和适应的态度,这与埃及民族的墨守成规不同。如果用最简练的一个字来总结游牧与农耕文明的特点,那么游牧文明的特点是"动",而农耕文明的特点是"静"。[1] 同时,这种特点也使得游牧民族很容易形成商业文化,而希伯来社会的商业气息就很浓,因此也被称为"天生的商人"。[2] 希伯来社会兴起的市场经济、产品交换,不仅促进了贸易的发展,也给社会的发展带来更多的变化与应有的活力。这使希伯来文明具有包容性的特点,更容易接受外来文化。希伯来文明的游牧文化特性,使其更容易为民族发展带来启示和灵感,当然也就为社会发展带来更多变革与发展的机遇。

综上所述,可以看出希伯来文明虽然与埃及文明有着千丝万缕的联系,但在性质上已完成了一个大的飞跃,已与传统的东方文明埃及文明存在质的区别。

二 两种文明异质的原因

希伯来文明与埃及文明之所以形成异质文化,有历史的因素、民族的因素、宗教的因素,当然还有生活方式和活动地域的影响。

1. 埃及历史的稳定性与希伯来历史的波动性

显著的政治连续性、固有的文化传统、法老对国家的专制统治被令狐若明先生总结为埃及文明的三大传统特点。[3] 埃及文明从王朝时代之初便显露出它的特色。王朝序列世代相传,很少中断,文化传统稳定不变,一脉相承,3000 多年的岁月铸就辉煌。漫长而厚重的历史赋予了埃及丰富多彩的社会生活以及神秘的文化遗产。举凡宗教、文学、建筑、雕刻、绘画、音乐、舞蹈、科学等,埃及人无不精通。埃及人留下的文化遗产挑战着现代人的智力与想象力。

埃及文明丰富的内涵表现在其独特的历史进程之中。早王朝时期是古

---

[1] 陈巴特尔,《历史与文化中的游牧文明与农耕文明》,http://hss.gzu.edu.cn/s/41/t/101/c0/8b/info49291.htm,查阅日期 2014 年 5 月 20 日。
[2] 彭树智:《犹太—希伯来文明的交往特征》,《中东研究》2005 年第 1 期。
[3] 令狐若明:《古埃及文明的传统特点》,《社会科学战线》2008 年第 4 期。

代埃及文化的形成时期，它为随后的古王国时期的政治稳定打下了坚实的基础。古王国时期是埃及文明的第一个繁荣期，这一时期最著名的象征就是金字塔。在这一时期影响埃及文化艺术的规范、手法也逐渐形成，并为后世各代所继承，基本没有发生大的变化。中王国时期埃及文化艺术达到一个高峰。王室陵墓和神庙中的雕像与浮雕显示其宗教艺术的卓越技巧，珠宝加工技艺达也达到很高的水平，一些杰出的文学作品也被创作出来。新王国时期埃及的文化达到一个巅峰。在雕塑和绘画上主题呈现多样性，在材料运用的广泛性以及技术、技巧和工艺上，使后世王朝难以企及。这一时期出现了纯粹为观赏而作的艺术品。用祭司体书写的文献涵盖了各个学科，留下了大量的纸莎草文书。后王朝时期，埃及文化不同程度地受到周边文化的影响。利比亚、努比亚、波斯、希腊、罗马相继给埃及文化带来冲击，但直到阿拉伯征服之前，埃及基本上延续了自己的文化传统。

埃及文明经历了3000多年的法老时代，埃及的土地上共出现过大大小小31个王朝，共同演绎了埃及文明的进步之旅。然而，由于受时代与地域的限制，埃及文明没有将自己的文化传统延伸到更深更广的维度。在悠远浩渺的时空浓香艳郁地绽放之后，埃及文明突然从人们的视野中消失了，但它的精髓被希伯来文明所吸收。希伯来文明后来融入西方文明，也使埃及文明作为世界文明的源头被永远载入史册。

与埃及历史的稳定性不同，希伯来民族的命运多舛，历史进程跌宕起伏。犹太民族①的祖先希伯来人，从民族学上看最早属于阿拉伯半岛上闪族的一支。早在公元前3000~公元前4000年，游牧的闪族部落就曾从西部的叙利亚草原移居两河流域的巴比伦尼亚，到公元前3000年末已和当地的苏美尔人混居。闪族文明与苏美尔文明相交融。根据传说，希伯来人的祖先在美索不达米亚以游牧为生，直到亚伯拉罕的父亲在公元前1900年前后决定迁离现今伊拉克南部的乌尔。他们先是往北移居哈兰城，亚伯拉罕在其父亲去世后，率领部落向西南迁徙，渡过了幼发拉底河，因此亚伯拉罕的后人被称为希伯来人，意为"来自河那边的人"。② 亚伯拉罕率领的部落最后到达迦南地区（现今的巴勒斯坦地区）定居。亚伯拉罕被尊为希伯来人

---

① 摩西创立犹太教后，外界称希伯来人为犹太人，后来他们自己逐渐接受了这样的称呼。
② B. Reich, *A Brief History of Israel*, p.1.

的祖先。希伯来人接受了两河流域的宗教,并深受其影响,所以,不少古巴比伦的宗教观念和创世传说等后来被载入希伯来人的宗教典籍。作为游牧民族的希伯来人在迦南地区定居后,发现此地草木并不茂盛,砂石遍地,荆棘丛生。公元前1700年前后,因为迦南地区闹饥荒不得不去尼罗河下游的埃及寻找求生之路。埃及的法老接纳了这些逃荒者,将他们安排在歌珊地区。他们在埃及待了400多年,按照希伯来《圣经》记载,希伯来人"住在埃及共有四百三十年"之久(出埃及记12:40)。希伯来人在埃及时期耳濡目染,自然而然地受到埃及文化和宗教传统的影响。由于希伯来人口增长过快,威胁法老的统治,埃及法老对希伯来人的政策趋于强硬,不仅让他们服苦役,而且下了屠杀令。约公元前1300年,希伯来人在民族英雄摩西率领下逃出埃及,越过红海返回迦南。在此期间,摩西创立了犹太教,希伯来人也被称为犹太人。①

在历经扫罗、大卫和所罗门三代君主的辉煌后,伴随着公元前930年所罗门王去世,犹太王国随即分裂为北部的以色列国和南部的犹太国。到公元前721年亚述人大军进犯,灭掉了北部以色列国。此后在不到200年的时间里,两河地区的形势发生重大变化。新兴的巴比伦帝国很快打败了亚述人,公元前597~公元前586年,新巴比伦王尼布甲尼撒带兵攻陷耶路撒冷,犹太教圣殿被毁。犹太王国被打败,大批犹太人被掳往巴比伦国。作为"巴比伦之囚",犹太人在异乡他国的屈辱生活反而增强了其民族意识和宗教信念。另外,流放巴比伦期间有意无意地摄取了巴比伦人的文化与宗教传统。公元前539年波斯人战胜巴比伦,释放犹太人重返迦南。此后在公元前539~公元前333年这段时间,犹太人处于波斯帝国统治之下。直到公元前333年希腊马其顿王亚历山大灭掉波斯帝国,犹太人进入希腊统治时期。希腊之后是罗马帝国时代。希伯来民族在中东的历史,可以说到罗马时代基本终止。公元135年犹太人起义失败后被迫流亡世界各地。

2. 埃及民族的保守性与希伯来民族的开放性

古代埃及人生活的自然环境决定了埃及民族的保守性格。由于文明兴起较早,古埃及文明周边几乎没有与之相似的古代文明。埃及东面和北面环海,南面和西面被沙漠包围,埃及人生活的区域就是一条狭长的尼罗河

---

① B. Reich, *A Brief History of Israel*, pp. 2 – 3.

绿洲地带。在埃及文明兴起的早期阶段，离开尼罗河，埃及人将无法生存。他们拥挤地生活在尼罗河两岸的狭长地带，要远离尼罗河到遥远的地方去探险是不可想象的。对尼罗河的眷恋使他们与土地紧密结合，农民的眼界受到土地的限制，他们守着尼罗河神赐予的这片土地，按照季节的轮转过着按部就班的农耕生活。

除了受农耕生活的影响外，埃及文明的保守性与埃及人循环往复的宇宙观和历史观有密切关联。埃及人从他们生活的自然生态环境中，得出了循环往复的历史发展观。古埃及人认为宇宙是个统一体，人类社会只是神所创造的世界的一部分。社会秩序和宇宙秩序应该保持和谐有序，变革只能带来混乱和不稳定。① 在此思想指引下，埃及人认为人类历史的发展是循环式的，不断地经历"秩序—混乱—秩序"这样的循环，没有止境。这种循环往复的历史观并非认为历史是静止的，而是认为历史发展是个循序渐进的过程。受这种思想的影响，埃及社会发展相对平稳，要进行社会变革阻力重重。

与埃及文明不同，希伯来文明是在吸纳了埃及文明与巴比伦文明的基础上成长起来的，它将埃及文明与巴比伦文明的精华相融合。希伯来民族活动的地域地处亚、非、欧交界的迦南地区。希伯来民族活动的范围北达美索不达米亚两河流域，南抵埃及尼罗河流域。希伯来民族当时定居的迦南地区，是东西方贸易的通道，那里也是各种文化汇聚之地。当时迦南地区不仅有迦南文化，还有腓尼基文化、叙利亚文化、埃及文化、巴比伦文化，后来还有从地中海克里特岛进入的菲力士人的文化。希伯来人善于向外来民族学习，这些文化经过希伯来人的综合吸纳，创造出具有本民族特色的希伯来文化。他们参考腓尼基的拼音文字，创造出了自己的文字——希伯来文。希伯来人将自己的民间传说、神话、史诗、歌谣、谚语、箴言等用文字记录下来，把自己民族的教义教规、民族历史记录下来，创造出希伯来独有的"先知文学"和"启示文学"，成为世界文学史上的奇葩。

希伯来文化对埃及文化的吸纳是全方位的。从希伯来圣经中的赞美诗、割礼到风俗习惯等，都不难看出希伯来圣经与埃及文明的内在联结。以至于德国犹太学者利奥·拜克（Leo Baeck，1873—1956）在阅读了希伯来

---

① 颜海英：《守望和谐：古埃及文明探秘》，云南人民出版社，2004，第134页。

《圣经》之后说:"每当发现《圣经》与其他古老民族宗教文献之间存在的联系,就会产生一种否定犹太教创造性的倾向。"①而希伯来文明的创造性恰恰就在于它的综合性。希伯来文明将其他古老民族的文化资源整合成系统的具有新质意义的文化意象。正如刘洪一先生所说,希伯来"《圣经》在对上古周边异质文化的吸纳中,能通过有机地整合而生发出新质意义"。②希伯来《圣经》中具有强烈的怀疑和批判意识,包括对希伯来人自身的怀疑和反思。希伯来宗教经典除了《圣经》外还有口传律法《塔木德》。《塔木德》并不是《圣经》思想的简单延伸,它"作为《圣经》意义的第二层次,以批判性和完全自觉的理性精神摄取《圣经》的各种含义"。③《圣经》的批判精神不仅针对权威,也针对希伯来民族本身,这种永恒的普遍怀疑论和批判意识,是文化发展与演进的巨大动力。

在这种批判精神的指引下,希伯来人打破了埃及人循环往复的历史发展观。希伯来人认为人与神立约、神的法律是明确的,神是诚实可信的,这样,人在历史中就可以掌握自己的命运,历史就此有了终极的意义。相对于这个终极意义,历史上发生的所有事物,都是为了完成某一个确定的任务。因此历史上的每一件事都有它的意义,都对以后的历史发展起作用。这样一种线性进化论的历史发展观,在古代堪称思想领域里的革命。

3. 埃及宗教的内源性与希伯来宗教的外源性

由于受自然条件的限制,埃及人一方面对大自然产生强烈的依赖感;另一方面又受到大自然恶劣条件的威胁,对大自然产生畏惧感,因而古代埃及宗教始于对自然的崇拜。在文明兴起后,埃及宗教经历了一个从多神崇拜到主神崇拜,从自然崇拜到动植物崇拜,再到人格化的神的崇拜的发展阶段。所以,埃及宗教发展的过程是完整的,较少受到外来因素的影响。这也是人类学家在谈及宗教起源与发展进程的时候,总是引用埃及宗教作为范例的原因。埃及宗教起源与发展进程的这种内源性既是区别希伯来文明的特征,也是与希伯来文明产生异质的原因。

---

① 〔德〕利奥·拜克:《犹太教的本质》,傅永军等译,山东大学出版社,2002,第13页。
② 刘洪一:《〈圣经〉的世界意义——犹太传统与现代文明的一种联结》,《犹太研究》2004年第3期。
③ 〔法〕埃马纽埃尔·勒维纳斯:《塔木德四讲》,关宝艳译,香港道风书店,2001,第8页。

希伯来宗教的起源与发展进程与埃及截然不同。希伯来民族是个多灾多难的小民族，地处中东腹地巴勒斯坦地区，深受四邻文明古国的影响。埃及、巴比伦、腓尼基、叙利亚、波斯、希腊、罗马文化与宗教传统相继影响希伯来民族。希伯来文化吸收了四邻各文明古国的文化优点加以消化吸收，创造性地发明了自己的文化并自成体系。希伯来文化通过其宗教经典，优美的文字体系而保存下来。正如朱维之先生所说，希伯来文明"是中东地区人类文明摇篮集大成的文化"。① 希伯来宗教的外源性不仅表现为宗教文化对外来文化与传统的吸纳，而且表现为希伯来民族在历经坎坷之后，在受到外来因素冲击时，犹太教不仅能够迅速修复外来的创伤，而且还利用外来创伤强化民族主义，不断进行宗教改革，增强内聚力。希伯来民族除了在君主制时代享受了大约100年的安定与和平外，可以说历经磨难，命运多舛。"由于经常受到灭亡的威胁，他们坚信必须维护和传播自己的信仰。宗教是他们的共同财富，或者说已经成了联结他们民族共同体的纽带。"② 历史上，希伯来民族每一次民族危亡恰是其犹太教得以强化的时期。希伯来人400多年在埃及被奴役的生活，催生了犹太教的诞生，乃有西奈之约、摩西十诫。希伯来人经历了半个世纪的巴比伦之囚，方有《托拉》正典的问世。公元70年罗马入侵、第二圣殿被毁，才有贾布奈革命③、《圣经正典》的编撰、《密西拿》和《革马拉》的撰写。④ 这些犹太教经典成为希伯来民族生存的精神力量，成为希伯来文化的核心。

4. 埃及农耕经济的局限性与希伯来游牧经济的开放性

埃及处于非洲大陆东北侧，其文明兴起较早，且较少受到其相邻文明

---

① 朱维之主编：《希伯来文化》，上海社会科学院出版社，2004，第1页。
② 〔以色列〕阿巴·埃班：《犹太史》，第62页。
③ 贾布奈是巴勒斯坦地区地中海沿岸的小镇，古代犹太教神学院所在地。公元70年罗马大军攻破耶路撒冷城，犹太民族处于危亡之际，贾布奈神学院的犹太知识分子本·扎凯（Johanan Ben Zakkai）呼吁犹太人研读经文，回归宗教生活，以精神的力量反抗罗马帝国统治，史称贾布奈革命。
④ 《塔木德》（Talmud）是犹太教口传律法总集，是仅次于《圣经》的主要经典。它形成于公元前5世纪到公元5世纪之间，由2000多位学者的研究成果构成。其内容分为三部分：口传律法，称为密西拿（Mishnah）为希伯来语，意为复述；口传律法注释，称为革马拉（Gemara），为亚兰语，意为完成；《圣经》注释，称为密德拉西（Midrash），为希伯来语，意为讲解。编撰《塔木德》的目的是在抽象的《圣经》与复杂多变的生活之间架设一座桥梁，指导大众在日常中遇到的各种问题。

的影响。古埃及人的经济模式以农耕为主,人口缺乏流动性,从而铸就了埃及民族的大陆性文化性格。埃及农业发展对尼罗河有很大的依赖性,埃及大部分的人口集中在尼罗河谷和下游三角洲地带。由于受到地理条件的限制,埃及人世世代代生活在尼罗河神赐予的这片土地上。埃及的自然条件,加上法老政府宗教的教化,使埃及人形成了典型的农耕生活方式。在这种生活方式的主导下,造就了埃及人的民族性格,其主要表现为墨守成规、虔诚温顺、合作团结、注重集体等。在发展模式上形成了以自我内省、向心凝聚为宗旨的发展方针,以及独立自主稳定绵延的文化形态,古埃及人的生活方式是由其内向的经济决定的。在自给自足的生活方式下,埃及人形成了安于现状、规律生活、重传统轻变革的民族心态。

希伯来民族的生活属于游牧方式。如前所述,游牧生活方式的最大特点是流动性,其经济是以商业贸易为主的经济,市场交换在希伯来日常生活中必不可少。在希伯来社会,人口的流动性远大于以农业为主的古代埃及。希伯来人的活动范围很大,从西亚到北非,从幼发拉底河到尼罗河,从美索不达米亚平原到尼罗河三角洲。在民族迁徙、人口流动与贸易交换的过程中,希伯来人广泛接触周边各个民族的不同文化。经济的向外开拓必然带来文化的开放。彭树智先生在谈到希伯来文明的交往特征时,指出希伯来社会的商业属性对其文化交流的重要性,他说:"商业不仅是随着分工扩大而从生产中分离出来的经济交往形态,而且是政治交往、社会和文化交往的纽带、先导和渠道。"他把希伯来民族交往的开放性作为希伯来文明的六大特征之一。① 的确,希伯来民族是一个包容开放的民族,它不排斥异族异质文化,而是采取归纳综合、吸收内化、为我所用的态度。这样,希伯来民族在早期的社会发展中,得益于周边外围文化的滋养,形成了热情好客、重视汲取、求新求变、喜欢探索的文化精神。希伯来文明与埃及文明截然不同,它以文献资料和精神遗产著称于世。希伯来文化遗产由希伯来《圣经》《次经》《伪经》《死海古卷》四大部分组成。它是在吸取四邻各国文化精华的基础上,逐步发展形成的。最初是口耳相传,后来在公元前 6 世纪到 2 世纪陆续编纂成书。它生动、形象地反映了希伯来民族从氏族社会到奴隶社会的发展史,展示了希伯来人在这一时期的生活画面和精

---

① 彭树智:《犹太—希伯来文明的交往特征》,《中东研究》2005 年第 1 期。

神风貌，记载了他们的政治、经济、宗教、律法、文学和艺术发展状况，是研究人类早期精神文明和文化遗产的、极为珍贵的历史资料。

结　语

综上所述，我们可以看出，希伯来文明与埃及文明虽同属古老的东方文明，但由于历史进程、民族性格、宗教信仰、文化属性、活动地域与生活方式等不同因素的影响，两者在政治体、经济、法律、宗教与文化方面存在质的区别。通过对比两种文明我们可以得出如下结论。

首先，古代国家政治形态的形成与法律体系的建立与一个国家的自然生态与人文生态环境密切相关，不同的历史演进也对其产生了深远影响。不论是埃及法老的君主专制，还是希伯来民族的宪政民主，都是在不同的历史条件下形成的，都有其存在的合理性。

其次，传统的历史观认为，从狩猎文明发展到游牧文明，再从游牧文明发展到农耕文明。在我们对希伯来文明与埃及文明做了比较之后，这种传统的历史观受到严峻挑战。按照传统观点，农耕文明在游牧文明之上，那么埃及文明就应高于希伯来文明。然而通过对两种文明的比较，我们清楚地看到，游牧的希伯来文明在当时已经超越了埃及文明处于世界领先地位。按照时间顺序来说，兴起较晚的希伯来文明理应高于兴起较早的埃及文明。希伯来文明的历史发展表明，"青出于蓝而胜于蓝"，希伯来文明的历史演进推翻了传统的观点，但却符合历史发展的逻辑。

再次，从两种文明的对比中，我们看到希伯来文明通过对埃及文明精华的继承，完成了质的飞跃。两种文明虽属异质文明，但从两种异质文明的交往中，我们看到的不只是矛盾与冲突，更多的是借鉴与传承。希伯来文明的发展史启示我们，在当今不同文明的交往中，不应把文明的异质当作引起矛盾与冲突的理由，两种异质文明完全可以相互借鉴、相互学习，关键在于不同文明之间是否能像希伯来人那样抱持包容与开放的心态。各种文明之间，相互吸纳对方的优秀传统，取长补短，才是促进文明演进与历史发展之道。

复次，埃及文明是兴起较早的古代文明，大约在公元前 4000 年后期，埃及人就建立了自己的国家，并发明了文字，埃及文明被刘文鹏先生称为

"历史上最早的巨人"。① 埃及文明的成果被希伯来文明继承,希伯来文明又为西方基督教文明的勃兴提供了源泉和动力。社会的发展、文明的演进,犹如"长江后浪推前浪,一浪更比一浪强"。埃及文明作为推动人类文明进步的第一波浪潮,不能因为它的失落而否定其在历史上发挥的巨大作用,也不能因为其时空的遥远而被当今的人们遗忘,正是有了埃及文明的第一推动力才有了其后文明的进步。

最后,人类社会还在发展,我们仍然处于承上启下的历史阶段。不管是同质文明还是异质文明,都是人类文化遗产,都应该得到尊重和传承。作为人类文明传承者的我们,应该秉承希伯来文明的开放性,以批判性和完全自觉的理性精神处理不同文明之间的关系。这样,才能真正做到继承人类共同的文化遗产,构建和谐发展的人类社会。

[责任编辑:刘金虎]

---

① 刘文鹏:《古代埃及史》,商务印书馆,2005,第4页。

卡尔纳克神庙的起源和阿蒙神崇拜的开端[*]

〔法〕吕克·贾宝德著[**]　高　伟　郭子林译[***]

内容提要　享誉盛名的埃及卡尔纳克神庙群不仅吸引着全世界游客的目光,还汇聚了来自世界各地的优秀学者,在这里接连不断的考古发现激发着学者们的联想,并推动了卡尔纳克神庙的相关研究。规模如此庞大的神庙群是何时建造的?神庙选址与尼罗河特殊的地形地貌之间有何联系?卡尔纳克神庙群所供奉的阿蒙神从何而来?构成阿蒙神神性的特征有哪些?本文通过考古学、历史学、地貌学和神学的证据,对上述一系列问题展开讨论。

关键词　古埃及　埃及考古　卡尔纳克神庙　阿蒙神

所有造访过卡尔纳克神庙遗址的人,都会被这座宏伟的遗址和不同时期建造起来的复杂建筑物,以及那些享誉盛名的法老塑像所震撼。随之而来的自然是对这一段辉煌历史的寻根溯源,同时也要面对这段历史令人烦恼的不确定性。如同由其他考古发现留给我们的想象,卡尔纳克遗址可以追溯到史前时代吗?[①] 或者如通常人们认为的那样追溯到古王国时期(尽管相当程度上缺少考古证据的支持)?[②] 抑或是仅从物质证据开始逐渐累加的

---

[*]　本文原发表在 Luc Gabolde, *Bulletin de la société française d'égyptologie*, N°186 - 187, 2013, pp. 13 - 35。

[**]　〔法〕吕克·贾宝德(Luc Gabolde),法国国家科研中心(CNRS),蒙彼利埃5140多学科研究室研究员。

[***]　高伟,中国社会科学院外国考古学研究中心秘书;郭子林,中国社会科学院世界历史研究所副研究员。

①　G. Legrain, *Lettre à Maspéro*, 31 décembre 1905, Ms 4027, fol. 381.

②　F. Daumas, "Les origines de l'Amon de Karnak", *BIFAO* 65, 1967, p. 201 - 214; F. Daumas, "L'interprétation des temples égyptiens anciens à la lumière des temples gréco-romains," *CahKarn* 6, 1980, p. 267, n. 1; P. Barguet, "Le temple d'Amon-Rê à Karnak. Essai d'exégèse," *RAPH* 21, 1962, p. 2.

第十一王朝开始的?①

同样地,这座独一无二的神庙的主神阿蒙神,他是一个从金字塔时代就被全国崇拜的、具有悠久历史的神吗?还是一位起初只是地方上不起眼的小神,得益于中王国时期底比斯的统治者获得了胜利,才晋升为具有全国性特征的神呢?目前为止,没有任何一项研究可以给出令人信服的答案。

一 底比斯的史前时期和古王国时期

底比斯和以它命名的诺姆(nome,或省)历史悠久——旧石器和中石器时代的燧石证明了这里在史前就存在人类活动。前王朝和王朝开端时期的新石器时代的遗物也遍布尼罗河左岸,例如,位于戴尔·埃尔·麦地纳(Deir al-Médina)的涅加达Ⅰ期文化②,位于德拉·阿布·纳咖(Dra abou al-Naga)和埃尔·塔里夫(Al-Tarif)的涅加达Ⅰ、Ⅱ、Ⅲ期文化③,戴尔·舍尔维特(Deir Chelouit)的涅加达Ⅱ期文化④,还有位于拉美修姆(Ramesseum)的涅加达Ⅱ、Ⅲ期文化。⑤ 第二王朝法老哈塞海姆威(Khasekhemouy)的一枚印章可能是最早提到底比斯这个城市或是这个省的名称。⑥ 在卡尔纳克四周,最终发现了一些相同时期的遗迹,这一点我们稍后再讲。

古王国的痕迹在底比斯也可以看到:在埃尔·塔里夫,一些第四王朝的马斯塔巴墓(Mastaba)中我们发现了第三王朝的碗碟⑦;在一些悬崖脚

---

① D. Wildung, "Zur Frühgeschichte des Amun-Tempels von Karnak," *MDAIK* 25, 1969, p. 211 – 219.
② F. Debono, "Thèbes préhistorique, ses survivances à l'époque pharaonique d'après les découvertes récentes," *Actes du XXIX e congrès international des Orientalistes* I, 1975, pp. 34 – 37.
③ B. Ginter, J. K. Kozowski and B. Drobniewicz, "Silexindustrien von El Tarif," *AVDAIK* 26, 1979, pp. 19 – 38.
④ F. Debono, "Thèbes préhistorique, ses survivances à l'époque pharaonique d'après les découvertes récentes," p. 36; K. Kawamura, "The Excavations at Malkata-south 1972 – 1980," *Studies in Egyptian Culture* 1, 1985, pp. 7 – 8.
⑤ F. Debono, "Thèbes préhistorique, ses survivances à l'époque pharaonique d'après les découvertes récentes," p. 36.
⑥ E. M. Engel, "Die Entwicklung des Systems der ägyptischen Nomoi in der Frühzeit," *MDAIK* 62, 2006, p. 153, fig. 1, Kat. N°4.
⑦ D. Arnold, "Gräber des Alten und Mittleren Reiches in El-Tarif," *AVDAIK* 17, 1976, pp. 11 – 18.

下发现有第六王朝时期的涂鸦①；在这一时期的统治者墓中②，常会发现一些前代的珍贵随葬物品。③

二 卡尔纳克的史前时期

很多文献资料都趋向于认定卡尔纳克在史前时代有过人类聚落。最开始时，这些大都是一些缺少具体考古背景（contexte archéologique）的发现。如被马斯佩罗从工地带回来的一个涅加达 II 期的小罐，上面标有 "Karnac 26 janv（ier）（18）85"（卡尔纳克，1885 年 1 月 26 日），可是我们并不知道它被发现时周围环境的具体信息。现在它被保存在里昂美术博物馆（图 1）。④

图 1 陶罐（里昂美术馆编号 G246/IE401）

西班牙博物馆藏品中的一件刮器（grattoir）可能同样来自卡尔纳克⑤，还有几年前霍普（M. Hopp）在通往普塔神庙的路上发现的一把双面石斧

---

① A. Niwinski, "*Deir el-Bahari, Cliff Mission 2000,*" *PAM* XII, 2001, pp. 231 – 232 et fig. 10, p. 232; S. Rzepka, "Old Kingdom Graffitis in Deir el-Bahari," in E. Kloth, K. Martin and E. Pardey (eds.), *Es werde niedergelegt als Schriftstück*: *Festschrift für H. Altenmüller*, Hamburg: H. Buske Verlag, pp. 379 – 385.

② M. Saleh, "Three Old-Kingdom Tombs at Thebes," *AVDAIK* 14, 1977; P. E. Newberry, "A Sixth Dynasty Tomb at Thebes," *ASAE* 4, 1903, pp. 97 – 100.

③ B. de Nemtyemsaf, *PMI/2*, 1964, p. 838; P. Pierret, *Catalogue*, p. 152; C. Ziegler, "à propos de quelques ivoires de l'Ancien Empire conservés au musée du Louvre," in N. Grimal éd., *Les critères de datation stylistiques à l'Ancien Empire*, Cairo: Institut français d'archéologie orientale 1998, pp. 407 – 419, fig. 1.

④ J. Cl. Goyon, *L'Égypte antique à travers la collection de l'Institut d'égyptologie Victor Loret de Lyon*, Paris: Somogy éditions d'art, 2007, p. 29.

⑤ M. L. Mangado, *La tierra del toro Apis*, Caja Pamplona, 1997, p. 120.

(biface)。① 在另一座里昂的博物馆里（musée des Confluences de Lyon）收藏有 1898～1899 年欧内斯特·夏特（Ernest Chantre）在考古发掘时，（根据标签上的显示）从卡尔纳克带回来的一块页岩质地的石板和六块石斧（图 2）。②

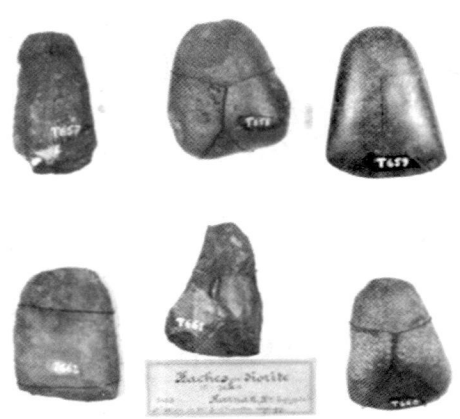

图 2　编号 T657－662

1948 年，威尔森·巴克（Wilson-Barker）基金会向佛罗伦萨博物馆捐献了一批精美的石刀、箭镞和燧石标枪的藏品——这些也全部来自卡尔纳克。波提（Botti）认为它们来自卡尔纳克的蒙图神庙（temple de Montou），科奇（Cocchi）则认为它们来自穆特女神的神庙（temple de Mout）。③ 这批石器或许发现于 1908 年，但 1907～1908 年在卡尔纳克进行发掘的只有路易斯·洛尔特（Louis Lortet）一支考古队伍。里加（Legrain）在一封寄给马斯佩罗的信中报告说：洛尔特博士发现了一些"漂亮的燧石"和"非常有价值的"陶器。然而，接下来这批石器的去向却不得而知，它们似乎也没有被任何博物馆收藏。所以，这批石器也许历经被盗、辗转倒卖之后，最后通过威尔森·巴克基金会得以在佛罗伦萨博物馆安家。

---

① D. Hopp, *Kemet* 11/2, Berlin: Kemet Verlag, 2002, pp. 69－70.
② N. Baduel, "La collection des palettes prédynastiques égyptiennes du muséum (Lyon)," *Cahiers scientifiques du muséum d'histoire naturelle de Lyon no 9*, 2005, pp. 52－53, No 37.
③ D. Cocchi, "L'industria litica," in M. C. Guidotti ed., *Materiale Predinastico del Museo Egizio di Firenze*, Brossura: Giunti Editore, 2006, pp. 42－53.

还有一些来源信息更详细的物品，但其最初被发掘的位置可能并不明确。例如 Legrain 在一座"中王国时期庭院"里发现有一些燧石和坚硬的石罐碎片①，在"庭院的隐蔽处"中的回填土中找到的一个打磨过的石斧（图3）。② 之后又在新王国时期法老图特摩西斯三世的节日厅（Akhmenou）里发现了另一个石斧。③ 此外，在"庭院的隐蔽处"的回填土中还包括一些燧石（图4），其中个别的燧石似乎可以追溯到非常遥远的时期。④

图3　石斧 CGC-46613　　　图4　燧石 JE 35545-35552

劳福瑞（J. Lauffray）的考古团队在圣湖（Lac Sacré）东边工作时挖出了一件漂亮的涅加达 I—II 期的罐子，但是它被归于第十二王朝的地层中。⑤

---

① G. Legrain, "Second rapport sur les travaux exécutés à Karnak du 31 octobre 1901 au 15 mai 1902. II-Recherches au-dessous du niveau du temple de la XVIII e dynastie," *ASAE* 4, 1903, p. 23.

② J. E. Quibell, *Archaic Objects*, Cario: l'Institut francais d'archéologie orientale, 1904-1905, No 14255, p. 235, pl. XLIX.

③ C. T. Currelly, *Stone Implements*, Cario: l'Institut francais d'archéologie orientale, 1913, p. 233, p. 42.

④ G. Legrain, "Second rapport sur les travaux exécutés à Karnak du 31 octobre 1901 au 15 mai 1902. II-Recherches au-dessous du niveau du temple de la XVIII e dynastie," pp. 22-25, p. VI; M. Azim and G. Réveillac, *Karnak dans l'objectif de Georges Legrain*, Vol. II, Prais: CNRS edition, p. 184, No 4-7/73.

⑤ B. V. Bothmer and J. F. Romano, "Le musée d'art égyptien ancien de Louxor," *BdE* 95, 1985, p. 8, No 4, fig. 7; J. Lauffray, R. Sa'ad, S. Sauneron, "Rapport sur les travaux de Karnak, 1970-1972," *CahKarn* 5, 1975, p. 29.

对在第十塔门（X^e pylone）庭院里发现的一件狮像的断代有误，从各方面看它都是一件更晚时期的物品。① 同样地，谢弗里耶（Chevrier）从回填土中挑出的一个小罐被认为与新王国时期法老塞提二世的庙宇（reposoir）关系密切，但实际上它同样应当来自后王朝时期。②

1913 年，路易斯·法兰谢特（Louis Franchet）在进行一次勘探时，在上述地点围墙的东南角发现了一些远古时期的遗物。③ 在缺少绘图和照片的情况下，他用文字为我们细致地描绘了他的发掘工作。得益于第十二和十三王朝的雕像和石碑，最表面的考古地层得以校对和确定。而这时，人们向下挖掘已有相当的深度，深度大概在 72~72.3 米，在沉积地层中出现的黑口陶罐（vase black-topped）和打磨过的石斧似乎标志着挖掘已经触到了史前地层。

值得注意的是，在被法兰谢特称作"青铜时代和早王朝时代（énéolithique et thinite）"的一层之上，有大约 60 厘米的"生土层（terres vierges）"。在这之上只有一层被认为是"古王国时期"的文化层。但是他对"古王国"这个判断是错误的。根据最新发现的陶器证明，这一层的年代毫无疑问应为第一中间期时期。

三　古王国的问题

古王国时期在卡尔纳克的印迹遗留在什么地方呢？一尊名为齐奥普斯（Khéops，即第四王朝法老胡夫）的雕像已经被威尔顿（Wildung）从类型和王名拼写的角度揭示了它所雕成的时代要比古王国更晚。④ 另一尊刻有佩

---

① J. Cl. Goyon, Cl. Traunecker, "Documents de l'allée des Processions," *CahKarn* 6, 1980, pp. 132 – 135, pl. XXXVI - XXXVII; B. V. Bothmer, J. F. Romano, *Le musée d'art égyptien ancien de Louxor*, p. 10, fig. 9b; B. V. Bothmer, "On Photographing Egyptian Art," *SAK* 6, 1978, pl. XII.
② H. Chevrier, "Rapport sur les travaux de Karnak (1929 – 1930)," *ASAE* 30, 1930, p. 171.
③ L. Franchet, "Travaux effectués en Égypte," *Rapport sur une mission en Crète et en Égypte (1912 – 1913)*, 1917, pp. 83 – 99.
④ G. Legrain, *Statues et statuettes*, Vol. I, Cario：l'Institut francais d'archéologie orientale, 1906, p. 2, pl. 1; L. Coulon, E. Jambon, http：//www.ifao.egnet.net/bases/cachette/? id = 224, 2017 - 8 - 27; D. Wildung, "Die Rolle ägyptischer Könige im Bewußtsein ihrer Nachwelt," *MÄS* 17, 1969, p. 243.

皮一世（Pépy Ier）名字的阿蒙像也被我证明存在同样的误判。① 根据博斯米尔（B. v. Bothmer）的鉴定②，一座古王国法老尼苏拉（Néouserrê）时期的花岗岩雕像（Caire CGC 42003）无疑是在孟菲斯制作的。考虑到它小巧的体积（高约 90 厘米），它可能是在制作完成之后再被运到卡尔纳克的。另外一件早王朝时期高 12 厘米的包金雕像，也是同样的情况。③ 一尊第三王朝时期的人像（Caracol R358）并没有具体的来源地（因为它是在非法人士家中缴获的）④，而另一座古王国法老撒胡拉（Sahourê）的雕像实际是献给中王国法老塞索斯特里斯一世（Sésostris Ier）的，因此毫无疑问也是后期的作品。⑤ 总而言之，古王国的痕迹在这座遗址上是最难以察觉到的。

唯一一件可以与古王国联系起来的建筑遗存是一块保存在谢赫拉比仓库中尚未展出的装饰碎片（corniche）（图 5），但它的来源地不详。其边缘处有佩皮一世的荷鲁斯名（nom d'Horus）的字迹。但这可以作为古王国建筑的有力证据吗？答案绝对是否定的，因为在这一区域（即底比斯附近的盖博莱⑥和戴尔·埃尔·巴哈里⑦地区）还发现了许多与之风格接近的建筑遗存，也让我们有理由认为这是蒙图霍特普二世（Mentouhotep Ⅱ，中王国法老）统一埃及时为了向先王致敬而建造的。

---

① L. Gabolde, "Une statuette thébaine aux noms de Pépi Ier et 'd'Amon-Rê maître de la ville de Thèbes' (BM EA 58366)," *BdE* 143, 2008, pp. 161 – 176; D. Wildung, "Zur Frühgeschichte des Amuns-Tempels von Karnak," *MDAIK* 25, 1969, pp. 212 – 219.

② G. Legrain, *Statues et statuettes*, Vol. I, 1906, p. 3; G. Legrain, "Renseignements sur les dernières découvertes faites à Karnak," *RecTrav* 27, 1905, pp. 62 – 63; B. V. Bothmer, "The Karnak Statue of Ny-use-ra (Membra Dispersa Ⅳ)," *MDAIK* 30, 1974, pp. 168 – 170.

③ G. Legrain, *Statues et statuettes*, Vol. I, 1906, pp. 1 – 2, pl. 1; L. Coulon, E. Jambon, http://www.ifao.egnet.net/bases/cachette/? id = 299.

④ L. Gabolde, "Une statue de la IIIe dynastie dans les réserves du C. S. A. à Karnak (Caracol R 358)," *Egyptian Museum Collections around the World*, *Studies for the Centennial of the Egyptian Museum*, Cairo, I, 2002, pp. 431 – 440.

⑤ G. Legrain, *RecTrav* 27 (1905), p. 68; L. Coulon, E. Jambon, http://www.ifao.egnet.net/bases/cachette/? id = 381.

⑥ E. F. Marochetti, *The Reliefs of the Chapel of Nebhepetra Mentuhotep at Gebelein* (CGT 7003/1 – 277) (*Culture and History of the Ancient Near East* 39), Leiden: Brill, 2010, pp. 39 – 47.

⑦ E. Naville, *The XIth Dynasty Temple at Deir el-Bahari*, Ⅱ (*ExcMem* 30), 1910, pl. XV, XⅡ, XⅣ.

图 5　编号 CL144（© CFEETK）

关于"古王国样式"的陶器，无论是德博诺（F. Debono）在圣湖东边发掘的时候①，还是瑞德福德（D. B. Redford）在围墙东边勘查的时候②，他们在卡尔纳克每隔一段距离都会有发现。然而，今天我们认为这些原始的陶器——尤其是经过罗斯（P. Rose）细致的研究并得出结论之后，它们的断代时期应为第一中间期末或者第十一王朝初期。

四　地貌学和卡尔纳克地区的特殊情况

在给出上述历史描述之后，我们应当再看一下卡尔纳克地区特殊的地理状况。对比《埃及概述》（*Description de l'Egypte*）③ 一书中的地图和当前谷歌地图中的景象，可以看出在不到 220 年的时间里，河道严重向东偏移，而当年的尼罗河流经的地方则在今天的河道向西 800米处。

另外，卡尔纳克神庙准确地处在一条河谷出口的延伸线上。这条分支是由国王谷（Vallée des Rois）、西谷（Vallée de l'Ouest）、戴尔·埃尔·巴哈里和德拉·阿布·纳咖的河谷结合而成，并汇集于埃尔·塔里夫处。这些干涸的河谷曾经在更新世和全新世时期（Pléistocène et

---

① F. Debono, *CahKarn* 6, 1980, fig. 17, p. 48.
② D. B. Redford, "The Representation of Sexual Characteristics in Amarna Art," *JSSEA* 23, 1993, p. 1; J. Leclant, "Fouilles et travaux en égypte et au Soudan," *Orientalia* NS 47, 1978, p. 291.
③ P. Jacotin, *Antiquités*, Vol. I, Pairs, 1823, p. 1.

Holocène）水量丰沛，直至其最后一段湿润期（约公元前7500～公元前4300年）。尼罗河左岸险峻的峭壁激出湍急的水流，这些水流具有严重的冲刷侵蚀能力，侵蚀出大量的沉积物。于是这些冲积层（alluvion）便在河道支流与尼罗河的合流处沉积了下来。我们还观察到，卡尔纳克所处的地理位置更靠近河谷左侧边缘，而右岸的地貌相对平缓，一些河道分支在此铺开。还有，在卡尔纳克地区东南几米之处，博埃克（M. Boraik）和吉拉尔迪（M. Ghilardi）在很深的探方里发现了更新世和全新世时期的遗物碎片，它们应当很好地反映了"冲积搬运"（apport alluvial）这一现象。①

除此之外，一些有说服力的线索证实了在神庙东边有一条非常古老的水道。瑞德福德在卡尔纳克东面的发掘②（在谢弗里耶发现的排水沟附近）也使古老水道的痕迹变得明朗了。它向所有考古地层的东面倾斜下去，尤其走向这一区域年代最久远的、约为第一中间期末期的地层。还有在一次地貌学研讨会出版的、一张由皮姆堡德（A. B. Pimpaud）绘制的底比斯地区等高线地形图③，也清楚地标记出遗址东部有片低洼区域，这与古老水道的地点非常吻合。

其实早在1959年，艾格里（Egli）就提出过一个假设——他的视角很独特，这倒并不是依据真实的地形，而是《圣经》中《纳鸿书》（Livre de Nahum）的一个段落。④ 最近一段时期，尼罗河东边存在古河道这一观点重新受到西克林（C. Van Siclen）的重视⑤，随后格拉汉姆（A. Graham）和他

---

① M. Boraïk, M. Ghilardi, "Reconstructing the Holocene Depositional Environments in the Western Part of Ancient Karnak Temples Complex (Egypt): A Geoarchaeological Approach," *JAS* 38, 2011, pp. 3204 – 3216.

② D. B. Redford, "Interim Report on the 20th Campaign (17th Season) of the Excavations at East Karnak," *JSSEA* 18, 1988, fig. 8, p. 38.

③ A. B. Pimpaud, "Études cartographique et topographique en Thébaïde," in Y. Tristant, M. Ghilardi eds., *Archéologie du paysage. L'Égypte et le monde méditerranéen*, Cairo: Bibliothèque d'étude, in press.

④ E. Egli, *Geschichte des Städtebaues*, Zürich and Stuttgart: ETH Abtlg. für Architektur, 1959 – 1967, pp. 40 – 43.

⑤ C. Van Siclen, "La cour du IXe pylône à Karnak," *BSFE* 163, 2005, pp. 27 – 46,; C. Van Siclen, "Soundings South of the Eighth Pylon at Karnak, 1999 – 2000," *ASAE* 79, 2005, pp. 187 – 193.

的团队明显地加强了对这一区域的地貌学研究。①

对于埃及人来说，尼罗河中沙洲的出现和消逝是常见现象。在卡尔纳克，用世俗体文字和希腊文写成的赫拉米亚斯（Hermias）的诉讼记录中就提到，在欧佩特神庙（Opet，即卢克索神庙，希腊名德莫特里翁）、月神宏苏（Khonsou）的神庙（希腊语）和穆特神庙（希腊语赫拉伊翁）的西面，曾经有一条皇家专用道，叫作"阿蒙渠（canal d'Amon）"，将尼罗河右岸和"阿蒙岛（ile d'Amon）"分隔开来——这是一座的较大的、可以住人的小岛，因而也被称作"塔马阿乌特"（Tamaout）。② 拉美西斯时代的赞歌（hymne ramesside）也提到了串珠般排列的沙洲，从卡尔纳克延伸至卢克索："众岛屿从正对阿蒙神的大门（即河中的岛屿有卡尔纳克神庙同样的高度），一直延至欧佩特神庙的开塞百特树丛（古埃及语 ksb.t）中。它们宛若苍穹的繁星，大地为你向外（或向远方）延伸（或增长）。"③ 在《美里卡拉王的教谕》（Enseignement à Mérykarê）中表示对于河道的无常变化应当听天由命："没有一条河流会一直忍受我们对它的控制，它会冲破之前封闭的人工河道而出，"④ 而《安尼教谕》（Sagesses d'Ani）给我们传递了同样的观点："水流从去年河道处迸发而出，今年它会有新的流向；最广阔的就是已干涸的（河道？），它的河岸已成地下世界。"⑤

一些描述证明了卡尔纳克对面小岛的形成是经常出现的。著名的奈菲

---

① J. M. Bunbury, A. Graham, "The Ancient Landscapes and Waterscapes of Karnak," *EgArch* 27, 2005, pp. 17 – 19; J. K. Hillier, J. M. Bunbury, A. Graham, "Monuments on a Migrating Nile," *JAS* 34, 2007, pp. 1011 – 1015; J. M. Bunbury, A. Graham and M. A. Hunter, "Stratigraphic Landscape Analysis: Charting the Holocene Movements of the Nile at Karnak through Ancient Egyptian Time," *Geoarchaeology: An International Journal* 23/3, 2008, pp. 351 – 373; A. Graham, "Islands in the Nile. A Geoarchaeological Approach to Settlement Location in the Egyptian Nile Valley and the Case of Karnak," in M. Bietak, E. Czerny and I. Forstner-Müller eds., *Cities and Urbanism in Ancient Egypt*, Wienna: Austrian Academy of Sciences Press, 2010, pp. 125 – 143.

② E. Brugsch, E. Revillout, "Données géographiques et topographiques sur Thèbes," *RevEg* 1, 1880, pp. 172 – 180; W. Pestman, *The Archives of the Theban Choachytes (second century B. C.): A Survey of The Demotic and Greek Papyri Contained in the Archive (StudDem 2)*, Leuven: Peeters Publisher, 1993, pp. 385 – 409.

③ V. Condon, "Seven Royal Hymns of the Ramesside Period," *MÄS* 37, 1978, pp. 14, 22.

④ A. H. Gardiner, "New Literary Works from Ancient Egypt," *JEA* 1, 1914, pp. 33 – 34; G. Posener, "De la divinité du pharaon," *CSA* 15, 1960, p. 17; P. Vernus, *Les sagesses de l'égypte pharaonique*, Arles: Actes Sud, 2001, p. 150.

⑤ P. Vernus, *Les sagesses de l'Égypte pharaonique*, 2001, p. 251.

尔霍特普（Néferhotep）墓地中的铭文也提到①，在人工运河的出口与尼罗河内港的交汇处，于第十八王朝时期在此曾形成过一个很大的岛屿。这条内港（bassin）本身很可能曾经是一条古老航道的遗留，但部分被泥沙覆盖，后重新被修缮成港口，因为运河的痕迹穿过正在聚合的小岛。在穆特神庙里，一块原来被认为属于第二十五王朝法老皮昂希（Piankhy）的石块，经佩尔度（O. Perdu）测定后应为第二十六王朝普萨美提克二世（Psammétique Ⅱ）时期。② 这个石块描绘了阿蒙船船首到达卡尔纳克码头的看台时，有一棵树在它们之间，这棵树或许证明了在砖砌建筑物脚下有一条耕地带。另外，在托勒密时期的一个浴池空地上的发现也同样具有说服力。③ 该遗迹中发现的钱币证明，浴池建造的时间要早于托勒密八世（Ptolémée Ⅷ）。④ 这些钱币被放置的地区横跨部分崩塌的第二十六王朝时期的港口（le quai saïte）和一条古老河流的河床。这条部分被沙土掩盖的支流，可能就是上文赫拉米亚斯文献中记载的"阿蒙渠"。

综上所述，我猜测在史前时期，也就是涅加达Ⅰ—Ⅲ期时，尼罗河曾一度完全在卡尔纳克遗址的东边流过（图6a）。也就在同一时期，形成了一系列与"时空连续"（continuum spatial et temporel）相符合的据点，它们全部都坐落于尼罗河左岸（例如舍尔维特、麦地纳、拉美修姆、巴哈里、德拉·阿布·纳咖、埃尔·塔里夫等）。随后卡尔纳克的遗址应当利用了在尼罗河的岬角优势，变成了狩猎和捕鱼的地方。

到古王国时期，由于河道的变更，山丘被切割成为小岛，居民也将该地遗弃了将近五百年时间（图6b）。这也解释了为什么一方面在圣湖东南处

---

① N. De G. Davies, *The Tomb of Neferhotep at Thebes*, New York: Arno Press, 1933, pp. 28 – 32, pl. XLⅠ-XLⅡ.

② M. Benson, J. Gourlay, *Temple of Mut in Asher*, London: J. Murray, 1899, pl. XXⅡb; J. Leclant, *Recherches sur les monuments thébains de la XXVe dynastie dite éthiopienne* (*BdE* 36), 1965, pp. 114 – 115. O. Perdu, "Le prétendu ' an V' mentionné sur les ' blocs de Piankhi' ," *RdE* 61, 2010, pp. 151 – 157; O. Perdu, "Les ' blocs de Piankhi' après un siècle de discussions," in D. Devauchelle ed., *La XXVIe dynastie: continuités et ruptures, promenade saïte avec Jean Yoyotte, actes du colloque international organisé les 26 et 27 novembre 2004 à l'université Charles-de-Gaulle*, Paris: Didier Devauchelle, 2011, pp. 225 – 240.

③ M. Boraïk, "Excavations of the Quay and the Embankment in front of Karnak Temples. Preliminary Report," *CahKarn* 13, 2010, pp. 65 – 78.

④ M. Boraïk, Th. Faucher, "Le trésor des bains de Karnak," *CahKarn* 13, 2010, pp. 79 – 100.

法兰谢特的探方底部,有一层60厘米厚的、未开垦过的土覆盖在新石器时代的文化层上;而另一方面,在卡尔纳克本身所在地区,则从来没有发现过任何一个古王国时期的建筑遗存或者是任何一件陶器。

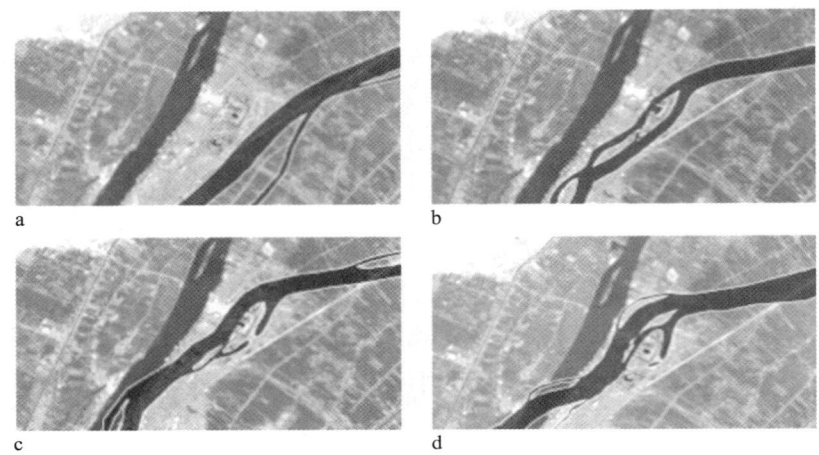

图6　卡尔纳克不同时期地理环境复原图

(a为涅加达Ⅱ期;b为古王国时期;c为第一中间期末到第十一王朝开端;d为塞索斯特里斯一世期间)

一直到第一中间期末或第十一王朝初的时候,尼罗河总体流向朝西,河间小岛开始逐渐与右岸连接,踏足这片土地再次变得非常的容易(图6c)。在这片新浮现的土地(古埃及语为mAwt)位置靠近"中王国庭院",高度上稍微处于圣湖的下方。① 安太夫一世和蒙图霍特普一世时代的先驱们在这片全新的不属于任何一名地方神的土地上建立了一座崭新的神庙,而这座神庙似乎是用来迎接一位从未见过的神灵。

河流奉献土地的情况经常发生,此例仅是其中之一,其受益者便是当地的神职人员。② 还有,我们在此并没有鉴定出早于第十一王朝的文化层,也就是说在(卡尔纳克)神庙主要部分建造前这里全部都是没有被使用过

---

① M. Millet, *CahKarn* 12, 2007, p. XXXIX.
② J. Yoyotte, "À propos des 'terrains neufs' et de Thmouis," *GLECS* 8, 1961, p.100101; D. Bonneau, *Le fisc et le Nil*, Paris: Cujas, 1971, pp. 70, 115; D. Meeks, "Le grand texte des donations au temple d'Edfou," *BdE* 59, 1972, p. 56, n. 18; A. Gasse, *Données nouvelles*, Cairo: Institut français d'archéologie orientale, 1988, p. 148, n. 4; C. Eyre, "The Water Regime for Orchards and Plantations in Pharaonic Egypt," *JEA* 80, 1994, pp. 75 – 76.

的土地。① 就如同之后埃赫那顿在阿玛尔纳的界碑上记录的那样，我们可以勉强假设在这里重新建立了一个对于新神的信仰。

在第十一王朝初期，其中一名早期的法老安太夫（二世或三世）在上面建造了第一座神庙。根据仅存的一列铭文推断，这座神庙的主人是"拉—阿蒙，天之王，地之主"。从这可以看出这时的阿蒙神开始"太阳神化"（solarisé），即与拉神的名字连在一起了。在此的第一批泥砖（brique crue）建筑的建造时间大致为第十一王朝到第十二王朝初期，在方向上表现出了与中王国法老塞索斯特里斯一世神庙相似的特征——这在1999年已被证明，即神庙的中轴线直指冬至日出的方向。② 这一朝向太阳的方位和冬至—夏至的轴线也确定了在最初时，卡尔纳克神庙中的神祇就已经具备了太阳神的属性。

五　阿蒙神的起源

有关阿蒙神起源的问题，无论是从空间还是时间上讲，都经历过长期的争论。一方认为他是一尊土生土长的神明③，他们极力反对阿蒙神是努比亚或者利比亚的外来神。④ 另外，坚持阿蒙神并非上古神明的学者认为他是第十一王朝初才被创造出来的。

自从有了确凿的证据后，阿蒙神外来说便被抛弃了。关于这位神明的

---

① A. Graham, "Islands in the Nile. A Geoarchaeological Approach to Settlement Location in the Egyptian Nile Valley and the Case of Karnak," in M. Bietak, E. Czerny and I. Forstner-Müller eds. , *Cities and Urbanism in Ancient Egypt*, 2010, p. 136; E. Lanoë, *CahKarn* 12/1, 2007, pp. 374 – 375; J. Fr. Jet, "Sondages archéologiques dans l'avant-cour nord du VIe pylône," *CahKarn* 12/1, 2007, p. 356; G. Charloux and R. Mensan, *Karnak avant la XVIIIe dynastie*, Soleb, 2011, pp. 53 – 58.
② L. Gabolde, "Le 'grand château d'Amon' de Sésostris Ier à Karnak," *MAIBL* 17, 1998, pp. 123 – 131; L. Gabolde, "Mise au point sur l'orientation du temple d'Amon-Rê à Karnak en direction du lever du soleil au solstice d'hiver," *CahKarn* 13, 2010, pp. 243 – 256.
③ F. Daumas, "L'origine d'Amon de Karnak," *BIFAO* 65, 1967, pp. 201 – 214.
④ G. Möller, "Ägyptisch-Libysches," *OLZ* 24, 1921, pp. 193 – 197; G. A. Wainwright, "Some aspects of Amun," *JEA* 20, 1934, pp. 145 – 146; E. Kormysheva, "On the Origin and Evolution of the Amun Cult in Nubia," in T. Kendall ed. , *Nubian Studies* 1998: *Proceedings of the Ninth International Conference of Nubian Studies*, Boston. August 21 – 16, Boston: Department of African-American Studies, 1998, pp. 109 – 133; K. R. Lepsius, *Nubische Grammatik*, Berlin: W. Hertz, 1880, pp. 268 – 269.

古老程度，我们可以一枚出土于阿拜多斯的哈塞海姆威时期的印章作为引证，上面也许刻有最早的阿蒙神的名字。另外，一枚在埃勒方汀（Eléphantine）出土的圆柱体印章，时间约第二王朝末或第三王朝时期，上面刻有年代最早的、包含有阿蒙神的一个人名①，其他类似的人名还有：Hz-Axty、Hz-wrt、Hz-Ra 或者 Hzyw-Mnw。②

在第五王朝时，阿蒙的名字就出现在金字塔铭文中。编号 1538a 的第一段里他与地神盖伯等同，并暗示他拥有王位：

愿他们对拉神说，法老某某，盖伯之子，就这样向你走来，就这样登上了阿蒙的王座。

还有编号为 1712b 的段落，其中一个版本刻有 i [nm]（即阿蒙神的埃及语名字，方括号代表修复内容），在另一个版本里是敏神（Min）。然而由于铭文本身残缺，我们不能把它当作阿蒙神存在的确凿证据。

阿蒙神存在的第三个例子出现在《金字塔铭文》的第 446—447 段：

面包属于你，阿蒙神，和陪伴你的阿蒙奈特神（Amonet）。是你们庇护众神，是你们像他们的影子一样庇护他们。

我们可以看出阿蒙和阿蒙奈特是两位具有神性的个体（entité divine）。

---

① J. P. Pätznick, *Die Siegelabrollungen und Rollsiegel der Stadt Elephantine im 3. Jahrtausend v. Chr.* (*BAR International Series* 1339), 2005, pp. 182, 358 – 359, Cat. 173 – 174.

② G. Dreyer, "Um el-Qaab-Nachuntersuchungen im frühzeitlichen Königsfriedhof," *MDAIK* 62, 2006, p. 121, fig. 18, k.

这里把他们同赫里奥坡里斯（Héliopolis）神话中创世纪①的角色联系到一起，是这一理念根源的体现。但是我们要注意的是，他绝不是阿蒙拉神（Amon-Rê）。我换一个说法，对于这种上古时代，有神性的个体或者神的概念，由于没有神庙、祭祀和信仰崇拜，我们便不能把他们当作神一样来谈。

六　神之名

阿蒙神的名字意思为"隐秘（caché）"，这点毫无疑问。这种让人无法感知的隐秘的能力，也是奥西里斯②，普塔③，荷鲁斯④等神明的神之特权。⑤

在古王国时期，这种"隐秘"的属性被用在与神相关的短语中，以此来表现一种神圣的特性；而其常见的形式为 imn rn (.f)，意为"隐藏姓名者（Celui dont le nom est caché）"。此类名称大量出现在《金字塔铭文》⑥及以后的《棺木铭文》里⑦。

此后，"隐藏姓名"这一神圣概念又被用在许多其他神的身上。例如，在赫里奥坡里斯神龛（naos）中的阿图姆神（Atoum），他被形容为⑧：

---

① 赫里奥坡里斯神话是古埃及神话中的一个分支。古埃及神话按照祭祀主神不同而分为不同派别，在赫里奥坡里斯神话中，创世神为阿吞神，他创造了诸神、空气、水和世间万物。
② P. Derchain, *Le Papyrus Salt 825*, Bruxelles: Palais des académies, 1965, p. 139; A. H. Gardiner, "The House of Life," *JEA* 24, 1938, pp. 167 – 168, fig. 2; C. Leitz et al eds., *Lexikon der ägyptischen Götter und Götterbezeichnungen*（以下简称 *LGG*）, Vol. I, Leuven: Peeters Publication, 2002, p. 306.
③ W. Wolf, "Der Berliner Ptah-Hymnus (P. 3048 II-XII)," *ZÄS* 64 (1929), p. 35; *LGG*, Vol. I, p. 306; S. Hodjash, O. Berlev, *The Egyptian Reliefs and Stelae in the Pushkin Museum of Fine Arts*, Leningrad: Aurora Art Publishers, 1982, p. 102.
④ *LGG*, Vol. I, p. 341.
⑤ *LGG*, Vol. I, p. 306.
⑥ A. Erman and H. Grapow, *Wörterbuch der Ägyptischen Sprache*（以下简称 *Wb*）, Vol. I, Berlin: Akademie Verlag, 1957, p. 84.
⑦ A. de Buck, *The Egyptian Coffin Texts*, Vol. VI, Chicago: Chicago University Press, 1973, p. 310; J. P. Allen, *Genesis in Egypt: The Philosophy of Ancient Egyptian Creation Accounts*, New Heaven: Yale Egyptological Seminar, 1988, p. 48.
⑧ F. Contardi, *Il naos di Sethi I da Eliopoli. Un monumento per il culto del dio Sole (CGT 7002), Catalogo del museo egizio di Torino, serie prima-Monumenti e Testi*, XII, 2009, pp. 10, 22 – 24; J. Yoyotte, "Un nouveau souvenir de Sheshanq I," *RdE* 54, 2003, pp. 246 – 247.

ntr ˁ3 n zp tpy **imn rn.f r ntrw n rh.tw.f in rmṯw**

« Le grand dieu de la "première fois", dont le nom est caché aux dieux et qui n'est pas connu des humains ».

伟大的"原初"之神,他向众神隐藏了他的名字,连人类也无从知晓。

围绕"隐秘"这一概念展开的智力游戏,多数与阿蒙神或阿蒙-拉神相关。就像图特摩西斯一世的一篇铭文中所说的那样,直接地把这位阿蒙神称作"隐秘的"或者"隐藏姓名者"①:

« Fils d'Amon, qu'a engendré le dieu dont le nom est caché ».

阿蒙之子,由隐藏自己姓名的神所生。

底比斯的新君王接受这位"隐秘"的神明,极有可能是为了权力的合法化:统治者们因此可以成为让神明显现的君主,而其他人从来就不具备看到神的能力——正如在哈特舍普苏特女王时期法老所采用的做法,尽管历史背景有些不同,但目的殊途同归。②

七 阿蒙神崇拜可能的起源

即便真的有据可循,阿蒙神崇拜的发源地也很难为人们所确定。泽特(K. Sethe)曾经主张的起源地赫尔摩波利斯城(Hermpolis)③,在维因莱特

---

① LGG, Vol. I, pp. 343 – 344.
② Urk. Vol. IV, p. 390.
③ K. Sethe, *Amun und die Achturgötter von Hermopolis: Eine Untersuchung über Ursprung und Wesen des ägyptischen Götterkönigs*, Berlin: Verlag der Akademie der Wissenschaften 1929, pp. 35 – 78.

（G. A. Wainwright）①、达马斯（F. Daumas）②、比克尔（S. Bickel）③、加尔莫特（I. Guermeur）④ 和泽维－寇施（C. Zivie-Coche）⑤ 等埃及学家们的讨论中被彻底否定了。而马特玛尔城（Matmar）一段时期曾被多瑞顿（Drioton）讨论过，但最终被排除：因为在这一区域从没发现一个清晰可辨的阿蒙神名字，而且在这里也没有一座位置确凿的阿蒙神神庙或神龛。

底比斯城起源说最终也并不可信：通过研究古王国时期底比斯墓葬里提及的神明⑥，专家发现阿蒙神完全不在当地最初的众神队伍里。截至目前，没有任何一篇古王国或者第一中间期的文献记载阿蒙神在底比斯的土地上出现过。在这种情况下，我们不得不承认，以现在的证据尚不能肯定阿蒙神是底比斯当地一尊古老的神祇这一观点。

八　神学的综合体

必须承认阿蒙神崇拜是一个神学体系。它基于先前存在的许多神学要义，并被第十一王朝初的新君王们精心且成功地创造出来。在埃及，人们确实会创造新的神学理论，但它并非无中生有，人们会巧妙地掌握混合的比例并加入经过时间神化后的古老元素。

九　太阳神崇拜

首要一点，作为古王国遥远的继承者（以及同时期赫拉克里奥波利王朝的竞争对手），底比斯的新君主们必须服从于赫里奥坡里斯的信仰。在此时人的概念中，"拉神之子"是可以确保王室继承合法性的唯一条件。这一太阳神的属性可以增加阿蒙神的普世性和宇宙性。也一定是出于这样的原因，从第一次在安太夫二世的柱子上被提及起，阿蒙神便与太阳神结合起

---

① G. A. Wainwright, "Some aspects of Amun," *JEA* 20, 1934, pp. 145–146.
② F. Daumas, "Les origines de l'Amon de Karnak," *BIFAO* 65, 1967, pp. 201–214.
③ S. Bickel, "La cosmogonie égyptienne avant le Nouvel Empire," *OBO* 134, 1994, p. 28.
④ I. Guermeur, "Les cultes d'Amon hors de Thèbes," *BEHE* 123, 2005, pp. 1–3.
⑤ C. Zivie-Coche, "L'Ogdoade à Thèbes à l'époque ptolémaïque et ses antécédents", *CENiM* 3, 2009, pp. 168–173.
⑥ M. Saleh, *Three Old-Kingdom Tombs at Thebes*, Mainz am Rhein: von Zabern, 1977, p. 28.

来了。两者关联如此紧密，以至于献给阿蒙的赞歌与献给拉神的赞歌也如出一辙。此后，把两个神明相结合的现象无限制地发展，例如阿图姆－阿蒙－拉神的出现可以追溯到中王国塞索斯特里斯一世时期。① 到了新王国时期，还出现了阿蒙－拉－阿图姆神或者阿蒙－阿图姆－拉神（和其他多种组合神名）②，并且意外地提及他是"在底比斯"。甚至某些文献中可以将其理解为："阿蒙神，（即）在底比斯的阿图姆－拉神。"（图7）③

图7　卡尔纳克拉美西斯三世神庙（南外墙）

《金字塔铭文》中古老的神学体系在赫里奥坡里斯的熔炉里千锤百炼，人们寻找的阿蒙神也在其中，这就是"隐秘者"（或"隐藏姓名者"）。他是一个深藏不露、无法被接近也无法被感知的、具有神性的个体。这种与世间的距离感也让我们认为他无疑存在于一个超验的领域中（domaine de la

---

① P. Lacau, H. Chevrier, *Une chapelle de Sésostris Ier à Karnak*, Paris: Soleb, 1956, p. 175.
② é. Arnaudiès-Montélimard, "L'arche en granit de Thoutmosis Ⅲ et l'avant-porte du VIe pylône," *CahKarn* 12, 2008, pp. 126 – 129; P. Lacau, H. Chevrier et. al. eds., *Une chapelle d'Hatchepsout à Karnak*, 1977, p. 367; H. H. Nelson, W. J. Murnane, *GHH*, Chicago: Chicago University Press, 1981, p. 32.
③ H. H. Nelson, W. J. Murnane, *GHH*, pl. 32; V. Rondot, *La grande salle hypostyle de Karnak: Les Architraves*, Paris: ADPF and ERC, 1997, sup. p. Ⅰ; H. H. Nelson ed., *Ramesside Inscriptions at Karnak*, Vol. Ⅰ, Chicago: Chicago University Press, 1936, p. 35; H. H. Nelson, *The temple of Khonsu*, Vol. Ⅱ, Chicago: Chicago University Press, 1981, p. 147.

transcendance）。①

十 借鉴科普托斯神学

人们又从科普托斯城的敏神（Min）的形象中获取灵感，让新诞生的阿蒙神的神格丰满起来。敏神是上埃及第五诺姆（即科普托斯）的主神，与他崇拜有关的精美文物②是视觉崇拜有效性的证据。阿蒙神完全吸纳了这一点。用于该神祇崇拜仪式中的古老器物同样地被关联、并最终转移到卡尔纳克的主神崇拜中，例如像"敏神出行（Sortie de Min）"时一样，一队祭祀抬起一尊雕像，并撑起为神所建的、带有卡（ka）的旗杆的帐篷（又称为塞赫奈特帐篷）。另外，阿蒙神还向敏神借用了"卡姆特代夫"（Kamoutef，意为"他母亲的公牛"）这一名字，并用来代指阿蒙神本人。③

图 8 阿布辛贝尔的一位孩童模样的神，敏－阿蒙－
卡姆泰夫（Min-Amon-Kamoutef）

---

① J. Assmann, *Egyptian solar religion in the New Kingdom: Re, Amun and the crisis of polytheism*, trans. by A. Alcock, London and New York: Kegan Paul International, 1995, p. 135; C. Knigge, "Das Lob der Schöpfung. Die Entwicklung ägyptischer Sonnen-und Schöpfungshymnen nach dem Neuen Reich," *OBO* 219, 2006, pp. 290 – 291.

② W. M. Fl. Petrie, *Koptos*, London: B. Quaritch, pl. Ⅲ-Ⅴ, fig. 4, pp. 7 – 9; H. G. Fischer, *LÄ* Ⅲ, col. 737 – 740; H. Gauthier, "Les fêtes du dieu Min," *RAPH* 2, 1931, p. 18.

③ P. Lacau and H. Chevrier, *Une chapelle de Sésostris Ier*, Cairo: l'Institut français d'archéologie orientale, pp. 48, 49, 82, 169.

以敏神为核心的古老三联神包括了：阴茎勃起的敏神（dieu ithyphallique）、他配偶穆特－敏（Mout-Min，意为敏的母亲）①，以及一名孩童模样的神荷尔－敏（Hor-Min）或荷尔－敏－那赫特（Min-Hor-nakht）。② 正如人们所知，名字中含有父辈名字的继任者才能接替父位，而神的配偶其实也是他的母亲。③ 由此也说明了阿蒙神"卡姆特代夫"这一名字的内涵，也证明其是由科普托斯神学中直接提取而来的，目的显然是使信奉阿蒙神的统治者的血统合法化。

十一　阿蒙神的化身是国王

最后谈一下阿蒙神学的特殊性，这与它的发展阶段联系密切。塞索斯特里斯一世在卡尔纳克自封"阿蒙神之子"④，这是法老与神之间建立特殊关系的证明。而最有说服力的是新王国时期的文献，它让我们了解到这类关系的构成：法老是（神）在人间活着的代表，人们这样形容哈特舍普苏特女王：  ，"他的富有生命力的代表玛阿特－卡－拉（Maat-ka-Rê，哈特舍普苏特的王名之一）"⑤。因为这种亲密的关系，法老可以直接了解到神的思想，因此也可以替神在人间完成他的意愿：

---

① H. Goedicke, "A Cult Inventory of the Eighth Dynasty from Coptos," *MDAIK* 50, 1994, pp. 71 - 84.

② D. Jones, *An Index of Ancient Egyptian Titles, Epithets and Phrases of the Old Kingdom*, Oxford: Archaeopress, 2000, No. 2056; M. Gabolde, "Le temple de Min et Isis," *L'Égypte antique aux portes du désert*, 2000, pp. 60 - 86.

③ D. Meeks, "Mythes et légendes du Delta d'après le papyrus Brooklyn 47.218.84," *MIFAO* 125, 2008, p. 168.

④ L. Gabolde, "Le Grand château d'Amon de Sésostris Ier à Karnak," *MAIBL* 17, 1998, p. 38.

⑤ *Urk.* IV, 362, 6 - 7; H. Gauthier, *Le temple d'Amada*, Vol. I, Cario: l'Institut francais d'archéologie orientale, 1913, p. 24; *Urk.* IV, 1676, 1 - 2.

我的心甚至在我的父亲（说出）前就了解到了（他的意愿），因为我可以（直接）进入他心之所忧：因此我还没有离开圣主之城。①

我用对我的父亲阿蒙神不变的爱完成了这件事，那时我独自进入到了他神秘的内心并了解到他最初的理由，那时我亲身感受到了他强大的力量：我从不忽视他所做出的决定。②

在对阿蒙神的赞歌中，法老作为神意志的工具存在于世间的观点表达得很清楚：

你（即阿蒙）的神庙，是君王的两片唇。陛下（即神）附于他（即法老）的身。你（即阿蒙）解决的事情由他（即王）昭告天下。③

国王是神明在人间的化身，也正因为如此，神便没有必要化作某种动物；尽管他的象征可以是一头公羊，一头公牛，一只鹅，狮子或者鳄鱼，但阿蒙神并没有化身成他们（区别于克努姆神，尤其是孟菲斯的阿匹斯神）：目前尚未发现一处他所代表的神羊、神牛或者其他动物的墓葬或者壁

---

① Urk. Ⅳ, 363, 6-17.
② Urk. Ⅳ, 363, 2-5.
③ J. Zandee, *Der Amunshymnus des Papyrus Leiden I 344*, Verso Ⅲ, Leiden: Instituut voor het Nabije Oosten, 1992, p. 885.

画（seccos），① 也并无一个与他有关的神化动物的神职职位（prêtrise）。总之，现有的证据表明，与阿蒙神有关的动物从来就没有真正地被神化过（sacralisés）。②

结　论

我们目前可以尝试着复原卡尔纳克和阿蒙神崇拜的起源。从史前时代开始，最初的尼罗河河道位于卡尔纳克的东侧。当河左岸的夹角开始侵占尼罗河河时，出现了非常有利于狩猎和捕鱼活动的区域。这片区域随后变成小岛，但整个古王国时期都没有人迹。正因如此，此时这里也没有考古文化层。小岛可能在第十一王朝早期与右岸连接，也使新的土地出现。全新出现的这片土地，所有权不属于任何人，正是一个用来为一个新的神祇建造一座全新神庙的绝佳机会。因此，阿蒙神成了一个有崇拜理论、配有神职人员的神，是中王国时期的开国法老们的一个创造。诚然，阿蒙神"隐秘"的概念在金字塔铭文中已露萌芽。但是直到中王国时期，这一概念才和全能的太阳神"拉"（和他的变体阿图姆）及科普托斯敏神在形象和仪式两方面才完成了复杂的结合。在这之后，又历经几个世纪的神化后形成的新的全能之神，便是阿蒙－拉－卡姆特代夫（Amon-Rê-Kamoutef）。

凝视着卡尔纳克神庙，如今我们可以说，最初的几代安太夫法老赢得了这场赌注。

作为总结，有必要提及最伟大的建筑者之一——塞索斯特里斯一世，他也是将阿蒙神推上具有王权性和国家性舞台的关键性角色之一。在"白色圣堂"美妙的文本里，国王清楚地解释了他在卡尔纳克的政治宗教活动③：

---

① D. Kessler, *Die heiligen Tiere und der König* (ÄAT 16), Wiesbaden：Otto Harrassowitz Verlag, 1989, pp. 168, 175 – 179；S. Ikram, "The Forgotten Dead：Animal Burials in the Theban Necropolis," in Z. Hawass, T. Bacs, G. Schreiber eds., *Proceedings of the Colloquium on Theban Archaeology at the Suprême Council of Antiquities*, 5 November 2009, Cairo：The American University in Cairo Press 2011, p. 7.

② Hérodote, *Euterpe, Histoires II*, 42, trans. by A. Barguet, Paris：Bibliothèque de la Pléiade, 1964, pp. 142 – 143.

③ P. Lacau and H. Chevrier, *Une chapelle de Sésostris Ier*, pp. 45 – 46.

上下埃及之王海派尔卡拉（Kheperkarê，塞索斯特里斯一世的王名）万岁。

这是对他的父亲阿蒙拉神的个人纪念，他（即法老）使他（即阿蒙神）：

晋升为众神之首，

拥有高于全体众神的高贵；

法老确保神的昌盛，正如他（即阿蒙）承诺法老对于国家的所有权，

（使）他作为荷鲁斯在仪式上封王。

如此行为也是为了获得永生的奖励。

当然，我在这里提出的假设需要用新的研究成果补充加强，例如在圣湖东南遗址上的后续工作。这些结论依据目前可用的考古学、历史学、地貌学和神学等证据而言，只是阶段性的成果。毫无疑问，这些成果可能是重要的，也可能只是过眼烟云。

［责任编辑：刘金虎］

会议综述

"中东格局变迁背景下的土耳其历史和国家治理"会议综述

马青华[*]

10月14日,由中国中东学会和陕西师范大学历史文化学院主办、陕西师范大学土耳其研究中心承办的"中东格局变迁背景下的土耳其历史和国家治理"学术会议在古城西安召开。会议开幕式由陕西师范大学历史文化学院何志龙院长主持,陕西师范大学杨祖培副校长,中国中东学会会长、中国社科院西亚非洲研究所所长杨光教授,美国中东问题专家迈克尔·加特(Michael M. Gunter)教授分别在开幕式上致辞。来自美国、土耳其,以及中国社会科学院、中国现代国际关系研究院、兰州大学、西北大学、上海外国语大学、上海大学、辽宁大学和西南大学等单位的60余位国内外专家学者与会。会议围绕以下四个主题进行了探讨。

一 土耳其政治与治理

当前土耳其政治被以埃尔多安为首的正义发展党所主导,正义发展党究竟是一个怎样的政党,是否是纯粹彻底的伊斯兰化政党,它的执政是否是伊斯兰神权统治的回归?对于正义发展党的上台,很多学者认为是伊斯兰的回归。兰州大学历史文化学院敏敬教授认为,土耳其正义发展党不能算作完全纯粹的伊斯兰政党,它的俗权与教权处于分离状态。正义发展党的上台,不能简单归结为是伊斯兰的回归,而应更多理解为是土耳其积极探索适合本国现代化道路的模式。针对这一问题,也有学者认为这是对土耳其世俗化发展道路的背离,是一种倒退。当然,如何看待正义发展党执

---

[*] 马青华,陕西师范大学历史文化学院博士研究生。

政，它是否能够顺应土耳其发展的时代潮流，这一问题还有待观察。

针对土耳其的治理转型，中国现代国际关系研究院黄昭宇教授认为，土耳其正义发展党与埃尔多安的改革，显示了土耳其政府政策考量的变化，并带动了国家治理模式的转型。他将土耳其国家治理的思想脉络概括为：土耳其既要坚持世俗化，也要照顾国内穆斯林民众的情感；既要推进现代化，也要带动农村和偏远地区的发展；既要坚持融入欧美，也要扮演中东大国的角色，与俄罗斯和东方国家加强联系。由此可见，当前土耳其的国家治理越来越趋近国家现实，既要考虑作为伊斯兰国家的实际国情，也要遵循世俗化的国家常态。入欧受挫后，注重加强与中东和东方各国的联系。陕西师范大学历史文化学院土耳其研究中心主任李秉忠副教授认为，当前土耳其总统埃尔多安致力于去世俗化、打压军队、加强个人权力、提倡伊斯兰文化和开展多元外交，他将埃尔多安时代国家治理的转型，进一步归结为是集中权力对土耳其内政和外交展开的某种埃尔多安式的"纠偏"。

辽宁大学历史学院李艳枝教授集中分析了土耳其政治转型的途径，她认为土耳其总统制威权政体的确立，是通过全民公投的形式实现的。其中全民公投通过修订宪法，帮助埃尔多安加强了个人权力。通常情况下，全民公投与民主政治挂钩，为普通民众直接干预政治异议行为提供了方便。但她指出，这是一种极端的民主形式，并不是法治国家的正常行为，对此需要我们理性看待。

针对土耳其国内的库尔德问题，来自安卡拉大学（TOBB – ET University）的威廉姆·帕克（William Park）教授认为，土耳其的库尔德问题由来已久，当前土耳其的库尔德问题既是地区性问题，更是土耳其的国内问题，土耳其政府的做法正将其推入困境。美国田纳西科技大学（Tennessee Technological University）的迈克尔·加特（Michael M. Gunter）教授谈到库尔德问题时表示，土耳其在镇压库尔德工人党城市暴动和清理被贴上标签的库尔德恐怖分子的同时，应充分尊重和考虑库尔德人地方自治的合法权利。

二　土耳其经济与治理

关于土耳其经济，有学者表示，20 世纪 80 年代，厄扎尔开启了土耳其的新自由主义经济改革，由此奠定了土耳其经济发展的基础。新自由主义经济改革以市场化、自由化和私有化为导向，其中外部环境、国内制度环境和国内政治环境对土耳其自由主义经济产生了重要影响，当前土耳其经济处于波动期。正义发展党执政后，制定与欧盟相适应的经济发展计划，加大国有企业私有化，加强工业和制造业产业升级，以投资拉动经济增长，使土耳其经济获得发展，但当前外向型经济的弊端依然存在，国家经济发展面临困境。

当前土耳其经济增长迟缓，经济治理危机日益显现之际，中国的"一带一路"为土耳其经济发展带来机遇。有学者认为，"一带一路"对促进中土关系的升温发挥了重要作用，中土两国领导人签订了"丝路基金"和亚投行框架内的经济合作备忘录，2017年5月，埃尔多安亲自出席"一带一路"高峰论坛，足以看出埃尔多安政府对"一带一路"的重视。当前土耳其智库建设迅速，为"一带一路"建设注入了智力支持。四川外国语大学研究生院陈广猛副教授认为，正义发展党上台以来，土耳其智库发展迅速，其数量已居中东国家前列。当前土耳其智库与政府关系复杂，土耳其智库对于"一带一路"的研究，将对土耳其政府的国家政策产生重要影响。

与会学者谈及"一带一路"与土耳其合作事宜。中国中东学会会长、中国社科院西亚非洲研究所所长杨光教授，从中土经贸合作的多边和投资视角进行阐述，他认为在新时期中国实施"一带一路"战略的背景下，中土合作具有广泛空间。中国拥有雄厚的资本和技术优势，可以同土耳其市场和劳动力结合，在高铁、军事和新能源等高技术领域展开合作。中土两国可以在区域经济组织内合作，共同致力于其他国家的基础设施建设，转移两国劳动密集型产业。此外，中土两国还可在旅游和打击宗教极端主义、民族分裂主义方面展开合作。

《人民日报》资深编辑王南，从中土"一带一路"合作的具体领域——高铁入手，阐述了中土高铁合作的基础及意义。他指出，当前中国高铁发展迅速，中国高铁在运行速度、总体规模和设备制造等方面的优势明显，而土耳其铁路发展较为迟缓，两国领导人也曾表示，愿意在交通运输网络和基础设施建设等方面进行合作，这为两国在高铁领域的合作奠定了良好基础。在"一带一路"背景下，加强中土铁路合作，将有助于增强土耳其的地区区位优势，土耳其作为物流和能源通道中心的地位将会大大提高，同时中国投资者通过土耳其可以进入欧盟、地中海、中东和中亚地区，这将进一步促进中国和土耳其及"一带一路"沿线国家经济的发展。

三 土耳其文化与社会

就土耳其文化与社会而言，奥斯曼帝国时期是土耳其文化与社会的重要塑造期。考察土耳其文化与社会，伊斯兰教和土耳其世俗化改革是贯穿其中的重要因素。陕西师范大学宗教研究中心哈宝玉教授植根伊斯兰文化最深层的东西——伊斯兰哲学，探讨了奥斯曼帝国时期伊斯兰教义哲学思想的发展演变。他通过考察奥斯曼帝国时期的伊斯兰哲学，认为奥斯曼帝国时期宗教思想的发展虽受哲学思想的影响，但哈奈菲马图里迪学派始终占据主流地位，并深刻影响着奥斯曼帝国的宗教意识形态。他指出，奥斯曼帝国对宗教的宽容和宗教思想本身的宽容性是其得以发展的重要原因。

土耳其是伊斯兰世界世俗化最为彻底的国家，与此同时国内民众广泛信奉伊斯兰教的现实并没有改变，土耳其政府管理宗教的经验值得我们探究。有学者将土耳其政府的宗教管理经验集中概括为：始终坚持建国初期世俗化政策的基本原则；始终保持对宗教极端主义的警惕；将伊斯兰教教育作为共和国教育体系的重要组成部分；通过立法维护世俗化。政府对宗教的合理管控和正确引导，使其与土耳其社会发展相适应，为土耳其现代化建设奠定了基础。也有学者谈及土耳其伊斯兰学者法图拉·葛兰的外交思想，认为葛兰的外交思想是一种建立以安全观和多元文化为中心的国家安全战略，对西方缺乏认同，但渴望与其建立紧密联系，对伊朗持绝对不认同的态度。提倡信仰自由和不同宗教和族群间的文明对话，世界范围内建立学校和慈善机构，传播平等精神，寄希望于全人类的共同进步。

上海外国语大学中东研究所所长刘中民教授着眼于奥斯曼帝国时期的社会状况，评析了奥斯曼帝国晚期的民族主义思潮与伊斯兰教关系。他认为，奥斯曼帝国早期的现代化改革，全面实行世俗化，导致世俗化思想与伊斯兰教传统政治思想之间矛盾的生成，在思想领域出现泛伊斯兰主义、现代主义和土耳其主义的分野。奥斯曼帝国晚期意识形态领域混乱，表明奥斯曼帝国从传统帝国向现代民族国家转变的社会政治变革。从奥斯曼帝国政治思想与伊斯兰教的关系来看，各种民族主义无法摆脱伊斯兰教的影响。

针对当前土耳其国内的热点问题，与会学者多有涉及。中国社科院民族所周少青研究员就土耳其社会小学、初中教材的重新设置问题表达了自己的看法。他认为，涉及进化论的取舍、"吉哈德精神"的引进、宗教课程的加强以及涉及"土耳其之父"凯末尔的内容在教学所占篇幅和时间压缩的新课改，是埃尔多安政府迎合国内保守宗教势力和民众，以换取其支持的现实功利主义做法，可能导致土耳其世俗主义的文明成果毁于一旦。也有学者谈及土耳其的头巾禁令，认为土耳其过度强调头巾的政治性，导致问题的僵化和极化，置女性于不利地位。妇女戴头巾绝不是要回到传统的社会规范，她们表达的是对既定社会规范的反抗。这反映出威权性的世俗主义政体，不再适合后现代语境下多元文化的个人主义诉求。

四　土耳其对外关系

土耳其对外关系的探讨，与会学者着重围绕土耳其与欧盟关系、与中东关系、与中亚关系和与中国关系方面展开。

关于土耳其与欧盟关系。南京大学陈晓律教授认为，欧盟自身存在不确定性，在当前英国脱欧和埃尔多安强势崛起的背景下，土耳其与欧洲的未来发展存在变数。土耳其入欧屡次受挫，现今土耳其与欧盟的关系陷入两难境地。安徽大学历史学尹建龙副教授认为，土耳其与欧盟关系逐渐激化，土耳其加入欧盟的希望基本破裂，土耳其借助中东难民流动的作用加强对欧盟的影响，迫使欧盟做出更多让步，但这难以让欧盟就范，欧盟开始注重加强自身的难民控制能力。中国现代国际关系研究院欧洲所曲兵副研究员认为，难民问题在提高土耳其对欧外交筹码的同时，欧盟成员国国内大肆渲染土耳其移民对欧洲的社会威胁，"妖魔化"土耳其的倾向加重。部分欧盟成员国民粹政党借着难民危机，在土耳其入欧问题上向政府发难。欧盟"非我族类"的恐惧被难民危机放大，未来欧盟与土耳其关系更加复杂化。

土耳其入欧受挫后，注重在中东事务中发挥自身影响力。北京外国语大学马晓霖教授认为，土耳其当前积极介入中东事务，力求在中东热点问题上发挥作用。与此同时他进一步指出，土耳其的非阿拉伯属性，使得介入中东事务面临挑战。关于土耳其与叙利亚问题，陕西师范大学历史文化学院院长何志龙教授认为，土耳其之所以介入叙利亚内战，是因为土耳其担心叙利亚库尔德力量壮大，并与库工党联系将威胁土耳其国家安全。接着他谈及土耳其介入叙利亚问题的政治意图，是其为了彰显土耳其的国家尊严和正义发展党的声誉，并进一步推广本国的伊斯兰民主模式，同时在逊尼派与什叶派的冲突中，与逊尼派站队抵抗伊朗。关于土耳其与叙利亚，中国社科院西亚非洲研究所王建研究员认为，土耳其希望巴沙尔下台的事实事与愿违后，开始修复与俄罗斯的关系，并开始与叙政府合作，共同打击库尔德武装力量。

关于叙利亚库尔德人当前是一种什么状况，是否具有足够的影响力。西北大学中东研究所所长黄民兴教授认为，叙利亚库尔德人拥有以民主联盟党为主体的强大核心政党，该政党领导示威活动并赢得了库尔德人的广泛支持；拥有完整的地方政权，其包括贾兹拉、科巴尼、阿夫林和沙赫巴四州组成的罗贾瓦自治区，自治地区"行政"单位层次分明，并进行着一定程度的民主管理；拥有强大军队——人民保卫军和妇女保卫军，并得到美国和部分欧盟国家军队的支持；奉行族群团结的包容政策，积极团结境内各民族进行"民主"实践；不主张库尔德地区独立，仅要求地方自治。由此可见，当前叙利亚库尔德人是叙利亚国内的一股强大力量，它对土耳其的影响不容忽视。

关于土耳其与中亚关系，陕西师范大学中亚研究所所长李琪教授认为，土耳其长期以来奉行亲西方战略，但在亲西方战略之下，不断强化与中亚国家的交流联系。土耳其与中亚国家共同的历史文化资源，成为土耳其发展中亚关系的重要基础。近代以来，尤其是苏联解体之后，土耳其高举泛突厥主义旗帜，积极向广大中亚国家推销土耳其发展模式。土耳其与中亚国家的互动，对中亚地缘政治、地缘经济和地缘文化产生重要影响。也有学者认为，土耳其利用历史文化资源，深化与中亚各国的关系，是土耳其国家现实利益的驱动，是为了解决土耳其国家发展之需和能源之需。

土耳其与中国关系方面。上海外国语大学中东研究所副所长孙德刚研究员认为，中国和土耳其两国关系发展势头良好，两国关系已向多边主义发展方向迈进。2017年"一带一路"峰会期间，中土实现高层次交流，政治互信不断增强；经济领域内两国开展了中土丝绸之路经贸论坛；反恐领域，土耳其将东突厥斯坦伊斯兰运动列入恐怖主义组织名单，为中土两国关系的改善打下基础；文化领域，通过孔子学院的桥梁作用，使两国文化交流不断加强。当前中土两国具备发展多边主义关系的舞台，未来两国可通过国际组织、地区组织和非政府组织进行全方位交流合作，但他指出，未来中土两国交往既有合作也有冲突。显然，在土耳其入欧受挫、东进南下，以及当前中国"一带一路"战略实施背景下，土耳其和中国的关系将迎来新的发展机遇。

五 值得注意的问题

此次研讨会涉及土耳其政治、经济、文化、社会和对外关系诸方面内容，是对土耳其国别的一次全面研讨。在土耳其国别研究中，以下问题值得我们注意。

（一）研究方法问题

学术研究活动中，研究方法对学术研究至关重要，与会学者对此多有讨论，现归纳总结如下。

1. 国别研究的研究视角问题

首先，应事先搞清楚研究国本国政府和人民最关注什么，他们怎么看待某一问题，不能以我们的落脚点掩盖研究国的实际问题。其次，对于研究某个特定国家，应先从该国的重要政治人物入手，了解重要政治人物的个人背景和主要生活经历，试着找出政治人物的个人因素影响具体所在国的内在逻辑，有助于加深对特定国的认识。

2. 研究国的国家行为与政策问题

首先，应注意区分特定研究国国家的行为与学者和组织行为的区别，应搞清楚政府做了什么，而不是某个学者或某个组织做了什么，它们之间没有等同性。其次，应注意了解研究国对外政策中的优先次序，某个具体政策此时有效，彼时或许已完全废止，不注意区分研究国政策的有效性，得出的研究结论会产生误差。

3. 研究国对外关系问题

首先，在研究某个特定国对外关系时，应深入了解该研究国的历史、文化和语言等方面的认同对对外关系产生的影响。其次，在研究某个特定国对外关系时，应注意考察本地区主要大国的政治行为，认识主要大国对本地区产生的影响。在中东研究中，想要对中东有更加深入的了解，应事先仔细关注以色列、沙特、埃及和伊朗等国对中东产生的影响。

4. 国别史研究的维度问题

国别史研究的维度包括时间维度和空间维度。在时间维度上，应注意观察历史传统，并以此来深刻审视现实。在空间维度上，应注意研究不同阶层不同人物的影响，注意研究包括草根一般阶层和精英少数阶层在内的不同社会阶层的不同作用。

（二）需要继续思考和探究的问题

研讨会上与会学者对诸多问题表达了看法，并达成了部分共识，但还有一些问题需继续深入思考和探究。

1. 在中亚中国与土耳其协同建设"一带一路"问题

中亚地缘上与中国西部相邻，曾是古代丝绸之路的重要陆路通道，中国的物品通过中亚远销国外，同时以阿拉伯人为主体的伊斯兰文明传入中国，"一带一路"是人类文明交往和商贸流通的重要渠道。当前中国正实施"一带一路"战略，中亚在中国"一带一路"建设上意义重大。土耳其作为西亚的突厥民族国家，历史上曾与中亚各国具有根深蒂固的血脉联系，文化上彼此趋近，政治上与中亚各国交往甚密，战略上与中亚深刻交融。中国在中亚的"一带一路"建设与土耳其联系密切，如果中国在中亚"一带一路"建设上加强与土耳其的联系，可以更好地促进中国、土耳其及中亚各国经济的发展。因此在中亚，中国可以考虑与土耳其协同建设"一带一路"。这一观点与会学者涉及甚少，在此抛砖引玉，希望引起重视。

2. 土耳其与中东国家交往中的利益得失问题

土耳其在地缘上与中东伊斯兰国家紧密相连，发展道路上却紧随西方国家。近年来土耳其与欧盟关系降温，加入欧盟的愿望屡屡受挫，甚至根本难以实现。在此现实下，土耳其开始东进和南下，并积极介入中东事务。在巴以问题、卡塔尔危机、叙利亚问题、库尔德问题和支持穆兄会等方面都有涉足，土耳其作为西亚强国，并非完全意义上的世界大国，充分干涉中东事务的做法与它的国力不相称，这或许可以扩大土耳其在中东国家的影响力，增加在中东事务上的话语权，但频繁干涉中东国家内政的同时，土耳其是否考量过本国的利益得失？这样做究竟能为土耳其带来多少现实利益？国家的损失又是如何？作为政治家为了达到政治目的难道就不计代价？如果这样做对土耳其有利的话，那么背后的逻辑又是什么？这些问题应该是值得我们进一步思考的。

3. 土耳其未来发展路径问题

奥斯曼帝国时期的土耳其，是一个完全意义上的伊斯兰国家，但到奥斯曼帝国晚期，奥斯曼帝国从帝国向真正民族国家转型的过程中，土耳其领袖凯末尔将土耳其国家的发展道路引向追随西方的世俗化模式上。奥斯曼帝国晚期，正是帝国危机四伏，西方对此虎视眈眈之际，凯末尔建国是在西方的夹缝中努力博弈的结果，在与西方的密切互动中，凯末尔深知西方的强大。凯末尔建国之初选择世俗化，一方面为向西方学习的愿望所趋势；另一方面，也是面对强大西方的无奈之举。时过今迁，如今土耳其已是中东大国，土耳其一度成为中东伊斯兰国家效仿的榜样。但凯末尔激进世俗主义之后，当前土耳其迎来伊斯兰回归迹象，这看似与凯末尔当初立国思想相去甚远，但这背后也有其合理性可言，或许是固执追随西方发展道路后的一种反思。近年来土耳其入欧愿望基本破裂，未来国家追随西方的发展道路难以实现，于是回归现实，审时度势、凝聚人心和加强民族文化认同，进入自主探索本国发展道路的新时代。这种时代并非是完全意义上的伊斯兰时代，它是世俗化与伊斯兰长期磨合之后的产物，是一种较为符合土耳其国情的中庸发展之道。但这一发展道路也没有完全定型，有发生变化之可能。这种迹象是否可以看作是土耳其社会发展的一种倒退？未来土耳其合理化的发展路径又在哪里？对此需要我们继续观察和深思。

[责任编辑：闫伟]

Abstract

My Studies on Arab Literature for Past Sixty Years

Zhong Jikun

Editorial Note: Prof. Zhong Jikun, born in 1938, is from Dalian of Liaoning province. He is the professor of the Arabic language department in Peking University, and famous translator and the honorary director of Arabic Literature Association of China. Prof. Zhong Jikun has written *The History of Modern Arabic Literature*, *The General History of Arabic Literature*, *The History of Ancient Arabic Literature* etc.. These books fill in the blanks of the history of Arabic Literature in China. Prof. Zhong Jikun translates many classic Arabic literature books and poetries. He won prizes from Ministry of Education OF China, Translator Association of China. The journal invites Prof. Zhong Jikun, and introduces the academic experience and thoughts, in order to contribute to China's world history and Middle East Studies.

The Confrontation and Strategic Interactions between Saudi Arabia and Iran in the Yemen Civil War

—A Study Based on the Game Theory

Zeng Xianghong   Chen Mingxia

Abstract: As two traditional powers in the Middle East, the disagreement and confrontation between Saudi Arabia and Iran is quiet extensive and lasting. For example, the civil war in Yemen is an important competing field between these two states. The paper tries to analyze the strategic interactions between Saudi Arabia and Iran in the Yemen civil war and find out their logics of decision-making based on the "Chicken Game" model. The paper argues that the interaction process between Saudi Arabia and Iran process on the issue of Yemen civil war can be divided into two stages, by the time when Saudi Arabia announced stop air strikes on Yemen in April 21, 2015. Saudi Arabia adopted a "tough" strategy while Iran chose the "weak" strategy and Saudi Arabia became the "winner" in the first stage; nevertheless, these two states took the "weak" strategy and there is no "winner" in the second stage. According this analysis, we can find out Iran adopted an opportunistic attitude towards the Yemen civil war, and Saudi Arabia has a pragmatic logic behind its strategy. This paper can help to grasp the situations and future of Yemen civil war more accurately and may provide some inspiration for us to understand the strategic interactions between external powers on the internal conflict of a third country.

Keywords: Game Theory, Chicken Game, Saudi Arabia, Iran, Yemen Civil War

Saudi Arabia in the Crossroads

—The Contemporary Dilemmas and Adjustments for Saudi Arabia

Tian Wenlin

Abstract: The development of Saudi Arab depends on oil, religious and the Saudi—U. S. relation. But these three pillars have been challenged in recent years. Shale gas revolution shaken the status of Saudi Arabia's traditional status of energy power, the decrease of common interests of two countries weaken the foundation of bilateral strategic cooperation, and Saudi Arab reaps as one has sown for support extremism. In this background, Saudi Arabia is actively seeking to survive by changing. Saudi Arabia has put forward the "2030 vision" in the economic field, taken the policy of de-extremism in the religious, and pursuing diplomatic pluralism in diplomacy. But Saudi Arab has faced the structural challenge, which is not successful for short-term policy adjustments.

Keywords: Saudi Arab, Oil Economy, Religious, Saudi Arab -U. S. Relation

The Israel Power and the Re-shaping of Egyptian Ideas of Countering Israel

Gao Shangtao

Abstract: Since the first Middle East war, the position of Egyptian countering Israel had been weakening constantly. The traditional causal model can't give a refined explanation of that change, while the Power Constructivism Analysis Framework can do that. The Power Constructivism argues that Israel, supported by its strong military power, constructed a firm power relationship structure towards Egypt, and keeps confining Egypt with it, permeating Egypt with its power will, which leads to an Egyptian consensus with Israel on the basis of trade-off: peaceful co-existence with Israel may be more favorable. With the failures of Egyptian efforts to challenging Israeli power relationship structure, and the effective implementation of Israeli policy of "rewarding cooperation and punishing confrontation", Egypt gradually believe that it is the best choice that he recognized Israel and negotiated with it. That means, the identification of peaceful co-existence appears between Egypt and Israel. The initial ideas of countering Israel of Egypt had been re-shaped completely. The political position of countering Israel of Egypt became weaker and weaker with that.

Keywords: Power Constructivism, Israel, Egypt, Ideas Re-shaping

On the Water Resources Management in Palestinian Area

Cao Hua

Abstract: Water disputes have long been one of the key issues among various conflicts in Palestinian area. The scarcity of water resources has inevitably led to the argument for water rights between Israel and Palestine. Since its founding in 1948, Israel has in the end controlled all water resources in Palestinian area through several wars. Palestine started autonomy in Gaza Strip and parts of West Bank since 1990s, water management has been its major task of administration. This paper focuses on the chronicle documents, is aimed to present the Palestine dilemma of water supply and rights, to analyze Palestine strategy about water demand and supply, to probe forming process and content of Palestine water policy. In an effort to demonstrate the relation between Palestine water policy and Palestine-Israel conflicts, this paper serves a particular perspective to understand the essence of Palestine questions.

Keywords: Palestine, Israel, Water Resources, Water Management Departments

IS and Its Threats to Israel

—Ideology, Organization and Mass Support

Wang Jin

Abstract: As the most threatening international Islamic extremist group, Al-Dawla al-Islamiya fil-Iraq wa al-Sham (commonly translated as the Islamic State in Iraq and Syria (ISIS) or the Islamic State (IS) or Islamic State of Iraq and the Levant (ISIL)) imposes significant security threats to Israel. On the one hand, there emerging IS supporters among Palestinians both in Israel and in West Bank and Gaza Strip; on the other hand, IS branches and groups emerges in Sinai and Golan Height, from where both Israel military and civic targets may be attacked. Although IS threats to Israel are visible, the threats are not serious. On the one hand, IS lacks of support from Palestinian majorities both in Israel and in West Bank and Gaza, very few Palestinians support IS; on the other hand, the powerful capabilities and timely counterattacks of Israel Defense Forces (IDF) successfully deter the possible attacks from IS militants from both Syria and Sinai in Egypt. Finally after analyzing the strategic aims and ideologies of IS briefly, we conclude that the IS major target is not IS, and the IS threats to Israel are limited.

Keywords: Islamic State, Israel, Palestine, Sinai, Golan Height

Tribalism and the State in the Middle East

Ernest Gellner, translated by Jiang Xinyu

Abstract: Ernest Gellner, a contemporary famous British-Czech philosopher and social anthropologist. He studied philosophy, politics and economics in university. In 1962, he became a professor at the London School of Economics. Later, he was interested in culture, society and ethnology, and became a professor of Social Anthropology at the University of Cambridge. This paper points out, in the Middle East, there are eight major elements in state formation, and five major patterns of tribal state (or tribal quasi-state): pure tribal state, Ahansal version, Saudi pattern, mixed pattern, and mamluk system. Finally, he analyzes the political advantages of tribal state (or tribal quasi-state) in the Middle East than European (especially Italian) at that time.

Keywords: Middle East, Tribal Elements, Tribal State, Mamluk

On Libyan Tribal Society's Structure and Characteristics

Wang Jinyan

Abstract: Tribes and their clans hold the Libyan society together, so the tribal consciousness of Libyan people is very strong. There are three kinds of tribes in Libya: Arab tribes, Berber tribes and minority tribes. Libyan tribal society is divided into 6 levels, and there are 2 ranks in a tribe: Sheik and tribal people. Most of people belonging to one tribe inhabit one region, and they have the same rights and duties, while the Sheik has the supreme power. Libyan tribes have relatively fixed integrant parts and operation mechanism, as well as the stable culture and self-identity. With the acceleration of modernization and urbanization, traditional organizational structure is shocked so that the relationship between the member and the tribe is not as close as before. Generally speaking, Libya is still underdeveloped in economics, culture and politics, tribal factors still have great influences.

Keywords: Libya, Tribe, Clans

On the Social Status of Women in Contemporary Algeria

Wang Yaqing   Sun Degang

Abstract: There were two wars that broke out in contemporary Algeria: one was the Algerian Independence War started in 1954 against French and the other one was the Algerian Civil War which was an armed conflict between the Algerian government and various Islamic rebel groups which began in 1991. The influence of these two wars continues to permeate into nation building, social environment, economic development and political structure of Algeria. Algerian women, both participants and victims of war, devoted themselves to promoting their social status. After the civil war, the social status of Algerian women has been improved notably in various aspects of family, education, labor force and political participation which became a successful model to Arab and African countries. However, as the largest country of both Africa and Arab world, it is still hard to realize gender equality in Algeria. To achieve a higher social status of women still has a long way to go, for lots of constraints such as Muslim family code, social custom, sharia, economic and social development and political restructuring still lie ahead.

Keywords: Algeria, Women Studies, Maghreb Studies, Middle East Society, North Africa Women

The Heterogeneity of the Hebrew Civilization and the Civilization of Egypt and Its Causes

Zhao Keren

Abstract: The Hebrew Civilization and the ancient Egyptian civilization belong to ancient oriental civilization, the inheritance relationship exists between the tow. The commonalities between them have become the consensus of the academic circles, however, between the two there are similarities and common does not mean that they are a kind of civilization. Although the Hebrew civilization is largely inherited the essence of the civilization of Egypt, but the Hebrew civilization has completed beyond the history of Egyptian civilization, and is a heterogeneous civilization. There are differences between the two in terms of the national political system, economic order, moral and legal, religious beliefs and cultural attributes. The reasons for these differences are formed by historical factors, ethnic factors, religious factors, and the effects of the way of life and regional activities. The relationship between the Hebrew Civilization and the civilization of Egypt fully embodies the "The students surpass the teacher" features. Inheritance of the Hebrew civilization is the later Western Christian civilization, has become one of the source of Western civilization. The civilization of Egypt for the progress of human history and civilization evolution is still worthy of admiration with us today.

Keywords: Hebrew Civilization, Egyptian Civilization, Heterogeneity

The Origins of Karnak and the Genesis of Amun's Cult

Luc Gabolde, translated by Gao Wei Guo Zilin

Abstract: The debated question of the origins of Karnak and of the genesis of Amun's cult has long been considered unsolvable because of the lack of evidence. By taking into account all archaeological, geomorphological and historical documentation available, including fruitful results in the last decade, new hypotheses may now be proposed. It seems that, after being located on the West Bank (i.e. the Nile flowing on its east side) in prehistorical times, Karnak became a deserted island during the entire Old Kingdom. The first known traces of Karnak as a religious complex date back only to the beginning of the Eleventh Dynasty: due to the river gradually moving West, new lands emerged, allowing the new rulers to dedicate a new temple to a new god meant to legitimate their power. Amun-Ra was not created ex nihilo, but as a combination of an ancient "hidden deity" with god Ra (or Ra-Atum) of Heliopolis, also borrowing some features and specific liturgy from old Min of Coptos-a most interesting political as well as theological process, giving birth to the divine entity Amun-Ra-Kamutef.

Keywords: Ancient Egypt, Egyptian Archaeology, Karnak Temple, Amun

西北大学中东研究所学术简讯
（2017年7～12月）

科研工作

中东研究所获批5项外交部委托项目。

中东研究所获批3项教育部国别和区域研究项目。

李福泉副教授的《海湾阿拉伯什叶派政治发展研究》于2017年11月在三联书店出版。

学科建设

中东研究所入选教育部国别和区域研究中心备案名单。

在教育部组织的第四轮学科评估中，以中东研究所为主体的西北大学世界史学科获得"B+"，全国排名并列第6位。

韩志斌教授入选2017年中宣部文化名家暨"四个一批"人才，人社部"国家百千万人才工程"。

学术交流

7月27日，黄民兴教授受邀为西安市委做了"古丝绸之路"的专题讲座。

8月6日，应乌兹别克斯坦共和国科学院考古研究所邀请，中东研究所黄民兴教授、邵丽英副教授、赵广成副教授，以及丝绸之路研究院赵斌、席会东赴乌兹别克斯坦进行学术考察

9月9日，阿齐兹汗·阿耶达拉尼先生（Mr. Azizkhon Aydarani，中文名：王贵）受邀为中东所师生进行题为"乌兹别克斯坦的历史和独立后的社会经济"的学术报告。

9月21日，黄民兴教授、韩志斌教授、蒋真研究员、王猛副研究员、赵广成副教授参加2017年中国世界现代史研究会西北片区"一带一路视域下的世界现代史教学与研究"学术研讨会。

10月2～11日，西北大学中东研究所王铁铮教授、蒋真研究员、王猛

副教授、闫伟副教授，以及国际处的王国栋副教授应邀赴伊朗进行学术考察。

10月26日，西北大学举办教育部国别和区域研究中心（备案）中东研究所的揭牌仪式，并且聘任王世杰、安惠侯、华黎明三位资深外交官为兼职教授。

11月11~12日，中东研究所举办"文明交往论与一带一路"学术研讨会。

人才培养

2017年下半年，中东研究所有2名博士生顺利毕业、指导教师和论文题目如下：

王楠——导师王铁铮教授。论文题目为《当代巴勒斯坦民族主义研究》。

梁富国——导师李利安教授。论文题目为《早期域外文殊信仰研究》。

更名说明

《中东问题研究》是西北大学中东研究所主办的专业性学术辑刊，每年出版两辑，自2015年创办以来已连续出版5辑。本刊创办后得到各位顾问、编委、作者和读者的鼎力支持，获得了良好的学术反响，在此表示谢忱！

2017年12月，西北大学中东研究所对主办刊物进行整合，现将《中东问题研究》自2017年第2期（总第6期）更名为《中东研究》，以便凝聚现有力量和资源，继续提升办刊质量与水平，为国内中东研究成果的传播搭建更好的平台。

《中东研究》将继续关注"大中东"地区的历史变迁与现实问题的发展，以"历史与现状结合，基础与应用并重"作为办刊主旨，鼓励跨学科研究、学术创新、学术争鸣和学派意识。更名后的《中东研究》栏目设置包括：名家随笔、当代中东问题、中东社会史、中东文明史、中国与中东关系、中亚文明史等，欢迎国内外同仁继续给予《中东研究》支持！

中东研究编辑部

2017年12月

《中东研究》约稿启事

《中东研究》是西北大学中东研究所主办的专业性学术辑刊,每年出版两期。本刊以"历史与现状结合,基础与应用并重"作为办刊主旨,鼓励跨学科研究、学术创新、学术争鸣、学术个性与学派意识。主要刊发关于中东及伊斯兰世界的学术论文,栏目设置有中东史研究、中东国际关系、文明史研究、中国与中东关系、区域研究、外论译介、学术史及书评等。热忱欢迎国内外同仁赐稿。

投稿要求

一、来稿应具有学术性与理论性,并且在选题、文献、理论、方法或观点上有创新性。

二、来稿一般不少于1.2万字,有相应的学术史回顾,正文前应附上中英文题名、内容提要(300字以内)、关键词(3~5个)。作者姓名、职称、学历、工作单位、通讯地址、邮政编码、联系电话、电子邮件应附于文末,以便联系。

三、本刊注释采用脚注形式,引用文献需严格遵守学术规范,注明出处。

四、来稿文责自负,本刊编辑部有权对来稿作一定的修改或删节,如不同意,请在来稿中注明。

五、本辑刊已被中国知网(CNKI)收录,如有异议,请在来稿中说明。

六、请勿一稿多投,本刊实行双向匿名审稿制,稿件两个月后未被采用,作者可自行处理。

七、来稿一经刊用即奉稿酬,并赠样刊两本。

联系方式

投稿邮箱:zdwtyjbjb@ nwu. edu. com,zdwtyjbjb@ 163. com

通讯地址:陕西省西安市太白北路229号 西北大学中东研究所
中东研究编辑部

邮政编码:710069

电话/传真:029 – 88302829

中东研究编辑部

图书在版编目(CIP)数据

中东研究. 2017年. 第2期：总第6期 / 西北大学中东研究所编. -- 北京：社会科学文献出版社，2018.2
ISBN 978-7-5201-2445-4

Ⅰ.①中… Ⅱ.①西… Ⅲ.①中东问题-研究 Ⅳ.①D815.4

中国版本图书馆CIP数据核字（2018）第049686号

中东研究　2017年第2期（总第6期）

| 编　　者 / 西北大学中东研究所

| 出 版 人 / 谢寿光
| 项目统筹 / 宋月华　郭白歌
| 责任编辑 / 孙美子

| 出　　版 / 社会科学文献出版社·人文分社（010）59367215
　　　　　　地址：北京市北三环中路甲29号院华龙大厦　邮编：100029
　　　　　　网址：www.ssap.com.cn
| 发　　行 / 市场营销中心（010）59367081　59367018
| 印　　装 / 三河市东方印刷有限公司

| 规　　格 / 开　本：787mm×1092mm　1/16
　　　　　　印　张：17　字　数：267千字
| 版　　次 / 2018年2月第1版　2018年2月第1次印刷
| 书　　号 / ISBN 978-7-5201-2445-4
| 定　　价 / 79.00元

本书如有印装质量问题，请与读者服务中心（010-59367028）联系

版权所有 翻印必究